当代中国高等教育改革口述史丛书（第一辑）
编委会

顾　问

柳斌杰　第十二届全国人民代表大会教育科学文化卫生委员会主任委员
　　　　原国家新闻出版总署署长　国家版权局原局长
　　　　清华大学新闻与传播学院院长
章开沅　著名历史学家、教育家　华中师范大学原校长

主　编

周洪宇　第十三届全国人民代表大会常务委员会委员
　　　　湖北省人民代表大会常务委员会副主任
　　　　中国教育学会副会长　华中师范大学教育学院教授

学术协调人

刘来兵（华中师范大学）

编　委　（按姓氏拼音排序）

蔡三发（同济大学教授）　　　　申国昌（华中师范大学教授）
操太圣（南京大学教授）　　　　沈　红（华中科技大学教授）
陈洪捷（北京大学教授）　　　　石中英（清华大学教授）
程方平（中国人民大学教授）　　眭依凡（浙江大学教授）
程斯辉（武汉大学教授）　　　　熊庆年（复旦大学教授）
杜成宪（华东师范大学教授）　　熊贤君（深圳大学教授）
刘海峰（厦门大学教授）　　　　徐　勇（北京师范大学教授）
陆根书（西安交通大学教授）　　张传遂（湖南师范大学教授）
欧七斤（上海交通大学研究馆员）

湖北省学术著作出版专项资金资助项目

当代中国高等教育改革口述史丛书（第一辑）

顾问 柳斌杰 章开沅　　主编 周洪宇

弘扬传统 艰苦创业
史维祥 口述史

史维祥　口述
杨澜涛　房立民　整理

华中科技大学出版社
http://www.hustp.com
中国·武汉

内 容 简 介

1984年至1990年史维祥任西安交通大学校长,时值改革开放初期,他抓住历史机遇,在认真弘扬传统的同时,以战略的眼光,实施全面改革,开创了学校西迁以来兴旺发达的新阶段。西安交通大学入选全国10所重点建设高校,先后成立了研究生院、管理学院、出版社等一批新单位,同时新建了一些新的学科专业学术机构,学校科研成果获奖数目在全国名列前茅。在交通大学西迁六十余年后,2017年12月,习近平总书记在给史维祥等15位西迁老教授的回信中指示,希望西安交通大学师生传承好西迁精神,为西部发展、国家建设奉献智慧和力量,使"西迁精神"成为全民族的精神,并将该精神发扬光大。

图书在版编目(CIP)数据

弘扬传统　艰苦创业:史维祥口述史/史维祥口述;杨澜涛,房立民整理. —武汉:华中科技大学出版社,2019.9(2024.5重印)
(当代中国高等教育改革口述史丛书.第一辑)
ISBN 978-7-5680-4735-7

Ⅰ.①弘…　Ⅱ.①史…　②杨…　③房…　Ⅲ.①高等教育-教育史-中国-现代　Ⅳ.①G649.29

中国版本图书馆 CIP 数据核字(2019)第 028422 号

弘扬传统　艰苦创业——史维祥口述史　　　　　　史维祥　口述
Hongyang Chuantong Jianku Chuangye　　　　　　杨澜涛　房立民　整理
——Shi Weixiang Koushu Shi

策划编辑:周晓方　杨　玲　周清涛　　　　　　责任校对:李　琴
责任编辑:刘　莹　　　　　　　　　　　　　　责任监印:周治超
封面设计:原色设计
出版发行:华中科技大学出版社(中国·武汉)　　电　话:(027)81321913
　　　　　武汉市东湖新技术开发区华工科技园　　邮　编:430223
录　　排:华中科技大学惠友文印中心
印　　刷:湖北金港彩印有限公司
开　　本:710mm×1000mm　1/16
印　　张:18.5　插页:4
字　　数:248千字
版　　次:2024年5月第1版第2次印刷
定　　价:158.00元

本书若有印装质量问题,请向出版社营销中心调换
全国免费服务热线:400-6679-118　　竭诚为您服务
版权所有　侵权必究

◆ 史维祥留学苏联(1956—1960)留念

◆ 史维祥一家合影

◆ 1983年，参加教育部访法代表团
（右四为史维祥、左五为滕藤）

◆ 1984年，西安交通大学新一届党政领导班子合影
（从左至右依次为：毕镐钧、龚兰芬、汪应洛、潘季、史维祥、王则茂、戴景宸、蒋德明）

◆ 1986年，第二次中日大学校长会议合影
（前左五为中国驻日本大使张曙、前左六为日本文部科学大臣盐川正十郎、三排右一为史维祥）

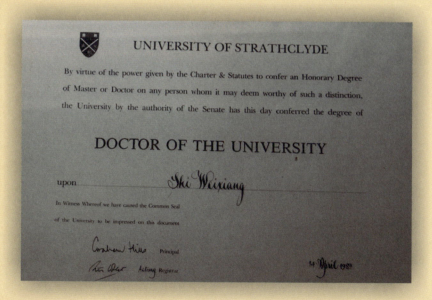

◆ 1989年，史维祥被英国University of Strathclyde授予名誉博士

◆ 1995年，国务院学位委员会第二届委员座谈会合影
（前中为时任副总理李岚清、三排右四为史维祥）

◆ 中国机械工程学会流体传动与控制分会委员换届合影
（左二为史维祥、右二为路甬祥院士）

总 序

一

"记忆的需要就是历史的需要。"[①]

历史是有目的的人的活动。这是自有人类记忆以来传统总是被口耳相传和文字记述的原因,也是今天学者们通过不同的历史课题探究过去的原始驱动。记述往往与客观现实有所偏差,使得部分历史学家不满足于从正统的史书和典籍中发现过去,热衷于从笔记、小说等私人叙述空间中寻找历史。在当代,越来越多的历史学者不再只是枯守故纸堆,而是倾注时间走向更为广阔的生活空间,留心于观察、倾听、访谈,用声音和影像来保存历史,是为口述历史的实践。

20世纪80年代以来,中国处于一个前所未有的改革大时代,教育改革是社会变革的重要组成部分,并在一定程度上影响和推动了中国的社会变革。在这个过程中,涌现出一批思想解放、视野开阔、勇于改革、善于创新的高校校长,成为勇立时代潮头的弄潮儿。他们大都是中国高等教育改革的亲历者、参与者、组织者、实施者、推动者、见证者,他们或重教学改革或重科学研究,或重社会服务或重文化引领,或重国家需要或重大学自主,或重人文社科或重自然科学,或重行政改革或重教师作用,或重本科教学或重研究生发展,或重顶层设计或重基层创新,或重本土联盟或重国际合作,

---

[①] [法]皮埃尔·诺拉主编:《记忆之场:法国国民意识的文化社会史》,黄艳红,等译,南京大学出版社2015年版。

以高等教育改革家之风范,从高等教育不同层面入手,披荆斩棘,大刀阔斧,为推动中国高等教育的改革和发展发挥了重要的奠基和垂范开拓作用。本套丛书以当代中国高等教育改革为主题,当面访谈聆听20世纪80年代以来一批高等教育改革家的高等教育改革的亲身经历和体会,同时将这些一手资料整理成书,传于后人,具有重要性、必要性和紧迫性。

组织编写出版本丛书是一件很有意义的事情。现代口述历史先驱、英国历史学家保尔·汤普森(Paul Thompson)认为,口述历史的基本重要性在于给了孩子们、学生们,或者说年轻人,一个理解过去发生的事情的机会。2017年是恢复高考40周年,社会各界和人士通过不同的方式举行了纪念活动。恢复高考是国家的英明决策,于国于民都影响深远。那么,高考是如何恢复的?恢复之后大学的办学是如何逐步恢复并发展的?其中都离不开大学校长在此间的努力。本套丛书所邀请的校长便是这一重要历史活动的亲历者与主持者,他们能够提供作为历史参与者的视角与声音。2018年是改革开放40周年,教育作为社会系统中的重要组成部分,能反映社会整体变革的内容。1977年,邓小平在科学和教育工作座谈会上提出:"我们国家要赶上世界先进水平,从何着手呢?我想,要从科学和教育着手","不抓科学、教育,四个现代化就没有希望,就成为一句空话"。他明确把科教发展作为发展经济、建设现代化强国的先导,并将其摆在中国发展战略的首位。在教育系统中,高等教育的地位举足轻重,尤其是对于中断高考十年之久的国家来说,急需一批年富力强的青年骨干承担起建设现代化国家的重任。本丛书的出版对回顾过去40年来高等教育改革发展与社会经济变革具有重要意义,既是缅怀过去,也是总结现在,还能展望未来。

编撰出版本丛书为回顾中国特色社会主义高等教育制度发展历程提供口述历史资料很有必要。口述历史的必要性关涉的是历史本质、功能与意义的讨论。历史是什么?谁是历史的叙述者?怎样的档案资料才能呈现最客观的历史?在历史学的研究中,此类问题的解答通常被视为专业的缄默知识体系构建。口述历史研究者认为，人民应该享有话语权，通过人民的声音，把历史交还给人民。正如意大利历史学者克罗齐所言，"一切历史都是当代史"，口述历史的基本功能在于留存当代历史参与者的口述档案资料。收集口述历史资料的必要性在于：一是能提供档案资料的补充与印证，弥补档案资料中某些重大事件过程与细节的缺失；二是口述历史资料可以发挥历史研究和社会教育功能，那些重要历史事件的决策者、参与者通过口述历史能够提供更为丰富的历史细节，而对于一般公众来说，通过阅读这些口述资料更具有社会教育意义。本丛书是口述历史在当代高等教育研究领域的一次尝试。新中国成立以来，我国一直在探索建立中国特色社会主义教育制度，尤其是高等教育发展经历了起步、发展、挫折、中断、恢复、改革与腾飞的多样化的发展阶段，我国当代对教育改革发展历程的研究是当代教育史研究的重要组成部分。

本丛书编撰出版具有紧迫性。20世纪80年代以来，中国高等教育改革与发展经历了几个不同的发展阶段，不同时期均涌现出杰出的大学领导者。第一批引领高等教育改革的校长们有的已经辞世，大多已进入耄耋之年，本丛书的编撰有抢救性保护之意，是为这批勇立改革潮头的中国高等教育改革领军人物留下智慧以指导未来我国高等教育进一步改革创新。本丛书编撰的初衷之一便是考虑到曾担任华中工学院（现华中科技大学）党委书记兼院长的朱九思先生已年近百岁，为他整理完成口述史实属迫在眉睫。遗憾的是，我们在整理朱九思教育口述史的过程中，先生于2015年6月13日因病医治无效逝世，他指导的博士生、现为重庆工商大学副校长的陈运超教授在博士学位论文基础上，凭借朱九思先生生前谈话、师门集体回忆，以及朱九思先生系列著述，费时数年完成该书的整理工作。因而，当面访谈聆听20世纪80年代以来一批高等教育改革家的高等教育改革的亲身经历和体会，同时将这些一手资料整理成书，传于后人，已经成为一件具有重要意义和急迫的事情。

二

口述历史不同于学术著作,相比学术著作而言口述历史的读者受众更加广泛。我们在编撰本丛书的过程中,结合口述历史的特点考虑本丛书所追求的风格、特点和定位。

力求复原史实、保全史料、深化史学。要做好口述历史研究工作,应明确"历史"的三层含义,即客观的事实(史实)、主观的记载(史料)和主客观结合的研究(史学)。与传统的单纯以文献为依据进行的历史研究不同,口述史研究是史实、史料和史学三层历史的融合。口述者叙述的是史实,但首先是属于口述者自己认定的事实,还需要通过记载的史料去印证,整理者通过比对口述材料与文献材料也能得到最终的口述历史作品。口述历史必须恪守真实、客观、中立的基本原则,必须厘清访谈者与口述者之间的关系。左玉河教授认为历史研究者与历史当事人是口述历史研究的双重主体,但两者在口述访谈中充当的角色及所尽的职责是不同的。作为访谈者的历史研究者,是口述历史访谈的策划者和引导者;作为口述者的历史当事人,是口述历史访谈不可缺少的主角。口述历史访谈的过程,是访谈者与当事人通过口述访谈的方式共同回忆和书写某段历史的过程。本套口述史丛书力求做到以史为据、论从史出、史论结合、述多议精,求信、求实、求真,为后世存信史,为学术做积累,为改革指正路。

力求形式与本质的结合。口述历史作为一种史学实践在近年来颇为兴盛,源于社会大众对历史的关注热情显著增强。大众在获得一定的物质保障之后,会转向对精神、文化的追求以提升自身的素养,人们开始去关注历史的、过去的、传统的东西,而不只是当下的日常生活。口述历史能很好地满足大众对当代社会生活中某些重要事件的了解。这套口述史丛书,"口述"是形式,是特色,"历史"是本质,是根本。既要遵从口述的"形式"和"特色",更要坚持历史的"本质"

和"根本",使之与一般历史著作区别开来,具有口述历史的风格和追求。

力求口述文本鲜活、生动、可读。口述者有自己的语言风格,善述者引人入胜。作为大学领导者,卓越的演讲能力是其胜任领导职位的基本能力之一。然而,口述历史与平常的对话不一样,需要整理者在前期做好一定的准备,把要了解的内容提前告知口述者,口述者需要一定的时间去回忆,甚至是查阅资料去印证。对话的过程要尽可能做到问题有来由、事情有曲折、过程有细节、结果有悬念、语言口语化。问题有来由强调的是口述历史有自己的主题,是带着问题开展的研究工作,而不是日常生活中的漫谈。问题可以是整理者在前期准备的,也可以是口述者根据主题自我提出的。事情有曲折强调重要历史事件的发生发展均是螺旋式前进的,其过程大多循环反复,通过不懈的坚持与努力才能最终取得成功。过程有细节强调的是在事件的重要节点与关口,某些重要决策与行动使事件的发展方向发生根本性转变,在此结果之前所发生的细节过程仅仅是少数参与者才知晓的,而这也正是需要通过口述历史公之于众的。结果有悬念强调的是叙述能引人入胜,而不是故作惊悚,是增加可读性,使人们意识到任何一次成功的改革实践均是特定时期不同主体博弈的最终结果。语言口语化强调的是口述历史不是文本写作,是日常生活中口述者的自我呈现,这种表述更容易被大众所接受。

力求处理好共性与个性的关系。本套口述史丛书以当代中国高等教育改革为主题,每一位大学领导者均以个人主导大学改革为主题开展口述史的整理工作,每一本口述著作既要反映时代和改革的共性问题,也应体现传主的个别应对及其个性特征。共性指不同高校教育改革的普遍性质,个性指每一位大学领导者推进教育改革的特殊性质。教育是社会系统中的组成部分之一,教育改革离不开整体的社会变革系统的支持,也受制于一定时期的社会改革氛围。同一历史时期的不同高校的改革,所面临的时代和改革背景是一样的,具有共性的时代烙印。不同的大学领导者具有不同的改革思路与领导方式,即使在共性的改革背景下也会呈现出不同的改革实践。从纵向来看,不同时期的大学改革实践更是如此,因而,对每一位大学领导者的个性呈现是本丛书的特色所在。

力求处理好重点与非重点的关系。口述历史的叙事风格在追求可读性、鲜活性、生动性的同时,必然以付出较多的篇幅为代价,甚至是事无巨细的情节交代,在此过程中如何在有限的篇幅中呈现重点的内容,而不至于被其他非重点内容所掩盖,是本丛书在编撰时一直强调要处理好的问题。我们认为,重点不在于篇幅的"多",更是思考的"深",只有篇幅的"多"而没有思考的"深",那是"流水账",要避免写成"流水账",力争成为"沉思录"。而要成为"沉思录",需要做到"国际视野、中国特色、问题意识、改革导向"。国际视野是叙述中国高等教育改革的发生被置于国际高等教育发展趋势的观照之下。毋庸置疑,中国高等教育改革发展有自己的道路与模式,然而西方国家建设高等教育的经验应该成为我们建设中国特色社会主义高等教育制度的借鉴。中国特色是指我国高等教育改革是在中国特色社会主义教育制度内进行的,尽管有借鉴西方国家高等教育办学经验,但坚持社会主义办学方向是永不动摇的根本。问题意识是指以问题为中心论述大学改革的主要思考与举措,这些问题能反映大学改革的困境与突破以及决定未来走向,在推进大学改革这一过程中遇到哪些困难以及如何克服这些困难并有哪些经验和启示。改革导向是指这套口述历史丛书不是个人的生活史、活动史,而是以20世纪80年代以来中国大学改革为主线的口述史。在叙述的过程中要把个人生活史与改革史结合起来,个人的日常生活与后来的主持大学改革是有内在关联的。

应处理好经验与教训、正面与负面的关系。任何一项改革都不是一帆风顺的,其过程必然是反复曲折而最终达成的。20世纪80年代的中国高等教育经过拨乱反正后,在思想解放的大潮下获得快速发展,但在80年代末也遭受了西方势力侵蚀后的挫折,影响了一些大学改革的步伐,因而,该时期中国高等教育改革既有良好的经验,取得了积极的改革成效,也有深刻的教训。进入90年代尤其是21世纪之后,中国高等教育迎来理性的快速发展,逐步走向以中国特色的办学道路并入全球高等教育发展的轨道。因而,口述传主在对改革进行总结时应坚持客观理性的态度,认识到个体在整体中的作用是有限的,不宜只写传主如何"过五关斩六将",还要写其"走麦城",敢于自曝其短。这不仅反映历史的真实,体现人格的境界,而且会给后人更多的启示。

　　力求处理好学校与个人的关系。一所大学改革的成功离不开校长的改革思路与实践以及协调各方关系的人格魅力,但不能完全归功于校长一人,与学校整体的改革环境也有密不可分的关系。正如曾任华中科技大学校长的中国科学院院士杨叔子所形容的,两者是"山"与"老虎"的关系,没有学校这座"山",就没有校长展示治校智慧与能力的舞台,所以说"山与虎为",而没有校长的治校智慧与能力,学校也难以实现跨越式发展,在这个意义上,可以说"虎壮山威"。两者不可或缺,相辅相成。因而,在口述的过程中,如何以大学领导者为核心,探讨学校在某个时期的整体发展环境,是很有必要的。

　　力求处理好大学自身办学规律与少数非学术、非教育因素但带有中国现阶段特征的关系。教育的发展离不开社会系统的支持,受政治、经济、文化的制约。大学发展同样如此,坚持社会主义办学方向,必须在社会主义制度内设计我国大学的改革方向。大学改革发展史,既有大学自身的办学规律,同时也要考虑到非教育因素、非学术因素的制约与影响。然而这部分的影响因素如何评判,不是短期内能够给予的,历史毕竟需要一定的时间才能看清背后的事实,这就要充分依靠传主和整理者的人生智慧。口述者应该谈出正能量,给人以温暖和力量,谈出未来,谈出希望。

三

本丛书最初的构想可以追溯到 2008 年初春,彼时刚好是恢复高考 30 周年,也是我们 77 级大学生 30 年前刚刚踏入大学校园的日子。犹记 1978 年 3 月初,我从湖北荆门姚河公社新华大队知青点取回行李,在家歇息几天后,便赴华中师范学院京山分院报到注册,正式成为华中师范学院历史系的一名新生,由此走上"知识改变命运"的人生之路。可以说,我个人命运的转折是以国家发展步入正轨为前提的,首先是整个民族发展的春天,其次才会有个人发展的春天。1978 年这个特殊的年份,无论是对我个人而言,还是对中国来说,都是一个重要拐点,具有里程碑意义。作为 77 级大学生,自己又是从事中国教育史研究的学者,组织编撰出版一套反映中国高等教育改革口述史丛书的想法便涌上心头。2008 年年底,我在与新进入我门下攻读博士学位的刘来兵讨论他的博士学位论文选题时,与他交流了做大学校长口述史选题的想法,想借此机会推动当代中国高等教育改革口述史丛书的撰写工作。他在做了一番准备工作之后,随着个人研究兴趣的转移,改做教育史学理论研究,此事便搁置下来。2014 年,我早年指导的硕士生、现在华中科技大学出版社工作的周晓方找到我,与我沟通策划组织出版丛书选题事宜。周晓方所在的华中科技大学作为全国高等教育改革重镇,系高等教育研究人才荟萃之地,在学术研究、人才培养方面已经形成独有的特色和优势,具备较高地位和重要影响。我立即想到将已搁置数年的中国高等教育改革口述史丛书交由该出版社出版是最佳选择,此事已是迫在眉睫,且刘来兵博士现已留在华中师范大学教育学院工作,可以协助我完成组织出版工作。周晓方编审向华中科技大学出版社汇报了本选题,得到出版社的大力支持,将本丛书列为重点出版支持计划,并于 2015 年获得湖北省出版基金的资助。

四

在选题确定之后,我们分头联系国内几所高校已经退下领导岗位的校长们,主要有华中科技大学前校长朱九思、杨叔子,华中师范大学前校长章开沅,厦门大学前校长潘懋元,湖南师范大学前校长张楚廷,西安交通大学前校长史维祥,北京大学前常务副校长王义道等,他们作为本丛书第一辑的口述传主先行出版口述史,另有其他数位前高校校长也已参与到本口述史丛书出版工作中来,他们的口述史作为本丛书的第二辑也将陆续出版。他们对本丛书出版计划给予了充分的肯定与支持,尽管他们年事已高,但仍坚持著书立说,发表对中国教育的真知灼见。他们的智慧与思想无疑对今后中国高等教育发展起到启迪作用,他们的肯定与支持使我们信心倍增,促使我们更加坚定地、全力以赴地完成本套丛书的编撰与出版。

在得到这些具有时代大学改革鲜明特色的校长们的认可与支持之后,我们又分别与校长本人以及校长们的学生进行了单独的沟通交流,并逐一确立了各口述史著作的整理者。我利用在北京参加会议之机,与原国家新闻出版总署(现国家新闻出版广电总局)署长柳斌杰沟通本套高等教育改革口述史丛书的选题情况,邀请其担任丛书顾问,并联系全国各所大学的从事高等教育研究的学者担任本丛书的编委会成员。有关丛书的编写体例,前期我与策划编辑周晓方编审和编委会秘书长刘来兵副教授进行了多次讨论,第一辑出版计划确定后,我们又征求了各位校长及各位口述整理者对编写体例的意见。考虑到本丛书中校长们的身体状况各不相同,无法保证每一位校长都能完全以口述加整理的方式完成书稿著述工作,故根据具体情况具体组织编撰,总体上保持口述历史的风格即可。随后,我们积极申报各级出版基金资助项目,现已获得2015年湖北省学术著作出版基金资助项目,并为争取获得国家出版基金项目资助积极做准备。

2017年2月17日,为推进本丛书的撰写工作,统合在撰写过程中的不同意见,华中科技大学出版社专门组织召开当代中国高等教育改革口述史丛书(第一辑)审稿会。华中科技大学总会计师湛毅青教授、北京大学原常务副校长王义遒教授、华中科技大学教育科学研究院院长张应强教授,以及本丛书主要口述历史整理者来自华中科技大学、西安交通大学、厦门大学、同济大学、华中师范大学、重庆工商大学的专家学者相聚武汉,交流本丛书参与写作的具体情况,共同回顾与展望中国高等教育的改革发展。

与会的专家学者一致认为,策划出版当代中国高等教育改革口述史丛书,还原高等教育改革家在高等教育改革领域的思想理念、真知灼见、践行历程,给时代留下真实的记录,为后来改革提供有益经验,传承后世,具有前车之功。与此同时,在党的十九大即将召开之际,借中国高等教育发展的大好时机,对老一辈高等教育学家的高等教育改革理论与实践进行梳理,对中国高等教育发展进行回顾与展望,这对实现"推动一批高水平大学和学科进入世界一流行列或前列,提升我国高等教育综合实力和国际竞争力,培养一流人才,产出一流成果"的宏伟目标具有重大意义和推动借鉴价值。2017年10月,党的十九大报告中指出要优先发展教育事业,加快高等教育内涵式发展,推动一流高校与一流学科建设,加快我国迈入教育强国行列的步伐。这充分说明本丛书的选题与编撰出版非常契合当前国家大力发展高等教育事业的需要。2018年,时值改革开放40周年,我们推出本丛书,希望能为总结改革开放40年来中国特色社会主义高等教育建设提供历史的借鉴。

本丛书在编撰过程中得到了国内多所高校以及大学领导者的大力支持,尤其是各位愿意参与本丛书计划的老校长们,在此一并致谢。参与口述史整理工作的诸位学者与我们组成了当代中国高等教育改革口述史丛书编撰团队,他们敬业的精神、严谨的态度、深厚的学术底蕴为本丛书的出版提供了保证。华中师范大学教育学院刘来兵担任本丛书编委会秘书长,协助处理日常具体事务与联络工作,华中科技大学出版社策划编辑周晓方等老师为本丛书的出版给予了极大的支持和帮助,在此谨表示衷心感谢。

2018年是中国改革开放40周年,仅以此套丛书的出版隆重纪念改革开放40周年,向40年来为中国高等教育改革发展创新做出过巨大贡献的先驱者、探索者致以崇高的敬意!

2019 年 6 月
于武汉东湖之滨远望斋

前言
FOREWORD

交通大学(简称交大)是我国自主创办的历史悠久的两所大学之一。洋务派巨擘盛宣怀1895年奏请清廷,在天津首先创办了北洋大学堂;次年又在上海开办了南洋公学(交通大学前身)。自1906年始,南洋公学先后创办铁路、电机、航海等学科,是我国开办高等工程教育最早的大学之一,因办学理念、模式参照美国麻省理工学院(MIT),办学成绩驰名东南,20世纪二三十年代即被誉为东方"MIT"。受益于上海得天独厚的近代工业化基础,历经六十年发展(至1956年),交通大学已成为国内知名的理工大学。

1955年4月,为了适应当时紧张的国际形势和建设大西北的迫切需要,中共中央、国务院决定将交通大学内迁西安。交大成长在近代以来中国最富庶、最繁华的上海,在民用工业落后、生活相对艰苦的内陆重新创业,是十分艰难的。长期生活在上海的交大教职工,特别是老教授们,积极响应国家号召,到祖国最需要的地方去建功立业,使交通大学这棵大树顺利迁到西安。几十年来,经过几代人的艰苦奋斗,这棵大树在黄土地上根深叶盛,枝干参天,成为西北高等教育当之无愧的排头兵,为西北大开发特别是陕西省教育、经济及科技文化建设等做出了重要贡献。正如迁校时陈毅副总理所讲:"迁校成功与否,十年后再下定论。"内迁西北后,西安交通大学(简称西安交大)很好地保持了老交大的优良传统及知名度。如20世纪80年代国家实施"七五"、"八五"重点建设任务,西安交大均有幸名列其中,并成功步入国家十所重点大学之列。在很长一段时期内,西安交大教学、科研的评奖数量与质量都在全国高校中名列前茅。交大西迁战略充分体现了中央领导决策的高瞻远瞩，特别是近来习总书记"一带一路"新倡议的提出，交大西迁的战略意义更被凸显无疑。

交大西迁人爱国爱校，筚路蓝缕，矢志创新，创造了"胸怀大局，无私奉献，弘扬传统，艰苦创业"的西迁精神，成为教育战线上的一座历史丰碑，也是世界教育史上的一个奇迹，为全国各行业所崇扬。2017年12月，习总书记在给我校15位西迁老教授的回信中做出重要指示。中央办公厅传达的文件写道："近日，西安交通大学的史维祥等15位老教授给习近平总书记写信，请转告他们，来信收到了，总书记向当年响应国家号召，献身大西北建设的交大老同志们致以崇高的敬意。祝大家健康长寿，晚年幸福。也希望西安交通大学师生传承好西迁精神，为西部发展、国家建设贡献智慧和力量。"总书记的批示极大鼓舞了西安交大全校师生，大家决心认真贯彻总书记的指示精神。此后，中央电视台及人民日报等各大媒体对交大的西迁精神进行了全面的报道。"西迁精神永放光芒。"

20世纪80年代是"文革"后拨乱反正的一段时期，西安交大和全国高校，在邓小平理论的指导下，认真贯彻执行"教育面向现代化，面向世界，面向未来"的方针，努力创新，砥砺奋进，各方面事业发展很快，取得了较大成绩。我于1980年至1984年任学校副校长，主管全校教学工作；1984年至1990年任校长。在此期间，我校继续传承老交大传统，弘扬西迁精神，不断深化改革，大幅度调整专业结构，拓宽专业面，提高教学质量，大力发展科学技术，逐步形成学校的两个办学中心。我校恢复了老交大的管理学院，成立了研究生院、出版社，还办了少年班等。在党委领导及广大师生、员工的艰苦奋斗下，西安交大教学、科研取得了骄人的成绩。如1989年国家教委举行新中国成立后第一次优秀教学成果评选活动，西安交大取得特等奖2项，优等奖7项，获奖总数居全国高校之首。学校还利用"七五"重点项目建设经费改善学校办学基础设施，大力加强了基础课和技术基础课实验室建设,其中获批的国家级重点实验室和专项实验室(中心)共10个,在全国工科院校中名列前茅。

编写这本书的目的,是要回顾20世纪80年代西安交大教学、科研等各项工作,认真总结当时的办学理念与经验,为后来者办学提供借鉴与参考。20世纪80年代是我国改革开放、创新创业取得较大成就的年代,在我国教育史上应占重要一页。本书所介绍的学校情况,亦是我校校史的宝贵材料。本书由我与杨澜涛老师、房立民老师共同讨论,并由杨老师和房老师执笔完成,在撰写过程中,得到汪应洛、蒋德明、陈听宽、庄为其、胡奈赛、朱继洲、张文修、李能贵等诸位老师的大力支持,在此深表感谢。

史维祥

2018 年 8 月于西安交通大学

目 录
CONTENTS

第一章 大刀阔斧,综合改革 / 1

一、弘扬传统铸华章 / 1

二、培养新时代人才 / 9

三、入选国家重点建设 / 15

四、巧用世界银行贷款 / 20

五、成立大学出版社 / 24

六、持续为西部造血 / 27

七、"不拘一格降人才" / 31

八、向李鹏总理汇报 / 38

九、高校创收需谨慎 / 40

十、交流新篇章 / 43

十一、支持深圳特区发展 / 50

十二、引领电化教育发展 / 52

十三、全国典范之管理学院 / 58

十四、生物医电引领时代之先 / 71

十五、探索少年人才培养 / 81

第二章 以"本"为本,振兴"四化" / 87

一、继承传统再上路 / 87

二、为国储才求改革 / 107

三、十年教改得与失 / 157

第三章 固本强新 志存高远 / 161

一、成立研究生院 / 161

二、坚定不移求质量 / 177
三、课程创新获益多 / 187
四、教材建设保障实 / 192
五、工程硕士开先例 / 197
六、中外办学促发展 / 203
七、研究生教育经验谈 / 208

第四章　创新科技图自强 / 211

一、科创面向建设主战场 / 212
二、瞄准前沿助力"863" / 214
三、聚焦核心强基础 / 217
四、校企协作促革新 / 225
五、多措并举兴科创 / 229
六、抓住学科建设的牛鼻子 / 231
七、全力建好国家重点实验室 / 237
八、厂校合作促成果转化 / 246
九、中美首次多相流会议 / 253

第五章　高等教育沉思录 / 258

一、大学使命在育人 / 258
二、大学科研大有作为 / 262
三、高等教育体系要立体 / 264
四、解决师资断层有办法 / 265
五、轻教学之风须制止 / 267
六、欧洲考察感触深 / 269
七、党让去哪里，我们背上行囊就去哪里 / 271

后记 / 276

第一章

大刀阔斧，综合改革

一、弘扬传统铸华章

◆（一）交大革命熔炉历练

1928年，我出生在江苏溧阳的一个书香门第之家，父亲毕业于苏州农业专科学校，后回乡发展蚕桑事业，闻名乡里。我是家中长子，从小父亲就告诫我要努力读书。小学、中学阶段正值日本法西斯残忍欺凌中华大地，读书时断时续，1944年我从光华中学毕业。光华中学是由新四军支持创办的，校长周宗姬是中共地下党员，对我特别关心，常给我讲革命道理，由此我受到了进步思想的启蒙。1948年，我考入交通大学机械系。进校不久，我与张寿同志（曾任国家计划委员会，即现在的中华人民共和国国家发展和改革委员会副主任等职）共同负责班级学生工作，积极响应贯彻学生自治会的各项号召，宣传进步思想，学习革命理论，发展党的外围组织成员。交大素有沪上"民主堡垒"之誉,面对国民党反动派的压迫,在学校党组织的领导下,我们一群20岁左右的青年学生,参与了一次又一次声势浩大的学生运动(如"反饥饿,反内战,反迫害"斗争和"反美扶日"运动),在第二战线上沉重打击了国民党的统治,使国民政府焦头烂额,狼狈不堪。国统区的学生运动是英勇的,地下党爱国爱民、追求真理、甘愿牺牲、积极引领、英勇战斗的革命实践至今历历在目,依然无怨无悔。1949年年初,我与张寿同志先后被批准为共产党员。回顾在交大的求学生涯,除专业知识学习外,党组织关心我的政治成长,引导我走上革命道路,这对我未来的发展轨迹起了决定性的作用。

1949年5月,随着上海的解放,广大地下共产党员亦从白色恐怖中得以解脱,公开了身份,从被通缉的对象变为国家的主人。从此,我们转入如火如荼的新中国社会主义建设新征程。1952年7月,在交大本科毕业后,我被分配到交大力学教研室工作。一年后,我被调入机械系机制专业任助教,仅工作一年,组织就安排我登台讲课,作为主讲教师。第一次站上大学的三尺讲台,紧张之情难以言表。一方面,我虚心向教研室有经验的老师学习,全身心投入备讲教案;另一方面,我经常通过班上学生党员(当时我是系党总支书记)深入了解同学们的学习情况,认真听取学生的反馈与要求,不断改进教学内容与教学方法。经过不懈努力,我总算在讲台上站住了脚跟。在交大的四年教学生涯,使我在业务上得到很大的锻炼与提高,也初步成长为一名受学生欢迎的大学教师。

1956年7月,我被送到苏联列宁工学院机床教研室攻读副博士学位。该工学院是当时苏联较著名的三大工学院之一。新中国刚刚成立,社会主义工业化建设急需科学技术人才,我们留学人员深知使命艰巨,机会难得,所以夜以继日、废寝忘食地投入学习,力争多掌握先进知识,早点毕业报效祖国。苏联学位论文要求甚高,其中不仅要有较高水平的理论分析,还涉及大量的试验工作。为准备论文,我每天都待在图书馆,阅读大量国际上的相关学术资料,在实验室奋战,直至深夜。每次回住处,经常身心俱疲,爬三楼都甚感费劲。我的论文是关于流体传动与控制方面的,因在国内当过数年教师,加上勤奋努力,苏联人一般三年都做不完的学位论文,我两年多就完成了。同期,我还担任了该校留学研究生党支部书记,我的论文及社会工作曾获大使馆表扬。1960年毕业回国后,我陆续在一些重要刊物上发表了多篇学术论文,撰写出版了一本40多万字的著作,在业界有了较大影响。

◆（二）党的决定,就是我们的行动

1953年,新中国开始实施"一五"计划,目的是建立社会主义工业化基础,核心是苏联援建的156项重点工程。西部是"一五"建设的重心,156项重点工程中有一半集中在此地区,其中,陕西省有24项,是全国重点建设省份。为支援西北工业国防建设和经济文化的长远发展,同时考虑到台海的紧张局势,高教部党组在1955年3月上书国务院,请求交通大学内迁西安,承担建设西北之国家战略重任。这一报告经周恩来总理等中央第一代七位核心领导审阅后,由毛泽东主席签发通知全国。4月初,彭康校长接到高教部电话通知,确定交大迁校。彭校长随即向校务委员会和校党委常委会做了紧急通报,并积极着手西迁基建以及思想动员的准备工作。交通大学扎根上海六十年,历经了旧中国的风风雨雨与新中国的欣欣向荣,在浓郁革命传统中成长的交大师生,无不为中央的信任而自豪、雀跃,一致认为"国家的需要,就是我们的志向","党的决定,就是我们的行动",决心响应号召去西北建家创业。

西迁启动时,我已担任机械系党总支书记,根据学校党委要求,系总支要充分了解每位教师的困难,做好每位教师的思想工作。与"孑然一身"的大多数青年教师不同,一批老教授的事业和家庭都深深扎根在沪上,迁校困难超乎寻常,如迥然各异的气候、饮食,以及夫人的工作安排和孩子的就学，还有更难割舍的血浓于水的亲情故旧。大多数老教授都克服各种困难，用实际行动支持西迁，建设大西北，如老教授钟兆琳、陈大燮、周惠久、陈学俊等，他们大都处理了上海住房举家西迁，这种以国家需要为重、无私奉献的精神令我非常感动。另外，像铸工教研室主任吴之凤教授率先垂范，带头响应西迁，他的夫人作为家属委员会的干部，也配合着认真细致地做好每位教师家属的工作，使铸工专业顺利迁到西安。切削教研室的金精老师，早年毕业于交大，1950年不顾朝鲜战争前线危险，积极去哈工大进修攻读研究生学位；听闻祖国建设西北需要，主动回校报名西迁，他的奶奶也坚决与他并肩西行，老人家一句"哪里的黄土不埋人"感动了我们很多人。电机系的陈世坤老师，其夫人在上海公检法机关工作，迁来西安后，因无合适岗位安排，改行做了一位小学教师。交大西迁很不容易，特别是我们的老师那一辈，他们有些是祖孙三代都做出了牺牲与奉献。在交大内迁西安的同时，交大的电讯系同期调往成都成立电讯工程学院。因彭康校长决定恢复无线电系，我的爱人蔡祖端和黄席椿教授等同赴成都支援一年，1957年迁来西安。由于当时我尚在国外学习，我们一家人就随着我的夫人一起迁到了西安。

交大西迁之所以成功，我认为最主要的原因有以下三点。一是共产党的知识分子政策和思想教育的伟大胜利。1949年到1952年的思想改造，使老一辈知识分子对共产党的宗旨、共产主义思想和建立民主富强的新中国等信念的思想认识有很大提高，精神面貌发生了很大的转变。二是共产党在群众中威信很高。上海解放时，我们清晨起来发现解放军都抱着枪，待在老百姓家门外休息，不进民宅。共产党的干部非常清廉，风清气正，密切联系群众。这些行为深刻触动了知识分子，因此，他们才决心服从党的号召，到党最需要的地方工作。三是周恩来等中央领导的英明领导。1956年，毛泽东做《论十大关系》报告，其后，沿海建设提上日程，上海也需要交大支持，交大西迁讨论随之陷入骑虎难下的局面。周总理亲自出面，邀请沪陕两地师生代表同赴中南海进行座谈,在深入了解迁校困难的基础上,他主持召开专题会议,通过积极引导,并委派高教部杨秀峰部长和刘皑风副部长分赴沪陕主持讨论落实,为最终实现交大主体西迁的历史使命指出了明确的方向,提供了最坚定的支持。当然,迁校的成功与以彭康书记为首的校党委的正确领导是分不开的。

◆(三)弘扬传统,接续辉煌

迁校时期陈毅副总理曾深刻地指出:"迁校成功与否,十年后再下定论。"中共中央、国务院要求交通大学搬到西北来,是希望交大成为西部高教事业的排头兵、领头羊,为西部大开发发挥不可替代的作用。这也就是说,交通大学这棵大树搬到西安来,不只是要存活下来,而且要保持原有水平,甚至创造更高水平,否则就意味着迁校的失败。西迁精神中的"弘扬传统,艰苦创业",就是我们西迁六十年奋斗历程的最本质的诠释,是我们广大西迁教职工努力建设西安交大的精神内涵。实事求是地讲,半个世纪前要做到这一点非常不容易,相比上海,交大要在西安保持原来的教学水平,必须付出比以前更多、更大的努力。当时的年轻教师上讲台,必须过几关,由资深教师手把手指导,预讲多遍合格后才允许给学生上课。为了上好一堂课,即使在寒冬腊月,每天晚上我们也都要备课到深夜,那时宿舍没有暖气,天气又冷,只能披着大衣苦苦坚持。作为理工大学,要保持国家一流,交大必须与国内一流企业合作,我校机械系对接的企业是洛阳拖拉机厂,离学校也有几百千米。暑假带学生实习时,晚上我便直接与学生一起睡在洛阳中学的地板上。为准备次日的讲课内容,当晚必须先熟悉工厂生产实际,通宵达旦在所难免。为弥补西安民用工业条件的落后,交大教师只好去上海、重庆、哈尔滨等一些国有大厂联系对接。全国"四面八方跑"、"南征北战"是我们西迁创业的真实经历。当时,我们都没有时间照料孩子,只能周一送幼儿园,到周六晚上才领回来。"皇天不负有心人",在彭康校长带领下,广大西迁师生携手并进,砥砺奋斗,开创了迁校后交大发展的新篇章——"文革"前就建立了全国仅有的"绝缘材料研究室"、"金属材料及强度研究室"和"振动测试基点"等科研基地。老教授周惠久白手起家,于1965年前后研究提出的"小能量多次冲击抗力理论",与"人工合成胰岛素"等并列被评为中国高校科研的"五朵金花";陈大燮、张鸿、赵富鑫等前辈们带领我们一批中青年教师艰苦奋斗了很多年,为西安交大教学质量保持高水准做出了重要的贡献。1962年,老教授们研讨总结了老交大"起点高,基础厚,要求严,重实践"的办学传统,并以身示范,一以贯之,使优良的教书育人传统承续至今,大家都认为,交通大学的传统已经在西安真正地扎根落地了。

◆ (四) 携手并肩,再谱新章

20世纪70年代末,改革开放,百废待兴,许多西迁老教授虽已步入暮年,最年轻的教授陈学俊院士也已年过花甲,但他们仍以时不我待的精神,继续坚守在教学科研一线,积极投身于交大的复兴和祖国的社会主义建设之中。1980年,由中共中央安排,我担任学校主管教学工作的副校长一职,1984年任校长,1990年卸任。这段时期,在校党委领导下,全校教职工弘扬西迁精神,艰苦创业,紧跟中央改革开放的步伐,坚持面向国民经济建设主战场,以学科建设为龙头,以立足人才培养与科学研究为根本,在继承老交大办学传统的基础上,实施育人体制与机制的全面深化改革,率先在国内提出并实施了一系列深有影响的重大举措,相继入选国家"七五"、"八五"重点建设项目,教学科研水平在国内高校中名列前茅,成为高等学校当之无愧的"国家队"。在办学方面,学校紧扣世界管理学大发展之势和工程技术管理实践所需,在国内率先倡导建立了管理工程一级学科,并在1984年恢复建成了国内仅有的管理学院。重点推动专业结构调整,创办了生物医学工程、企业管理、工商管理等新兴专业,开创了理、工、管、文相结合的全新的办学局面。探索研究生教育创新工作,建立了国内首批研究生院，提出按一级学科招收培养硕士研究生的新理念和开办工程类型硕士研究生的新举措，着重打造一批独具实力特色的研究生学位课程。坚持人才培养体制的创新，领先提出并实施了"一门进，五门出"的培养模式，积极探索教改班、少年班等优异生培养模式和新疆班等少数民族学生培养方式；主动借鉴电化教育和计算机辅助教学（CAI）等现代化手段，推动教学模式创新，成为全国教育教学改革的示范单位。科学研究方面，我们瞄准国家经济技术发展的难点和重点，深入工厂企业一线调查研究，产出了一批极具社会和经济效益的重大成果，像周惠久教授的"低碳马氏体的应用基础开发技术"，在1987年荣获国家科学技术进步一等奖，形成的社会经济效益累计达3亿多元。像汪应洛等教授的"2000年的中国"、蒋正华等教授的"人口系统定量研究及其应用"项目也荣获国家科学技术进步一等奖。这一时期，全体师生员工发扬西迁精神，经过持续的艰苦奋斗，教、学、研各项工作蒸蒸日上，学校步入西迁后兴旺发达的一个新时期，学校工作各方面进步显著，国家教委每年的教学科研评奖，西安交大总是名列前茅。如《文汇报》1990年5月24日在以题为《西安交大教学科研双获"国优"》的文章中报道："西安交通大学双喜临门，四十年来全国第一次评选优秀教学成果奖中，荣获特等奖2项、优秀奖7项，名列高校榜首；在1989年度国家教委科技进步奖中，共获奖16项，其中一等奖8项、二等奖13项，获奖数在国家教委直属高校中继1987年后再次夺魁。"

"学校人才培养是根本，师资队伍建设是关键。"我们一直将此作为学校的首要工作来抓，当然，改革开放后市场经济自由化观念的泛起，大学教育受到很大的冲击，很多高校出现不重视本科生教学的倾向。对此，我在《人民日报》（1986年11月17日）上刊发《忽视本科教学的倾向亟待纠正》一文。西安交大的针对性措施比较得力，我们创设了教学三大奖（教材奖、教学奖和教学改革奖）来引导教师安心教书育人，同时，专门筹措经费用于技术基础课实验室建设，改善学生实验实践条件。围绕师资队伍建设，我在《文汇报》（1990年3月9

日)发表了《解决师资"断层"问题要有切实措施》的文章。在任期内,我始终贯彻党的"德智体全面发展"的教育方针,注重传承和创新老交大"起点高,基础厚,要求严,重实践"的办学传统,通过不断深入教学科研管理一线,解决师生发展中的主要矛盾,努力营造一个长期稳定的秩序,一个让广大教师可以专心致志培养人才、聚精会神搞好学术研究的学校环境。

2017年11月,我们已退休的15位教授给习总书记写了一封信,汇报学习党的十九大的体会和交大西迁后几代人的奋斗成绩,习总书记不久就给我们回了信,由中央办公厅转给我们的信上说:"近日,西安交通大学的史维祥等15位老教授给习近平总书记写信,请转告他们,来信收到了,总书记向当年响应国家号召,献身大西北建设的交大老同志们致以崇高的敬意。祝大家健康长寿,晚年幸福。也希望西安交通大学师生传承好西迁精神,为西部发展、国家建设贡献智慧和力量。"总书记的回信给了我们全校师生员工极大的鼓励,亦给我们提出了新的时代任务,我们老同志都十分感动。迁校六十余年,在党委领导下,在老一辈教师的带领下,经过几代人的努力,交大这棵大树在西北大地根深叶茂,共计为祖国培养了25万多名人才,其中近40%留在西北创业,造就了近40位院士,获国家三大奖的有近230项(以上数据截至2018年年初)。近年来,西安交大又建设了中国西部创新港,打造了西部地区发展创新的高地,建立了"丝绸之路大学联盟"。以上成绩得到了陕西省及教育部的高度赞扬。我们可以自豪地说,西安交大很好地完成了国家交给我们的西迁任务,没有辜负国家和人民对我们的期望。我今年已90岁,除新中国成立之初在交通大学(上海)工作的六年外,其他时间都在西安交大从事教学科研及行政工作,为交大奋斗了一辈子。习总书记前后三次讲到了交大西迁,中央电视台、《人民日报》等各种媒体都对此进行了广泛而深入的报道,这不仅提高了西安交大的社会地位,也给了我们很大的鼓励与信心。我是党和国家培养的,一直在努力践行西迁精神,为国家、为交大做出了应有的贡献。我的信念就是为国家多贡献、少索取,一身正气,两袖清风。90周岁之际,回顾此生,无论对党的事业、教学科研工作,还是对家庭及亲友,以及个人追求,聊以自慰的是四个字:问心无愧。

二、培养新时代人才

我国建设四个现代化,要靠科学技术和人才。在新技术革命形势下,对高等工程技术人才的素质应当有什么要求,这是20世纪80年代教育改革中大家共同关心的问题。

◆(一)品格和作风为重心

1978年改革之初,百废待兴,各行各业都需要大量人才,科学研究要有科学家,技术设计施工要培养工程师,管理部门需要管理人才,这些人才素质的要求虽有差别,但高尚的思想品格和作风,不管对什么工作来说,都是重要的基本前提。我们原来提出的"使受教育者在德育、智育、体育几方面都得到发展,成为有社会主义觉悟的有文化的劳动者"这一教育方针,在当时形势下坚持不变,在具体理解上,提出更深刻的含义和要求。

根据对历届毕业生大量的调查研究,我们发现,不管做什么工作,要能认真发挥作用,没有高尚的思想品格和作风是不行的。一个人发挥作用的大小与他所懂得的科学技术知识并不都成正比例,还有许多其他因素。往往有些人业务水平不一定最高,但做出的贡献却大于业务水平比他高的人,其中一个重要因素,就是思想作风不同,会影响业务水平的发挥。

从多年的教学实践对比出发,我们认为,思想品格和作风应着重从三方面去培养。首先,要培养先人后己、乐于助人的精神。要使新一代的人在工作中不会遇事先替自己打算，因为只考虑自己的人是不会得到群众支持和欢迎的。人与人之间难免存在各种矛盾，但必须具有先人后己、关心别人、乐于助人的精神，才能团结在一起，这亦是合作共事的基础。其次，要培养为人处世谦虚、谨慎的态度和作风。如果一个人学习好，有了学问就骄傲自满，不谦虚、不谨慎，别人也很难与这样的人合作共事，就会无形地设置障碍。进行一个科研项目会陷入孤军作战的困境，组织一个科研单位则不能形成梯队，到处碰钉子，结果还是做不好工作。古人说大智若愚，这包含着谦虚才能与人共事的意义。现代化的工程项目往往是一个多学科性的大系统，需要与很多人合作共事，更要求每一个工程技术人员具备谦虚、谨慎的品德。最后，要培养善于与他人团结的本领，这是方法。良好的精神和作风，只是前提，社会非常复杂，我们新一代的人才既要与中国人打交道，还要与外国人打交道，要能与各种各样的人合作，这就需要善于与人合作，学会合群的本领。资本主义国家高等学校学生下厂实习，有一个要求，就是接受合群的锻炼。即在实习中，要学会与各种各样的人共事，与他们打成一片，以此作为衡量学生实习成绩的一个依据。这一点对于我国来说，同样适合。

◆（二）实践创新是目标

在新技术革命时代，如果不善于创新，很快就会落伍，所以我们特别强调培养学生的创造能力，尽力避免把新一代人才培养成只会按部就班、沿袭旧制的人。过去我们国家的工程技术人员，只要利用现成的资料和传统的工艺，哪怕五年或十年不变化，也能应付过去。但在新技术革命时代，新技术层出不穷，国内、国际竞争日趋激烈，要能更新产品和创新工艺，就要求我们培养的新一代人才具有创造的才能。为了培养这种素质，首先，要勤于学习，也要善于学习，既博览群书，又思想敏锐，善于选择和吸收新知识，这是基本的要求。其次，能及时把各种新知识运用到工程实践中去，这是进一步的要求。做到这两条是基础。最后，还有更高的要求，就是要创造知识。这要通过开展研究工作，发现新问题，提出新见解，发展新理论，做前人没有做的工作。总之，这是一个吸收知识、运用知识、创造知识的全过程。这是对高级技术人才培养创造性素质的要求。

一个科技人员在开展科学研究中，要能够提出新课题，创造新知识，就必须锻炼培养善于开创新局面的能力。"创造"是科学研究的重要特征。有一种杂志叫《知识就是力量》，这句话是培根说的，从广义上理解是对的；但严格地说，知识只有得到运用，才能转化为物质力量。掌握知识是一个人具备能力的必要条件，但知识本身与能力是不能等同的。只有善于运用知识，才具有能力。在新技术革命形势下，需要不断创造、发明新产品，总结新经验，寻求新方法，发展新理论，只有这样的企业和科研单位才有生命力。因此，作为高级技术人员，特别是研究生，他们未来的主要任务不仅在于应用新知识，还在于创造知识，在于能把科学技术不断向新的领域推进。我们过去批评一些人是所谓的书呆子，"书生气十足"，后来有些人又说"我们就是要书呆子"，甚至"要有书呆子精神"。这两种对立的说法都有一定的片面性。书呆子是什么？就是指只读书，书读很多，掌握了很多书本知识的人。这是好的一面。当然，比不学无术好得多，但终究还不够。我们批评书呆子，在于他不能运用已有的知识解决实际问题和处理问题，包括生产实践中的问题和社会问题。书呆子是缺乏开创新局面的本领的。但无论如何，简单说书呆子好或不好都是不全面的。我们发展科学技术必须具有创造能力，有了创造能力，才谈得上去开拓新的研究领域，创造新局面。书呆子没有学会运用知识的本领，当然还不是优秀的知识分子。

为了培养学生的创造能力和造就开创新局面的本领，必须对教学体制进行大力的改革。过去，苏联采用"通报式"的教学方法，后来俄罗斯改为"问题式"的教学方法，即大学授课只占55%，习题课占25%，实验课占15%，课堂讨论占5%，着重对学生能力的培养，改变过去把打好业务基础看成单纯传授知识的老观念。我们过去学习苏联,但后来,我们灌输式、填鸭式的教育模式更甚于苏联。当时我们也在改革,认为必须根本改变那种教师滔滔讲、学生静静听的局面,要把培养人才当作复制教师的旧传统彻底改革掉。资本主义国家的大学生主要靠自学,好比把人丢入游泳池,让他自己去挣扎,有本事的人能游上来,没本事的人就会被淹死,淘汰率高,我们不能照搬这种做法。但培养学生学习的主动性和创造能力是完全必要的。我们在教学体制改革中,大力提倡启发式讲课,减少讲课时数,增加自学和课堂讨论时间,加强实验环节,培养学生自己提出问题、设计实验、处理问题和解决问题的能力。毕业设计中把解决实际问题的能力作为衡量成绩的重要依据。总之,大胆采取各种有力措施加强学生创造能力的锻炼。

现代技术革命的形势还要求我们的高级工程技术人才要具备一定的社会活动能力,包括组织能力、宣传能力和处理各种社会问题的能力。我们培养的毕业生,将来许多人不仅承担一般工程技术工作,有的还要管理一个企业、一个科研单位,以至一个大公司,甚至担负更繁重的任务。这就要求他们具有社会活动能力和经理性人才的素质。这方面的才能帮助他们把掌握的知识更好地应用和发挥出来。手工作坊式的一个皮匠单独完成一个产品的时代已经过去了,现代化的科学技术与生产之间已成为一个紧密联系的整体,这就要求工程技术人员对内要善于将大家团结组织起来,对外能进行宣传,善于协作,这方面的能力越强越好。

◆（三）基础厚、业务精是标准

学生阶段打好坚实的基础极其重要,老交大传统提出的基础厚就是这个意思。但坚实的业务基础应包括理论基础和实践基础,仅仅用分数高低来衡量基础好坏是不够的。由于存在着理解上的片面性,因而出现"高分低能"的现象。所以,对打好坚实基础的观念我们也注重转变。

理论基础课包括基础课和技术基础课。现代科学技术日新月异，只有具备良好的基础，才能应付各种新的局面，因此，基础理论必须尽量掌握得深一些、熟练一些。工程技术类的大学生，在校学习的基础课和技术基础课必须占全部课程的80%左右才合适，对过于专门化的知识适当减少，不断向宽的方面发展，打好覆盖面较广的基础，使学生有更强的适应性。现代科学技术发展很快，我们不能把加强基础简单地理解为教材越编越全、越厚，学时越来越多。真正的加强基础，是要求学生能透彻地理解所学到的知识，一步一个脚印，牢固地、扎实地掌握所学到的东西，达到融会贯通、熟练运用的程度。

实践基础强调各门课程都要充分重视基本功的训练。实践基础包括必要的操作技能训练，运用仪器、仪表的训练，以及运用电子计算机的能力训练。这方面采取了积极的措施，大力进行改革。

理论基础与实践基础两方面都不能偏废，逐渐改变以往"高分低能"的现象，当时各个教学环节都注意依据这一要求大胆改革。

◆（四）识多视阔是急务

在新技术革命中，我们普遍发现，广阔的知识面具有越来越重要的意义。现代技术的综合性很强，科学与技术亦相互渗透，专业不能太狭窄，这是当代科学技术发展的一个重要特点。如以医生治病来说，过去中医按脉象开处方，不需要仪器，后来生物医疗工程部门提供了大量电子仪器和设备。现代医疗要靠科学技术手段更准确地提取人体的各种信息，就需要很多与电子仪器相关的知识，以及控制论、信息论等方面的知识。相反，做生物医学工程的人，又要懂得一定的医疗知识，否则很难设计出适合医疗特点的仪器设备。"隔行如隔山"的状况已发生了改变。又如，当时无线电技术很多都应用到机械工程中去，电子学、生物学知识渗入各个领域，以至机与电的职业界限有时很难严格区分。一个高级工程技术人员，如果具有广阔的知识面,有宽广的视野,贡献就会比不具备这些的人大得多。就好比学会"借他山之石"的本领,有了这种素质,他的作用和贡献就会大很多。

◆ (五) 理工管经相并举

过去搞专业技术的许多人并不熟悉经济,改革开放后工程技术人员没有很强的经济观念是不行的。经济不只是自然经济,还有商品经济,经济体制的各项改革离不开经济杠杆。因而,经济体制改革对科技人员树立经济观念的要求越来越高,离开经济去谈论技术发展几乎寸步难行。一个科技人员设计出来的东西即使技术上符合自然规律,也很先进,但如果不符合经济原理,就很难说是先进的设计,甚至不一定会被采用。搞工程技术的人不懂得经济法和专利法是不行的。

20世纪80年代我去欧洲参加过一个工程技术教育的经验交流会,会上我讲道:发展中国家学习先进技术应着重于学习中间技术,不应当单纯追求最先进的东西。因为最先进的东西需大量投资及高级技术,操作维修复杂,难度极大,对技术不够发达的国家不一定最经济。不仅得不到最好的经济效果,往往还不能摆脱对技术先进国的依赖关系。法国专家认为,对非洲国家派到他们那里学习的学生,不应单纯教给他们最先进的技术,而要教给他们适用的中间技术。这种观点得到了大家的支持。我一直认为,在经费不充足、未曾培养出人才的情况下,往往选择合适的中间技术会更好,可以带来比最先进技术更高的效益。这就要求在经济上进行全面的分析。所以,培养新一代工程技术人才,应当在他们脑子里架上经济杠杆,使他们对经济效益问题有较系统、较全面的了解,不仅善于利用自然规律,而且善于获取市场信息,利用经济规律,使他们在提出方案、处理问题、做出决策时能符合实际情况,获得最佳效果,而不是脱离现实地去追求先进。

21世纪以来,自然科学与社会科学的关系愈来愈密切,边缘性、交叉性学科不断产生,一个高级工程技术人员,不学习有关的社会科学,不懂得新的跨界性学科,他就不能高屋建瓴地把握住时代的脉搏,不能完全胜任自己的工作,甚至在各种思潮面前,缺乏辨别的本领,以致迷失方向。因此,高级工程技术人员的培养过程,必须重视社会科学类学科的学习,运用马克思主义的立场、观点与方法去认识科学技术发展的规律,认清社会发展的总趋势。

80年代初的欧洲之行,我做过一些调查,发现欧洲的大学也越来越重视学习社会科学知识,如经济法、国际法、心理学、政治经济学等人文社会科学类课程的学时,占总学时的20%左右,这一动向引起了我们的注意。我们的经济相对来说还比较落后,要实现党中央提出的宏伟目标,需要大批合格的人才,要继承和发扬人类文明的伟大成果,必须具备各方面优秀的素质,因此,我们认为,必须迅速改变教师满堂灌、学生死记硬背的状况。这种传统教学方法,好比抱着孩子走,生怕孩子独立走会摔跤。抱着走、领着走,不敢放手,虽然不会出大问题,但孩子独立生活的能力会很差,这样的传统教育制度与方法是难以培养学生的创造才能的,也出不了顶尖人才,即使很有天赋的学生,往往也会沉没在繁重的课程和成堆作业的旋涡里而未能成为时代的巨人。所以,新技术革命的挑战促成了我们的教育体制和教学方法的不断改革。

三、入选国家重点建设

1983年,中共中央在改革开放的基础上,商定集中资金加强重点建设的战略决策。这一年,遵照赵紫阳总理关于重点建设几所大学的指示,国家计委、教育部经过研究讨论,国务院于1984年正式批准西安交大等10所院校列入国家重点建设项目。入选这批重点大学的条件是："国内第一流学校,国际上也有一定声誉和影响。学科(专业)设置比较齐全,师资力量较强,学术水平较高,博士点和硕士点较多,具有进一步发展的较大潜力,对国内影响较大,有示范性,对国外能代表我国先进水平,列入国际先进行列,经过投资,加速建设,能培养更多的优质的专门人才,促进高等教育的发展。"能列入国家重点建设项目的大学,国家投资将有较大增加,但要求比较高,管理也比较严,当时就规定:"要从国家的需要和各校的实际情况出发,有计划有步骤地规划建设,合理使用投资,重点在提高教育质量,加速培养高级建设人才,要把投资主要用于教学用房、实验设备上,酌量扩建必要的校舍,改善教学和科研条件,师生居住条件只能适当改善,不能要求过高。要有重点地扶植一批对国家现代化建设有重大意义的学科、专业,不能平均分散使用人力、物力和财力。列入国家重点建设项目的大学,要认真进行整顿改革,精简机构,紧缩编制,提高效率,积极创造现代化大学的科学管理经验,为其他高校做出示范,尽快提高教学水平和科学研究能力,为国家培养数量更多、质量更好的高级建设人才和向国家提供高水平的科学研究成果。"

西安交大被列为国家重点建设高校,从根本上说,是因为其具备这方面的实力,存在很明显的优势。但毕竟选拔重点建设高校的数量有限,要考虑国家战略建设的实际和需要,这说明并不是所有条件好的学校都可以入选。在中央商定初选方案时,据说只有5所高校,后来变为7所,最终名单成了10所。在名单调整的背后,有很多故事。在最早的5所重点建设大学名单中,并没有西安交大。后来经过我校和陕西省的大力争取,考虑到西部开发的长远需要和西安交大在工科院校中的地位实力,中央决定调整名单,将西安交大列入其中。事情的经过大致是这样的:1983年七八月份,我们学校的一位干部到上海出差,在与一位朋友的闲谈中得知一个重要消息,了解到国家有关部门正在酝酿选定5所重点高校,其中有上海交大,但没有西安交大。这位同志立刻就给我校的代校长庄礼庭同志打了电话,庄后来又分别通知了党委书记陈明焰、顾问苏庄和我。我们党委班子十分重视,决定认真研究并向上级汇报,提出将西安交大列入国家重点建设高校的报告。后来请陕西省高教局局长张树人同志协助,拟定了呈报中央的正式报告。在我校教授、时任陕西省委科教部部长的陶钟同志的协助下,及时地向陕西省委、省人民政府做了汇报,陈述了要求把西安交大列为重点的理由,得到了省委、省人民政府领导的全力支持。8月10日,我们校党委就签发了呈报中央的《关于请求把西安交通大学列为国家重点建设高等学校的报告》。当时我们呈给中央的报告中陈请的理由主要如下。

(1) 西北是我国"四化"建设待开拓的战略地区。在20世纪末和21世纪初,经济建设的重点转移到大西北。西北地区的大规模开拓,除了集中资金外,核心的问题是科技人才的准备。因此,人才的培养要立即着手抓,及早准备,才能适应战略重点转移的需要,总结建国三十多年来的经验,解决一个地区的技术干部问题,必须大力提高本地区的科学文化水平,积极培养本地区的科技人才,而不能单纯依靠先进地区的支援。故围绕西北的开拓,迫切需要在西北设置国家重点建设的大学,我们愿意为实现这个战略任务而努力奋斗。

(2) 西安交大具有重点建设高等学校的条件,我校是1956年根据国务院决定,在周总理亲切关怀下,把交通大学的大部分专业和师资力量从上海迁到西安而建成的。更为可贵的是,经过周总理反复做工作,我们在西北扎下了根,成为高等学校内迁的典范。迁校二十七年来,国家投入了大量的人力、物力,使西安交大建设成为西北地区规模最大、专业学科齐全的高校,基础是好的。今后,我们拟发展能源学科和化工、土木类专业,以适应西北经济建设的需要。西安交大已经扎根西北,迁校二十七年来,为国家培养了3万名质量较高的工程技术人才,有一半以上分配在西北、西南地区,在为这些地区培养人才方面已积累了较多的经验。就地招生,生活习惯比较相似,学生容易适应。就地分配，人才易于在西北扎根，这种优越的条件是其他高校不能代替的。反之，如果只在其他地区建设重点高校，不仅西安交大的力量和优势不能充分发挥，不利于巩固西安交大的迁校成果，而且必然引起思想混乱，人心浮动，造成西安交大的现有局面也难以维持的不良后果。

（3）西安交大在国内外，特别在西北地区有较大影响，西北地区科技人才奇缺，人才外流现象严重。如果西安交大能作为国家重点建设的学校，不仅对巩固迁校成绩、发挥交大潜力有重要作用，而且对稳定西北地区的知识分子队伍，促进人才有一个合理的流向，继续鼓励广大知识分子支援西北、支援边疆起到积极的作用。同时，鉴于西安古都的国际性影响，且国际性科学文化交往比较频繁，加上大量的交大校友在外国，所以，把西安交大建设好，能够起到很好的对外窗口的作用，也利于外来人才的引进。

另外，我们也提了以下几点建议。

（1）把建设几所重点学校改为建设一批重点学科、专业。我们的考虑就是，组织教学与科研，学科或专业是最基本的单位。办好一所大学首先要办好一批专业。所以，有针对性地向一些有基础的重点学科投资，就比较符合办学规律，更容易收到多出人才、多出成果的效果，经济效益肯定是较高的。另外，当前国力有限，重点建设学校不可能全力投入重点学科专业建设。

（2）适当扩大重点建设学校数目，以便在地区上考虑到西北、东北，在类型上增加农科高等院校。

（3）如果还是只有几所重点建设大学，其中包括上海交大，那么考虑到西北地区建设的需要和交大迁校的历史，建议恢复1959年以前的建制，即一个交大分设两地的方案，这样既可以体现政策的连续性，也利于巩固迁校的成果，利于两个交大取长补短，大力协同地为东南及西北地区的"四化"建设做出更大贡献。

同年8月12日，中共陕西省委、陕西省人民政府也向中央发出了同样主题的电报,电报肯定了交大西迁二十七年来为国家、西北和陕西省培养了大批高质量的工程技术人才,做出了较大的贡献,还赞扬西安交大目前各项工作都走在前列,是重点大学中办得较好的学校。陕西省委和省人民政府明确表示,如果中央把西安交大列为重点,省里将全力支持。此后,我校领导多次到北京向中央相关部门汇报这一情况,得到了中央相关部门的支持。特别是高教部原部长杨秀峰同志,当时已经离休,因病在京住院治疗,在听到这件事情后,满腔热忱,十分关注。他说:"交大西迁是周恩来总理亲自过问和关怀的,由我具体负责实施。西安交大的情况我完全了解,支持你们的要求。"他不顾年老多病,亲自到相关部门反映情况,发表意见,支持西安交大的请求。经过一系列的有效活动,最终中央考虑了我们的请求,把西安交大列入"七五"重点建设项目。

在我们努力争取的同时,南京大学、浙江大学等一批比较有实力的地方大学也在争取,纷纷要求公平申请、机会均等。国务院和教育部相关领导十分重视,又召集相关部门进一步做了分析研究,对要求进入的近20所大学逐一进行了审议,最后新增中国人民大学、北京师范大学和北京农业大学。入选国家重点建设项目的高校竞争是十分激烈的,国家能够安排的专项补助投资五年共5亿元,而且短期难以再增加,所以,中央决定采取重点建设部分大学和重点建设部分专业的思路。主要投资仍作为北京大学、清华大学等原定7所高校加速建设的费用,新增选的中国人民大学、北京师范大学和北京农业大学虽然也列入加速建设的国家重点项目,不过投资分别由相关的主管部门适当调剂解决,北京师范大学由教育部负责,北京农业大学由农牧渔部负责,中国人民大学因承担培训高级行政干部任务比较多,投资由教育部与国务院有关部门另行解决。

当时未列入重点建设的南京大学、浙江大学等高校,学术水平也很高,比如南京大学的博士点有33个,浙江大学在面向经济建设方面与天津市、浙江省的合作也做出了很好的成绩。鉴于此,中央在上述10所学校之外,选择一批国家急需的、担负着重大任务、学术水平较高、师资力量较强、处于国内领先地位并在国际上有一定影响的学科、专业,有步骤地支持其发展,将其列入国家重点建设的项目,主要是利用世界银行贷款优先解决。中央方案的调整,实际上与我们后来给中央提议坚持战略和重点发展的建议是较为一致的。

四、巧用世界银行贷款

十年"文革"对我国高等教育的创伤是巨大的,特别是在高新技术科学方面,如计算机科学和计算机工程等方向,无论是硬件方面还是软件方面,都落后发达国家二十年。改革开放之初,国内高校和科研院所的科研设备十分陈旧,大多是20世纪50年代的,有的甚至是"老掉牙"的二三十年代的设备;高校师资队伍薄弱,办学规模萎缩,办学条件极差,科学家和工程师严重缺乏,大批适龄青年渴望获得深造的机会。高等教育的落后现实严重不适应国民经济和社会发展对人才的迫切需要。所以,1977年,党中央就高瞻远瞩地要求恢复高考,以此推动高等教育事业的超常规发展,服务和支撑国家的"四化"建设。不过,怎样培养符合未来发展的高科技人才却是一个大问题,因为当时国内不仅办学经验落后,连办学条件、办学师资也严重不足,特别是办学经费严重缺乏。世界银行贷款可以说是解决了我国的燃眉之急,客观地讲,它对中国高等教育的复苏和腾飞发挥了十分重要的作用。

世界银行贷款的来历是这样的。1980年,在中华人民共和国恢复世界银行的合法席位和权益之后,世界银行有意向中国提供一笔贷款,当时主管东亚及太平洋地区事务的副行长萨赫德·侯赛因来中国访问。由于当时中国经济发展水平比较低,高等教育的发展受到了很大的限制,急需大量资金支持,所以教育部等中国政府部门主动与世界银行代表座谈,商定选择中国的大学发展项目作为世界银行在中国的第一个贷款项目,这对中国高等教育事业的发展来说是一个十分难得的机遇。教育部成立了世界银行贷款审议委员会,委任交大校友张光斗(时任清华大学副校长)为主任,还有5个副主任,其中之一是我校的陈学俊教授,他负责审议委员会的管理工程项目。

世界银行贷款资助高等教育发展对世界银行来说是第一次,对中国来说更是第一次,所以谈判过程十分曲折,经过中国代表团据理力争,贷款数额最后定为2亿美元,从1982年正式生效。另外,我国中央财政还要相应配套1.45亿元(人民币)。这笔贷款主要用途是进行实验室基本建设、购置设备,提供技术援助,用来资助北京大学、清华大学等26所(后来建设中又增加了2所)国家教委直属大学,加强师资力量,改善教学科研条件,提高教学科研水平,增强现代化管理能力,适当扩大办学规模。具体包括,装备我国高校的14个计算机中心、13个分析测试中心、20个专业实验室,以及基础教学实验室,同时,从这些院校选派800名教师(另有硕博研究生,共计1520人)出国,培养硕士、博士研究生和进行短期考察,还计划派部分大学管理人员出国学习。为了更好地利用这笔贷款,审议委员会专门到欧美国家高等学校和实验室购置仪器设备。杨振宁先生十分关心这件事情,他认为这个项目很好,希望在执行过程中要精打细算,充分发挥效益。他还建议,有些仪器设备不要买全套的,可买关键部件,自行装配,这样可以节省资金。

听到世界银行提供贷款资助我国高等教育的消息后,我校校领导十分重视,认为这件事"意义重大,受益重大,任务艰巨,责任重大"。为了完成贷款任务,我校动员全体师生将其作为一项政治任务来看待、来完成,当时还专门组织了贷款班子,来辅导教师做好贷款的技术工作;同时,建立一支熟练的技术队伍做好贷款物资的安装、调试、使用、管理等工作。而且出台了相关实验人员在职称、待遇方面要和其他人员一视同仁,有特殊贡献的应当优先考虑的规定。最后,我们通过了国家世界银行贷款审议委员会的审核,获得总额为834万美元的贷款,其中购置设备费用700万美元,人员进修费用114万美元,图书购置费用20万美元。

由于贷款数目巨大,是我们学校三十三年来全校进口设备总值的3倍,有近一半的实验室从这次贷款中受益,这对于改善我们的实验条件,提高实验室测试技术和手段,为国家培养更多的高质量的人才等,都有着重大的作用。为了用好这笔贷款,学校校长办公会议对此进行了深入研究,强调要加强领导,充实力量,把原引进设备办公室改为外资贷款办公室,专门负责世界银行贷款工作,加速培训出国预备人员和接机人员,加强基建和维修力量,保证基建和实验室改装的施工进度,按时完成贷款协议的指标,认真做好贷款各项工作。另外,我们还专门开辟了一个基础教学设备项目,在每个重点实验室中都加强了教学仪器设备的计划。并在1982年成立了计算机基础教研室,利用贷款购置了一套中型计算机系统和1200余台各种测试设备,以此装备实验室,为全校或相关专业开设计算机原理、算法语言、离散数学等课程。同时,为了改善实验手段,还购置了一批大型精密仪器,如激光多普勒测试仪和二次离子质谱仪、图像处理系统、自动X射线衍射仪、电液伺服疲劳试验机、动态信号和模拟分析系统、热像仪等。世界银行的贷款,使我们全校有20余个实验室受益,其中计算机中心、金属材料及强度实验室、绝缘材料实验室、机械工程实验室、基础教学实验室等设备得到了重点武装,一批实验室的装备水平由50年代一跃升为80年代初的国际水平。特别是计算机中心的建立,正值计算机技术在华夏大地初步应用之时,意义十分深远。

我记得相当清楚,计算机中心利用世界银行贷款引进的一套带有70个终端的计算机系统,自1985年2月正式运行以来,坚持为教学、科研和生产服务,除每周半天停机检修外,基本上做到了24小时运

1982年，世界银行贷款专家咨询组来西安交通大学考察
（右前一为史维祥副校长、右前二为庄礼庭代校长、右前三为周惠久副校长）

行，节假日照常为用户服务。据统计，1985年为教学、科研共提供22万机时的服务，其中教学机时14万，科研机时8万，在全国14所拥有同类机型的高校中名列前茅。这样一来，每位学生每年上机达20多个机时，在校四年做到上机不断线，大大加强了实践性教学环节，提高了学生的动手能力，开阔了思路，使他们不仅掌握算法语言，还掌握了计算机的控制与原理，有利于利用现代化计算工具进行学习和研究。另外，我们还协助校内外用户调试通过了多项大型科研项目和重点课题的应用程序，如"六五"计划重点攻关项目之中的"SAPOP-1结构优化程序系统"与"80万吨可倾式压力机动力结构优化设计"，以及"太阳能采集器的最佳设计"等。在国家教委组织的贷款项目使用情况检查中，我们的计算机中心以"开机时间最长，中央处理机利用率最高，提供的机时服务最多"受到好评。

截至1985年年底，利用贷款派往美、英、加拿大访问学者和研究生共113人。通过这个项目，我们教师队伍的质量明显得到提高，掌握计算机知识的教师比例提高到90%。世界银行不仅提供了财力和物质的支援,而且提供了技术援助,介绍了教育计划与管理的先进技术和程序。世界银行贷款项目的实施,使我国高等教育面向现代化、面向世界、面向未来迈出了一大步。如果没有这个项目,迈出这一大步是相当困难的。这个项目的实施使我们建设的实验中心达到了80年代的国际先进水平。

五、成立大学出版社

西安交大的出版社成立于1983年下半年,经过筹备,在交大一村找了几间房子办公,当时只有几个人,条件非常艰苦。整个队伍只有七八个编辑出版人员。办公地点就在交大一村13舍1楼两个单元宿舍区内,利用汽车库搭起了二层楼,才有了办公室。出版社下设总编办公室处理日常编务工作,与出版社办公室合在一起,一个机构,两个牌子。另有出版科,负责图书出版的具体事务,包括校对、绘图等。后来,出版社的建设规模逐步壮大,办公条件也逐步改善,编辑队伍日益扩大,1986年,我们从当年的毕业生中选了七八位大学生进入出版社,以充实编辑队伍。这是一批新的力量,是十分可贵的,是"文革"后恢复大学招生培养出来的高材生,是我们出版社的宝贵财富。

因为西安交大出版社是全国一级出版社,是经国家教委批准接收世界银行贷款的10所大学出版社之一,规格是很高的,国家规定必须由校长兼任出版社社长职务。当时全国还有其他几家大学出版社由校长兼任社长。在我任校长期间,出版社社长的职务都由我兼任。国家对西安交大出版社的建设和发展非常关心,联系也很密切。当时,全国成立大学出版社也是国家的一项战略决策。因为十年"文革"期间，教育战线特别是大学是重灾区，对文化教育的摧残非常严重，"知识越多越反动"，知识分子成了"臭老九"，文化教育战线一片荒芜。经过拨乱反正，人们的面貌焕然一新，一心只为工作。特别是对文化的建设呈现出一片欣欣向荣的景象。

交大重教学的传统由来已久，特别是教材建设，早在清末时期，学校的译书院（图书翻译编印出版机构，后来并入商务印书馆）就编印出版了我国最早的一批教材。改革开放之后，也是如此。出版社的成立大大推动了教材编写工作。1983年，我校设立了"优秀教材奖"，专门表彰奖励在教材建设中做出贡献的教师和相关人员，以此调动广大教师著书立说的积极性。我们着重从提高教材质量抓起，组织编写出一批体现我校学术水平和特色的、适合本科生和研究生使用的基础课与专业基础课教材，出版了一批具有相当学术水平的专著和教材。从1983年开始，我们每年拨出10万元资助30种比较成熟的油印教材铅印出版。

20世纪80年代，中国处于一个前所未有的社会大变革时期，教育改革是其中一个很重要的组成部分。我任校长又兼任出版社社长，深深体会到图书出版工作的重要性，图书出版的繁荣代表着国家的兴旺发达。出版社的日常工作由出版社常务副社长负责，但在图书出版选题的方向上我们是要深入研究的。当时我们推动策划了五大系列丛书骨干出版工程，如"西安交通大学丛书"是反映我校学术研究水平的专著系列书。"研究生系列教材"也是我校的特色项目，国家教委研究生司和国务院学位办公室以"认真办好研究生学位课程的教材建设"为题向全国大学发了简报，对这套丛书做了详细介绍并推荐国内多所研究生院使用该教材。另外还有"计算机辅助教学丛书"、"外国教材精选系列书"、"机械故障诊断丛书"等。

出版"研究生系列教材"是当时的一项重要任务，因为我们在理工科方面具有优势，在物理、数学、电子等方面都有深厚的基础，所以确定出版一套研究生系列教材。例如《随机系统理论》是研究生系列教材之一，荣获 1992 年全国优秀教材一等奖。再如《大系统的递阶与分散控制》一书也是"研究生系列教材"之一，荣获全国电子类专业优秀教材二等奖。这套研究生教材一共出版 50 余种，其中近 20 种教材很受欢迎，多次印刷，为全国各高校理工类研究生专业教学所采用。后来，我们针对这个选题进行了全面总结，撰写了《西安交大出版社"研究生教材"系列丛书一枝独秀》一文，荣获编辑出版管理建设成果奖，全文 5000 字，收入《中国大学出版要览》一书中出版。

在当时的条件下，出版社的成立困难重重，整个历程充分体现了我校同志艰苦创业的可贵精神。众所周知，图书出版首先要讲社会效益，要传播科学知识，出版优秀图书，这在当时做起来相当不容易。出版学术专著更为困难，主要是出版资金来源非常有限，这类图书印数少，靠自有资金无法出版，也就是所说的没有经济效益。当时流行的说法是"出书难"，"出版学术专著更难"。我们认为出版学术著作是出版社义不容辞的责任，于是大胆地组织学术专著系列图书出版选题，筹集资金，设立了学术专著出版基金，资助学术著作的出版，这在当时属于大胆创造。我们成立了学术专著出版基金委员会，由全校推选出的 30 多位专家组成。每一种图书的出版都要经过专家组成员讨论通过后再给予资助出版。起初只筹集到 4 万元，虽说数字不大，但作为启动资金已经足够。此后像滚雪球一样，资金来源问题慢慢地解决了。我们出版的原则是图书的选题要好，要有独创性、有价值。经过委员会讨论通过后，就可以列入图书出版计划出版。为此，我们专门制定了学术专著出版的条例，工作做得很细致。在这期间，我们先后有 10 多种学术专著出版，受到国家新闻媒体的重视，创造了良好的社会效益。《中国新闻出版报》于 1988 年 7 月 6 日头版报道了"西安交大成立出版基金会，开拓出版学术专著的新途径"的消息，并配发了《集思广益，解决科技学术著作出版难》的评论性文章，在全国引起较大反响。例如，出版的林宗虎院士的《管路内气液两相流特性及其工程应用》学术专著被推荐参加国家图书奖并被提名。

西安交大出版社坚持为教学科研服务，办出了自己的特色。1986年和1988年，我校出版社先后有40种图书参加了北京国际图书博览会。1985年和1988年，我们参加了在香港举办的中国书展，均以选题好、质量上乘受到称赞。在北京国际图书博览会上，张文修教授编著的《模糊数学基础》一书被英国一家国际出版社选中，表示愿在英国出版英文版。1988年我们参加香港书展的展品全部由当地出版社和台湾地区出版部门作为样书购走。我们有十几种图书受到国家级和省级嘉奖，如党锡淇、陈守五主编的《活塞式压缩机气流脉动与管道振动》一书荣获第四届全国优秀科技图书二等奖。张文修编著的《模糊数学基础》，邓建中、葛仁杰、程正兴的《计算机方法》分获国家教委优秀教材一、二等奖。

六、持续为西部造血

20世纪50年代，交大遵照周恩来总理"西北大有可为"的嘱托，大部分师生迁校来陕，扎根在此三十余年，创造了丰硕的成果。迁校后，我们迅速办起了应用数学、应用物理、应用力学、工程物理学、无线电、计算机等一批新专业，培养了如中国工程院院士叶尚福、雷清泉、李鹤林，中国科学院院士陈国良、陈桂林等人。还创造出饮誉一时的"金属宏观强度的多次冲击抗力理论"重大科研成果，该成果在1965年被评为高教部直属高校科研成果"五朵金花"之一；改革开放后，"金属材料强度潜力研究"的社会效益十分突出，据不完全统计，在80年代中期已累计形成3亿多元的社会经济效益。这个数字在当时是一个天文数字,因为当时一个刚毕业的大学生的工资才不到100元。

20世纪80年代,中央领导集体提出了在20世纪末要把国家建设的重点转移到大西北的战略构想,全校师生听到这个消息,心潮澎湃,决心再次挺身西北。我们制订了支援西部校企发展的一揽子方案,并派出代表团分别到新疆、青海、甘肃、宁夏等地实地考察,同一些院校和工矿企业签订了包括讲学、技术交流、办培训班等合同。如我校同新疆电力系统合作,代为培养电厂热能动力装置专修科干部班学员30名;为新疆生产建设兵团建筑工程第一师代为培养工业与民用建筑干部专修科学员30名。此外,我校还承担了为兰州、长庆油田等地培养人才的任务。

1982年12月,我校与新疆工学院(是当时新疆地区唯一的高等工科院校,后与新疆大学合并)正式建立协作关系。协作内容主要包括以下三个方面。

(1)试办少数民族班,列入国家统一招生计划,增加招收新疆地区的学生名额,培养五年,达到大学本科水平,借此为新疆地区陆续培训一定数量的工业管理人才。1983年、1984年分别招收新疆地区少数民族本科班和专科班各一个。1983年的少数民族班有30名学员,学生来自新疆地区八个地市的六个不同民族,主要学习动力机械专业,学制五年,学员年龄最大的是19岁,最小的是16岁。高等学校开办少数民族班是培养少数民族科技人才、加速边疆地区"四化"建设的一条重要途径。开办少数民族班在西安交大是第一次,我校对此极为重视,还专门成立了少数民族班工作小组,由教务长任组长。

(2)从1983年开始接收一批新疆工学院教师和实验室工作人员来进修。新疆工学院也可以根据教学和师资培养工作需要,邀请我校部分学科教师去新疆进行短期讲学。另外,根据我校教学设备更

20 世纪 80 年代，新疆少数民族班同学在图书馆学习讨论

新和图书资料建设情况，逐步抽出部分设备和图书支援新疆工学院。其中支援重点是该校的机械工程系、电气工程系和基础课部，主要侧重于提高该校教师科学研究的水平。1984 年，我们支援新疆工学院等 4 所院校的仪器设备和器材价值达 144 万元，并支援了一台用于教学和科研的电子计算机，同时为其培训计算机使用人员。

（3）加强校际的技术情报交流联系。当时凡在西安交大举行的有关学术活动，我校根据情况邀请和通知新疆工学院派人参加。为了加强两校之间的联系，切实做好支援新疆地区的工作，两校还决定每年定期商谈一次，以便总结经验，进一步加强协作和交流。

后来，我校与新疆大学也建立了协作关系，派出一批教师赴新疆大学讲学，并无偿支援新疆地区高校图书 1000 多册，实验设备价值 40 多万元。在双方的合作过程中，我们通过对新疆部分高校现状和工业技术水平进行调查后认识到，对新疆地区经济建设和高教事业最好的支援是为他们输送和培养更多的建设人才，特别是为各民族培养具有较高水平的专业人才，帮助对口高等学校培养学科带头人，使其形成师资梯队。为此，我校除继续为新疆办好少数民族本科班和专科班，继续为其培训师资，进行信息资料交流和提供物质支援外,还采取多种方式为新疆地区举办研究生班,负责协助新疆工学院培养学术带头人,帮助新疆地区培养高层次研究人员和高校学术带头人。1984年以后,我们与新疆地区的高校开展了更全面、更广泛的协作,实实在在地做好以下几件事。

(1) 在征得教育部同意后,新疆地区研究生生源可适当降低分数档,我们逐年增加在新疆地区招收研究生的数量,直至开办少数民族研究生班。另外,我们采取由新疆地区高校部分获得硕士学位授予权的专业或导师招收研究生,聘请我校有学位授予权的教授或副教授做顾问教授的办法,协作指导。

(2) 在协助新疆地区对口高校培养学术带头人方面,由新疆地区高校选送一些基础好的教学、科研骨干作为"访问学者"到我校进行重点考察,合作进行科研。或由我校选派有经验的教师到新疆地区高校授课,办学习班,开专题讲座,合作进行科研,促进其学术带头人的成长和师资梯队的形成。

(3) 我校还负责协助新疆地区高校向国外推荐有关专业的学生出国留学、进修。在举办有关学术活动时,优先分配名额给新疆地区高校。

另外,我校加强了对支援西部的新闻宣传工作,在校刊中,我们专门开辟一个栏目,介绍交大毕业生在西北创业的事迹和精神,以引导毕业生赴西北创业。如1984年4月28日第126期第二版,我们刊登了《倾心山区水利事业的人——西安交大五八年毕业生王焕儒》一文,介绍王焕儒的事迹,在师生中反响较热烈,来校参观的中央领导对此高度赞扬。时任中共中央委员、团中央第一书记的王兆国同志,在1984年视察西安交大时高度评价新疆少数民族班,认为"这就是创新,在高等学校开办民族班,为少数民族地区培养德才兼备的技术人才、管理人才,这本身就是一项很有意义的工作"。

七、"不拘一格降人才"

十年"文革"给中国高等教育带来的创伤是难以估量的,特别是对高校师资队伍来说尤其如此。"文革"后,整个高等教育战线都面临着一个"青黄不接"的问题,新中国成立前入校的教师年龄较小的也有 50 多岁了,"文革"前留校的最年轻的教师也都接近 40 岁了,当然"文革"中也招了一批教师,但相对而言,整体的质量与"文革"前培养的教师相比还有一定的差距。这种现实,也不可避免地带来了另外一个问题,就是老教师的"超龄服务"问题。改革开放后,国家现代化建设迫切需要大量的科学技术人才,高校扩招任务增大,怎么样激发现有中老年教师的活力,培养青年教师,是高校普遍面临的首要任务。破格启用有真才实学的青年人才,是我校当时势在必行的一项重要举措。

◆ (一)"一次对外技术谈判胜利"

20 世纪 70 年代中后期,南京栖霞山化肥厂引进一套法国大型成套设备,其中的关键设备透平高压转子连续三次发生叶片断裂事故。1979 年 4 月,中方与法国厂商进行技术谈判,由我们学校的孟庆集讲师担任中方技术主谈。他透彻地分析指出,事故是由于叶片设计存在着强度方面的根本性错误造成的。经过多次谈判,法方承认孟庆集"对事故的分析是清楚的,符合实际的",答应了我方提出的合理要求,重新设计并更换了性能更可靠的新转子,从而为国家挽回了 660 万法郎的经济损失。这件事经我校媒体披露后,在社会上引起了很大的反响,1980 年 5 月 17 日,胡耀邦同志在一份材料上批示,"像孟庆集这样优秀的人才,应该破格提拔"。随之,1980 年 5 月 21 日,《人民日报》头版以《在和外国厂商技术谈判中显示才能——孟庆集分析质量事故有理有据》为题进行了报道,并以孟庆集等人的事迹,配发了《有真才实学才能建设四化》的社论。次日,《光明日报》和《陕西日报》分别以《我们中国有人才》和《精通专业显才能》为题,从不同侧面做了报道,亦配发了各自评论员的文章。1980年6月28日,《人民日报》以此为背景发表了《论"破格"》的社论,"强调选拔、使用人才,要坚持正确的标准,主要看本人贡献大小、学术水平和业务能力的高低,要破除'论资排辈',让孟庆集那样的优秀人才才能脱颖而出"。

孟庆集与外商谈判的先进事迹,影响深刻,不仅仅是给中国人争了一口气,更重要的是他为中央提出落实知识分子政策决议提供了一个很好的抓手,为全社会"重视知识分子,创造条件让大批有才能的知识分子能破'盖'而出"营造了很好的氛围,毫不夸张地说,孟庆集谈判事件是改革开放后中国知识分子状况产生根本改变的一个标志性事件。

◆ (二) 孟庆集事迹效应大

孟庆集事迹在我们全校的讨论是很热烈的,讨论的焦点在于是否要破格晋升他为教授。

孟庆集(右一)与他的老师陆振国(右二)

孟庆集，1956年从交通大学涡轮机专业毕业，后留校任教，随校内迁西安。在中法技术谈判之前，他还是我们学校一名普普通通的讲师，由于在中外技术谈判中贡献重大，学校党委讨论要"破格"提拔他为副教授。在是否能连升三级直接晋升为教授这个问题上，全校的争议比较大，一个问题是，交大当时教授比较少，在全校1500多名教师中，教授只有30余人，副教授也仅有138人。教授大部分是新中国成立前毕业任教的老教师，如钟兆琳、沈尚贤、黄席椿、陈季丹等年龄都在60岁以上，副教授大多是新中国成立前后毕业任教的教师，如蒋大宗等，而且这一批人中还有很多是讲师，孟庆集在交大求学时的老师，还有一部分是讲师。所以，在很多教师看来，孟庆集被提升为副教授已经是破格了。还有很多教师提出这样一个问题，"讲师关键在讲，教授关键在教"，教学要有大成就，成才弟子要多，授课水平要高，才能评为教授。孟庆集谈判胜利为国家挽回较大经济损失，可以当劳模或专家，但要提拔为教授，很难服众。第二个也是更为关键的一个问题是，像孟庆集这样为国家工业建设做出突出贡献的教师在我们学校还有一批，如解决上海望江亭30万千瓦大电机振动功能问题的俞茂宏；提出"裂纹扩展测试技术——涡流检测法"，建立新的动力学计算模型，可以很好地说明和计算"止裂"基本规律，解决世界难题的唐照千；还有"爱祖国、爱社会主义，放弃物质享受"的杨延篯同志等，当时都不是教授。第三个问题是，在"文革"后极左文化氛围下，对于教师的政治成分看得还是比较重的，有的同志认为孟庆集"只专，不红"，他"家庭和社会关系复杂"，不仅不是党员，政治上还遭受了一系列的批判和惩罚等。

经过多次讨论研究，校党委顶住各方面的压力，通过召开全校各方面的会议，认真学习研究胡耀邦同志的批示，并结合当时国内社会发展对知识分子的急切需求，以及孟庆集的学术水平和贡献，最终决定直接破格提拔孟庆集为教授，经过陕西高教局批准，最后通过。孟庆集同志破格提拔问题，生动地反映出长期以来我国根深蒂固的平均主义、论资排辈的思想,这种思想不仅有深厚的群众基础,而且在我们的干部队伍中更是很有市场,这也充分暴露了我们的干部制度和有关制度存在的严重缺陷和陈规陋习,根本不利于用来鼓励做出贡献的人才,不利于人才冒尖,不利于合理用人。

孟庆集问题为我校各级领导特别是党员干部敲响了警钟,要真正解放思想,就要破除旧框框,破除老眼光束缚,正确认识和对待知识分子。"文革"之后,全国上下正在努力拨乱反正,将工作重心重新转移到现代化建设事业上,孟庆集事迹就像破晓先声一样,对我国高等教育战线重视和正确对待知识分子问题是一个重要启发,对全国广大知识分子的解放是一个很大的鼓舞。

◆ (三) 大刀阔斧落实政策

围绕孟庆集破格提拔的广泛讨论,不只是评论他个人,而是涉及选拔人才要不要坚持择优而举的原则问题,反映了某些同志在这个问题上还受到形而上学观点的束缚。类似的情况,之前并不是个别的,这就更加有必要引起各级党组织,特别是干部工作者的注意。人才选拔应建立制度,要有"格",也要不拘一格选人才。为此,校党委专门拟定了《落实知识分子政策调查的综合报告(摘要)》(1980年10月28日),提出以下六个方面的具体举措。

(1) 切实消除在知识分子问题上的"左"倾思想的影响。"左"的影响当时在人们头脑中根深蒂固,不仅在干部、工人中,在知识分子内部也都存在。有的人一听到落实知识分子政策,就感到不愉快,甚至反感,似乎要夺走他们"当家作主"的权利,抢占了他们的"物质利益",有些干部也生怕"不平衡"、"走过头",在实际工作中往往出现"卡壳"现象。有的人缺乏具体分析,动不动就认为知识分子"翘尾巴"、"争名夺利"。至于在知识分子中优秀人才的发掘、培养、任用方面,不合理的规章制度、旧习惯势力、低效率的领导体制等的阻力更是相当严重。正如许多教师所说:"在舆论上也算讲得不少了,但实际上连'表面上平等'(指工资、待遇等)也没有做到。"尊重知识、尊重人才还没有成为整个社会的风气,大多数知识分子所得的报酬、物质利益与其实际劳动和贡献相比,还很不合理。"左"的流毒和影响,仍然是当时进一步落实知识分子政策的主要障碍。

(2)合理地使用人才,努力做到人尽其才。就一所高校而言,如何既根据国家的需要,又根据人才的特长,发展我们的教育事业,正确地确定、不断地落实学校事业发展的方向、规划和任务,使每个人都有用武之地,是推动学校发展的一个核心问题。除了国家有关部门要重视、熟悉重点院校,要在任务、经费、设备等方面给予大力的支持外,高校要合理地安排好教师的工作任务,对每个人在几年内的教学、科研、进修等都要通盘规划和安排。比如,我校从各个教研室的实际出发,面对重要任务,在某阶段多集中人力搞科研;如果教研室人员太集中,就分成几个学科组、课题组,从而把同水平的骨干人员适当地疏散开;如果教研室人员过多,就按学科适当地分散,这都是一些有效的经验。在组织安排好教师任务的同时,我校还注意动员发挥每一位教师的积极性和主动性,支持他们跨专业、跨系甚至跨学校。在自愿结合的基础上进行科学研究,可以到外系、外校开设讲座或兼课,可以到厂、矿、研究所兼任职务,承担社会交付的任务。有些可确定为客座教师,到全国各地进行讲课。

(3)大力改善知识分子的工作条件。科学技术的竞争,往往是时间、速度和精度上的竞争。学术视野是否广阔,图书和情报资料交流是否及时,测试和计算手段是否先进,往往成为能否早出成果的关键。一些事业心较强的教师,对工作条件的要求,比生活条件的改善更为迫切,他们说:"生活上的困难熬一熬就过去了,实验手段的不足,眼巴巴地望着与人家拉开距离,真是急煞人。"当时,我校的仪器设备中有63.5%是陈旧过时的,大部分是20世纪50年代的产品,30%左右是40年代的。这种状况不改变,要赶超世界先进水平是极其困难的,知识分子要充分发挥其才干也相当困难。当然,在当时要求国家为每所学校都配备大型计算机和其他高、精、尖设备,既不可能,也不必要。教育部通盘规划,根据各校所长,逐步形成全省、全区甚至全国性的计算、测试、计量以及图书资料等中心。同时加强管理,使中心不仅为一所学校服务,而且为整个社会服务,力求做到设备先进,使用方便,管理科学。另外,在教师队伍中,不仅老中青不配套,教师与实验技术人员、实验室工人也不配套,特别是熟练工人尤为缺乏,致使许多有专长的骨干教师,整天将时间用在跑设备、跑材料、跑加工等具体事务上,影响其专长的发挥。我们下决心改变了这种状况。

(4)继续抓紧师资培养工作,特别要狠抓重点师资培养的落实工作。在师资培养中,我们坚持业余进修与脱产进修相结合,以业余进修为主。同时,继续加强国内外的学术交流,在国外渠道初步打开的情况下,特别重视质量和效果。

(5)逐步改善知识分子的生活条件,尤其要重视知识分子的健康状况。知识分子尤其是中年知识分子存在工作任务重、工资收入低、经济负担重、家务劳动多等具体情况。中年知识分子的健康状况是当时一个比较突出的问题,如数学系教师有69人,患各种疾病的有47人,约占教师总人数的68%,其中患心脏病、高血压、肝炎等较严重疾病的有17人,约占教师总人数的25%。物理教研室有60名中年教师,患各种疾病的有44人,约占总人数的73%。以上情况在我校是普遍存在的。造成这一现状的因素有很多,其中很重要的一点是,知识分子的思想长期处于紧张状态,中年知识分子的劳动收入远远不够补偿其脑力劳动的消耗。这一现实与我国"四化"建设迫切需要人才的实际正好形成矛盾。所以,我校出台相关政策,高度重视教师的健康状况,从工资待遇、生活福利、工作负担、医疗休养等方面优先予以照顾,同时,还想办法动员社会力量来关心教师的生活和健康。

(6)妥善处理教工子女的升学问题,尽最大努力解除其后顾之忧。建立完整的幼、小、中、高教育辅助系统,是我们学校的一个传统,在 20 世纪 50 年代,我们学校西迁时也是如此。为了帮助交大教工解决子女中学教育的问题,陕西省在 1959 年专门划拨 44 中给交大,作为附属中学,但在"文革"前后又收回去了。这就造成了一些比较大的问题:一是我校少了一个优质生源地;二是我校部分教工子女进不了高中,进而考不了大学,成为他们很大的后顾之忧。有一位教授说:"讲课时看到自己的子女在窗外徘徊,心里十分难受。"许多教师为此颇费心思,采用个别辅导、若干教师联合组成辅导小组等方法为教工子女辅导功课。对于我们来说,学校地处西部,教育资源与上海等地区不可同日而语,为了更好地向大学输送人才,提高我校的教学质量,我校重建了交大附中。另外还有一个因素,即随着市场经济发展的不断深入,为了稳住广大教工的心,我们有责任为广大教工解决后顾之忧,负责他们子女的中学教育问题。

◆ (四) 经验与教训

(1) 教师职称提升必须坚持一切从实际出发。当时因片面强调科研论文而出现"讲师不讲,教授不教"的状况。我们要求评讲师职称不能只强调独立开课这一条,首先应强调能胜任和完成助教的工作,要对辅导、习题课、实习等教学环节提出工作量的要求,在此基础上再看能否独立开课。关于提升副教授和教授职称,对论文的要求不能绝对化、一刀切,论文不能作为提升职称的唯一标准。一般来说,作为教师,首先要看教学水平、学术水平。

(2) 改变人才管理过死的现状,提倡人才必要的流动。要打破院校之间壁垒森严的界限,允许人才在院校之间,地区之间,学校和厂、矿、研究所之间进行流动。总的原则应该有利于整个"四化"建设和人尽其才,克服本位主义,改变人才"单位所有制"状况。在不需要、不对口单位工作的人员,应允许其往需要的、对口的单位流动;师资力量雄厚、人才齐集的老学校、老单位,应允许一些人往师资力量薄弱、人才缺乏的新学校、新单位流动；在沿海、发达地区工作的人员，应允许其往内地、不发达地区流动；培养人才的单位尽可能给生产、管理单位输送一些合适的人才；等等。但要流动得好，必须有相应的政策和经济措施配套，使单位之间既能互相支援，又能互相竞争。要正确执行对内迁院校、内迁职工的政策，他们的工资待遇、生活福利等不能低于原地区的同类人员。对内迁人员的探亲、退休等应有合理的规定。要改变把一个人一辈子固定在一个小单位的做法。要提倡竞争，重点教师和重点课题不能单靠组织指定，也不能长期不变。要发扬教学民主的精神，继续开展评教、评学活动，好的要表扬，差的要记录在案或给予一定的批评和帮助。

（3）要认真落实学校政工、管理干部的政策。对政工、管理干部，应根据其学历、能力、工作岗位的表现和贡献，确定和提升其职称，在这个问题未解决之前，工资、待遇应与同期毕业的教师相近。我校在当时正准备开办为期一年以上的党政、管理干部的培训班。

八、向李鹏总理汇报

1989年2月16日下午，李鹏、王丙乾、李铁映等党和国家领导人约请参加全国教育工作会议的部分省市及高校领导召开座谈会。北京大学、清华大学、南京大学、中国人民大学、北京师范大学和西安交通大学等校领导参加。

会上，在有关同志汇报完中小学教育情况后，李鹏总理把关注焦点转到了高等教育问题上。我首先发言，给总理汇报了受市场经济冲击，高等学校存在的一些主要问题。我的汇报与回答总理的提问，约用了半个小时。

李总理对高等学校出现的"厌学情绪"十分关心,问其产生的主要原因,以及如何看待和处理这一问题。我回答,这一问题产生的一个主要原因,是社会分配不公平。大学生毕业后,工资待遇低,感到书读得越多,经济损失越大。当然,厌学情况在沿海地区更为严重,相比之下,我校还算好的,这两年我校注重学风建设,教学秩序比较稳定。但存在的问题是,现在教授每个月的工资是168元,学生认为,他们即使奋斗几十年也不过如此,以此赚钱不如经商来得容易。

李总理表示赞同,他指出,最近两年国家要着重解决社会分配不公平的问题。同时问道:学生分配的双向选择是否受欢迎?

根据我校的实际情况,我回答:比较受欢迎,用人单位、学生本人和学校都比较满意。

李总理进一步问,双向选择能否保证分配过程中"优生优用,人尽其才"?德才兼优的学生能否得到合理的分配?

从我校毕业生的就业实际情况来看,我认为,大多数学生的分配情况基本符合本人实际情况,可以体现优生优用原则,但还有其他因素的影响。

针对高等学校招生"不包分配",还要"收点学费"的问题,总理问:这样是否"行得通"?

结合我校的实际情况,我认为,不包分配是可行的,个别专业除外。国家培养一个大学生要花很多钱,收少量学费是应该的。当然,少数经济困难的学生,学校应给予补助。现在高校经费很困难,已严重影响了教学质量,学校设备陈旧,实习费用严重不足。

受社会氛围影响,"师生经商"问题是当时社会十分关切的一个问题,总理问:西安交大是否较为严重?学生留级情况如何?

我回答得很肯定:西安交大问题不大,我们学校党委对学生经商态度很明确,即校内不准经商。当时高校学生有厌学情绪,但我们学校的措施比较有针对性,学生相对而言还是比较专心的,所以淘汰比例很低,每年补考人数占百分之十几,留级人数很少。

最后,总理关切地询问了高校的伙食情况,分配有无"走后门"现象,以及学生跳舞、酗酒、赌博、打架等有关问题。最后他指出:要加强各级党委对教育工作的领导,加强学校师资队伍的建设,同时也要解决教育经费不足的问题。

九、高校创收需谨慎

随着市场经济的发展,高校创办企业,搞营运创收成为一种潮流,针对这个问题,我有一些想法。下面是1988年6月交大校报对我的一次专访。

问:创收,有偿服务,是高等学校一个十分抢眼的热门话题。高校要不要搞创收,进行自我改善?似乎看法也不尽一致,这个问题应该怎么看,创收在西安交大是不是非搞不可?

答:高校要搞创收,自我改善。首先,这并不是学校决定的,而是中央、教委做出的决定,中央、教委对此都有明确的指示精神。什么是自我改善?一是补充学校经费。在80年代,经费完全由国家承担,随着高校规模的扩大与学生的扩招,学校办学经费出现了日益紧张的局面。比如,我们学校当时的国家拨款经费不仅没有增加,实际上比往年还减少了不少,学校每年有200万元的赤字无法弥补,这个赤字会越滚越大。

二是要改善教职工生活。在这种情况下,学校的创收不能不搞,尽管有这样那样的困难。应该看到,创收搞好了,对教学科研会起到积极的促进作用。比如,教师的收入增加了,生活有了保证,就可以安心地搞好教学;学校钱多了,很多设备都可以购置,不少想办的事就可以办起来。比如清华大学,曾一年把600多万元计划外的钱补到了计划内,解决了大问题。

问:看来,创收和有偿服务不是要不要搞的问题,而是非搞不可。西安交大的首要任务无非培养人才和搞科学研究。那么,搞创收有哪些有利条件,优势和突破口在哪里呢?

答:我们的有利条件和优势就是培养人才和搞科学研究。我们要发挥这样的优势。

在培养人才方面,主要通过教务处和研究生院来扩大委托培养本科生和研究生规模,这是我校一个重要的突破口。

科研也是我们学校的优势。目前要抓几个经济效益比较高的科研成果,首先在学校取得效益,来弥补经济上的一些困难。成果可以转让,也可以由我们自己办厂来生产。

问:据我们了解,学校上上下下都主张有偿服务应该有组织地进行。请问我校在这方面有什么具体措施?

答:学校搞创收及有偿服务只能有组织地进行,绝不能个人搞单干,那样势必严重影响教学和科研。创收要由学校、系、教研室统一组织,统一协调。要把主要的力量投入教学和科学研究上,一部分力量专门搞创收。

我们采取的措施主要有以下几项:给教务处、研究生院等一定的酬金,鼓励他们想方设法扩大委托培养的生源;抓一些重要的"拳头"产品,如铜铝焊接头、涡旋式压缩机、潜水泵等,这些成果的经济效益都是很高的;同时,我们拿出200万元专门贷款给经济效益比较高、能很快见到效益的单位,让他们积极开发新产品;积极筹建科技一条街、建筑设计院和几个公司等。这几项工作现在正在抓紧进行,估计一两年后就可见效。

问:有同志担忧,搞创收会影响教学质量,您对此有何看法?学校将采取哪些对策?

答:搞创收必然影响教学。经过这段时间的实践,发现已不同程度地影响了教学质量,例如很多领导和教师花了相当大的精力去抓"经济"了,教学上的问题抓得少了。思想政治工作、学生的学习也都受到了影响。有一些比较困难的系压力很大,系领导整天都在想如何抓"经济",教师的压力也很大。这些都必然影响教育质量。

我们的责任在于如何减小这个影响,所以我们提出有组织地进行,不是由大家无组织地去搞。我们要求教研室首先保证教学科研的第一线,然后再抽出一部分人去搞创收。

为了保证教学,学校把基础课、技术基础课教师的奖金"包"下来,使他们安心地上好课。教学中更重要的是基础课、技术基础课,这些课在四年中要占近三年的时间。把这个部分的教师稳住了,事情也就好办了。所以,我们不鼓励基础课教师也去搞创收。

干部的奖金要由学校保证,中小学教师的奖金也要由学校保证,使他们安心把学校办好。

问:新的基金管理办法实行"分灶吃饭"有什么好处?

答:"分灶吃饭",许多高校都这样做了,我们做得比较晚。"分灶吃饭"有利有弊。

我们搞大锅饭,不利于大家积极性的发挥,例如,有的系有条件搞更多创收却不积极去搞,碰到困难也不积极想办法克服,所以"分灶吃饭"势在必行。分灶以后,哪个系创收多,哪个系奖金就多,这是按劳分配,容易调动大家搞创收的积极性。

不利的因素也有。有的系搞创收有困难,即使花很多精力去搞也不一定获得太多的收益,对教学和科研的影响也很大。

目前,我们只能用"分灶吃饭"的办法来鼓励大家,调动大家搞创收的积极性。我们想逐步把委托培养搞好,把工厂和后勤部门的改革搞好,增加收入,然后逐步把全校所有搞教学的教师的奖金"包"下来,使整体的教学质量得到稳定和提高。

十、交流新篇章

1977年7月12日，我们接待了一批香港文教界外籍人士访华代表团，其中一位是香港理工学院（现香港理工大学）工业训练中心的英籍华人林德富先生。在我们学校参观时，他表示，西安交大的教学与生产劳动相结合的特点，很值得他们学习，并向我们负责接待的老师提出，希望建立两校之间的联系。另外，他还提出，想从我们机械厂购买机床。我们表示十分欢迎。林德富返港后，就积极地与学院领导磋商这件事情。同时与陕西省进行了沟通，后来双方都表示同意。陕西省教育厅也征求我们的意见，我们认为，在向科学现代化进军中，加强科技交流，学习先进科学技术，是非常必要的，所以对这个工作应持积极态度。而且，香港是我国领土，但又是典型的资本主义"窗口"，通过香港了解我们所需要的东西，是有许多有利条件的。因此，我们原则上同意与香港理工学院加强交流，认为可以邀请理工学院的院领导和教授来我校参观交流。至于两校是否建立正式联系，则还需要进一步研究，毕竟此类工作在中国内地高校中还没有先例，更谈不上经验借鉴。香港理工学院为什么选择与西安交大建立联系呢？我想主要是基于这样一个原因：西安交大在国内外享誉甚隆，办学方向侧重于工程学科，办学宗旨和办学中面临的问题与香港理工学院的工程学系相似，所以极为适宜建立关系，且当时正是适当的时机。

交通大学是我国较早成立的大学之一，在国内外有一定影响，香港理工学院是1972年才成立的一个新学院。根据这样的情况，西安交大与香港理工学院的合作，能否正式建立关系？建立关系后，在香港会产生什么样的影响？对我们今后与国外其他院校加强交流会产生何种影响？由于缺乏相关经验，针对这些问题，我们进行了慎重的研究，认为：如果邀请香港理工学院来校参观交流，他们必然会提出建立联系的问题，这件事情涉及国家的政策、措施等问题，并非我们本身所能确定和完全解决的。但另一方面，建立关系后，双方互访，交流科技图书资料或仪器设备，从我们的角度来说，是十分有意义的，经过努力也可以逐步扩大。

经过两校不断协商交换意见，走出实质性的一步是在1978年。这年5月，我们邀请香港理工学院组团访问西安及其他城市，这是内地大学首次邀请香港教育团体来访。我们设想，两校建立关系后，合作的步骤可以先采取交换讲师的方式，理工学院讲师与我们学校保持交流联络；然后交换学生，在教学及学术方面开展交流活动。理工学院在管理方面很值得我们学习，在引进国外教材、图书资料、仪器设备方面，我们可以充分利用其所拥有的优势条件；而在教学经验、科学研究方面我们可以给予理工学院一定的帮助。短时期内，在局部性问题上，两校之间可进行学术交流，对我们大有好处。

1978年9月23日，应我们的邀请，香港理工学院院长李格致率团到内地进行学术交流，团员包括3个助理院长及部分系主任和高级行政人员。他们的访问行程是广州、北京、西安、上海，活动主要是就内港之间的学术交流问题进行实质性的探索。在广州候机期间，按照计划，原定是要邀请他们参观广州市容的，但他们临时改变行程，访问了中山大学。到北京后，主要参观了清华大学、北京大学和北京师范大学。到西安和上海，情况依然如此，主要参观了知名高校。所有行程中，在西安交大的安排是最具体、最全面的，不仅参观了我们的图书馆，还深入金属材料及强度研究室、计算机站，以及机切、锅炉、零件、电工原理、电器等实验室。代表团还深入一年级的高等数学和三年级的机制工艺、电机学等课堂，实际了解我们的课堂教学。后来，专门组织两校对口专业进行座谈。香港理工学院对于到西安交大的参观访问十分满意,在返程之际,他们热情地邀请西安交大师生回访香港理工学院。

为尽快提高内地高等教育水平,通过香港的特殊条件了解和引进国际先进科学技术,陕西省和教育部同意我们回访香港理工学院,并批准交大在香港期间可视情况与香港大学和香港理工学院建立校际交流关系。1979年五六月,我校由陈吾愚校长带队,由教务处、动力系、外语系等单位的10余位相关方面负责人组成代表团,回访香港理工学院。代表团在香港理工学院参观座谈时间较长,总计四天半,另有两天在香港大学参观,一天在香港中文大学参观。此外,还参观了两个电力公司、一个飞机修造厂。在港期间,代表团受到各高校领导的热情欢迎与接待,理工学院就不必讲了,从李格致校长到各院办负责人都十分热情。另外,香港大学校长黄丽松还设家宴招待了我校代表团,香港中文大学校长马临也宴请我校代表团,并主动提出与陈吾愚校长单独会晤的请求,表达了希望与我们建立联系的愿望。我校代表团的周惠久、向一敏、胡正家等还受邀在理工学院做了学术报告,这是内地学者教授第一次在该院做学术报告,反响很好。

由于西安交大考察团是内地派出的第一个访港代表团,因此香港媒体对此特别关注,《大公报》、《文汇报》、《新晚报》、《明报》和当地的电视台都做了采访报道。考察团访问香港,不论是在政治上宣传内地,还是从学习先进科学技术和有益的办学经验,以及提高学校管理水平等方面,都有很大的收获。通过两周的实际参观访问,我校教师开阔了眼界,学习了不少对我校办学有益的经验。虽然时间很紧,参观的地点不多,加上当时又是暑假,了解的情况有些不够深入,但总体来说,这次回访还是很顺利、很成功的。新华社香港分社的有关负责同志说"你们这次访问很成功",并建议我们每年去香港访问一次,进一步发展统一战线,扩大影响,为加速我国四个现代化建设做出应有的贡献。在香港高校考察期间,香港高校教学管理实践给了我们很大的启发。

（1）香港3所大学共同发展联合计算中心，建立统一的计算机网络，积极普及计算机应用给我们留下了深刻的印象。如香港理工学院，除了在各系装有数台终端外，还设有专供学生使用的"终端室"，装有30台终端设备，除此之外，各校还装有自己专用的小型计算机。这样既能满足各系教学科研中对计算机的日常需求，又能充分发挥各计算机的独特性能，解决一些大型、复杂的计算问题，而且可以提高计算机的利用率，迅速提高师生应用计算机的水平。根据1979年第一学期的统计来看，香港理工学院有5600名学生使用计算机，有200多名教职工用计算机进行计算和研究工作，行政方面如排课表、成绩登记、图书馆编制目录等事项也由计算机完成。当时，我们发现内地学生和香港地区学生之间最主要的一个差距就是计算机的应用，从科学技术发展的趋势来看，这是十分值得注意的问题。

（2）3所大学十分重视发展电化教育，装配了比较先进的录音、录像、电视、电影、幻灯机等视听教学设备，建立了一支专业队伍，录制和购置了大量视听教材，积累了许多电化教育方面的宝贵经验，并且开始注意教学方法的研究和改进，帮助教师进修提高应用电化教育的水平。特别是在外语教学中，各校都建有技术先进、设备齐全的语言实验室。据理工学院统计，每周有4000人次使用该实验室，对于提高外语会话水平效果是显著的。

（3）管理效益好。3所大学的实验室规模都不大，实验设备的套数也没有我校多，一般实验设备，特别是测试仪器质量虽较好，而高精尖的设备并不多，但利用率高，管理较好。三校都十分重视实验课，单独设课，单独记分，较好地引起了学生的重视，可以充分利用实验，也有利于加强实验的基本训练。

（4）香港中文大学在开展科研方面比较活跃，学校设有专门的科研机构，从事较大规模和多学科的综合性科研项目的研究。如理学院设有理工研究所，下设3个研究中心或研究组。各系有若干研究室为教师和研究生提供科研条件，这些研究室大都由一两位教师带领几位助手或研究生来进行小型课题研究。

（5）3所大学和国外学术界的学术交流是比较活跃的，特别是香港中文大学与世界各地大学、学术机构和团体以及部分知名专家学者等联系特别紧密，当时该校与加州大学建立了合作关系，交换培养学生，每年加州大学选送若干本科生、研究生及访问教授到香港中文大学学习交流，该校也选送相应的师生到加州大学。且该校召开国际学术会议比较频繁。

（6）3所大学的行政管理工作效率比较高，有一套比较科学的管理办法，生活福利方面的许多设施是社会化的，使学校领导可以更加集中精力管好学校。当时3所大学的学校教工食堂和学生食堂都是由商业机构包办的，由师生组成的管理委员会加以监督，每年有多家商店参与竞标，签订合同。伙食办得不错，比外面市场上的还要便宜。

回来以后，我们就向教育部提出以下建议。

（1）香港是一个自由贸易港，交通便利，来往方便，各国学者来往频繁，是我们可以与外界进行交流的一个很好的窗口，教育部门应该正视并重视这个窗口，这对及时了解国际学术动态，加快引进教学科研先进仪器设备，吸取国外有益的办学经验，都有很大的好处。

（2）加强对外交流，增进与香港理工学院、香港中文大学、香港大学等高校的联系与交往。香港理工学院的李格致院长主动建议两校建立更密切的联系，两校校长每年会晤一次，进一步发展并巩固两校关系。香港大学黄丽松校长建议我们参加国际大学联会，该联会是联合国教科文组织下的一个组织，每两年召开一次会议，由校长和一些学者参加，交流经验，开展学术活动。当时他还建议我国应与澳大利亚及其他地区的一些大学建立地区性的大学联会，加强地区间高等学校之间的学术交流和联系。

这次访问为我们今后建立国内外校际联系打下了良好的基础，我们建议今后在对等的基础上，各校互派教师及有关教学人员开展学术交流活动。

在我们回访香港理工学院之后,同年7月5日,该校的学生会就给我校来信,提出为"对祖国科学发展有较深的认识,以及增进两校师生友谊",将组织一个15人的代表团来西安访问。鉴于两校之间的密切联系,我校答应了这一请求。后来又陆续接待了该校一些教师的来访,来访的教师提出,希望我校教师去做短期的兼任课程教师。当时我们就认为,对于香港地区,我们有责任多做学术交流和团结友好工作,以扩大我们的影响,建立和发展爱国统一战线。

当时我们得到可靠消息,香港理工学院缺少教师,而香港又在筹办一所新的理工大学,因此,该校拟在香港地区以外招聘教师。我们学校的师资力量比较雄厚,为了开创外事工作的新局面,我校打算有计划地派出一些教师到香港进行半年或者一年左右的任教,这对我校扩大与香港地区的学术交流,及时掌握国际局势动态,锻炼和提高师资水平,以及赚取外汇和扩大我国在香港的影响均有好处。基于以上考虑,我校决定接受李格致院长的邀请,在1983年的春天,我校组织了一个由6人组成的访问团到香港访问,主要任务是与香港理工学院商谈学术交流和今后的合作问题。这次访问,我们不准备签订一般的原则协议,而是准备有重点地解决几个具体问题,比如着重探讨我校派出教师去该院短期任教和开展若干课题研究的协作,以及该校师生来西安参加一些学术讨论会,学习我们的管理经验等,此外,要尽可能多做在港交大校友的团结友好工作。

教育部、国务院港澳办公室批准了我们的报告。我校派出由程迺晋副校长带队,由数学系的徐桂芳教授、力学系的唐照千教授等组成的6人团队赴港交流学习,主要商讨派我校教师去港开展短期讲学和技术服务工作,并进一步探讨与香港地区科技合作的可能性。此外,还有校友工作,交大在港校友有500多人。另外,还要学习管理工作。1983年3月22日到29日,6人团队到香港理工学院进行了友好访问,确定了两校近期开展学术交流和科研合作的具体项目。

1983年10月26日,香港理工学院代表团李格致(右二)来访,
与史维祥(右一)交流

(1)互派教师进行短期讲学。双方商定,香港理工学院派一名人员到交大讲授电脑在学校行政管理中的应用;交大派一名教师到理工学院讲授大系统理论在工业上的运用。时间为两周左右。

(2)积极开展多种形式的科学研究合作。双方确定在计算机网络辅导设计、半导体材料、机械振动力学等方面即刻进行合作,并在此基础上逐步扩大合作的范围,合作的方式将根据课题的任务和要求,在具体协议中加以规定。在合作研究期间,可根据需要和可能由交大承担部分学士和硕士课程的讲授任务,或者进行专题报告。

(3)开展双边或多边的教学方法讨论和学术研讨会。1984年上半年在西安召开数学教学方法讨论会,理工学院将派3~5人参加。

从1983年开始,我们学校与香港理工学院建立了正式合作关系,至今,已经三十多年了,我们两校的关系仍然十分密切。2002年,两校共同创办西安通理国际深造培训学院,积极配合国家中长期发展对国际化人才的要求,共同培养的毕业生近3000名,其中很多学生已成为全国各地的业界翘楚或领袖。2017年,香港理工大学与西安交通大学正式成立"西安交通大学-香港理工大学丝绸之路国际工程学院"(丝路工学院),借此推动"一带一路"沿线国家及地区,以及内地、香港的高等教育和科研的交流合作,为全球发展共同培养多元人才。

十一、支持深圳特区发展

1982年,西安红旗机械厂一位同志给我们寄来一封信,谈到深圳的建设速度很快,希望我们去做一些技术服务工作,援助一些科研项目。后来这位同志又来信,认为深圳更需要办大学。我们就与深圳市委联系,市委表示十分欢迎。我校领导班子通过开会研究,原则上同意在深圳单独办一个分校,因为交大在国外和港澳台地区有1000多名校友,香港每周都有一次校友聚会,活动很多。我校在深圳办分校,可在广州、深圳、香港等地招生。深圳市培训中心(负责大专教育)的两位副主任欢迎我们过去,并给我们提出了三种方案:一是"大搞",即建议办交大分理工学院;二是"中搞",即可以办交大分校;三是"小搞",即办交大分教部。深圳当时的情况是,它由两个部分组成,特区有320平方千米,非特区有1000平方千米。当时那里没有大学,只有4所中专,都是1981年和1982年新办的,深圳发展面临的最主要的问题是缺乏人才。为此,广州计划办一所大学,实行省市双重领导,已经拟订了一个方案,但还没有深入研究。据说香港也设想在此办一所亚洲大学。这些信息说明,深圳的发展,还是很需要大学来支撑的。根据当时的情况,三种方案里,我们认为可暂时"小搞",从办进修班开始,同时,深圳技术人员可选择到西安进修。有一位交大校友李国富同志,建议我们筹集资金,准备办校。学校也讨论过这个方案,但觉得困难很大,还是"小搞"比较现实,方便进退。

刚好当年中央下达文件,对特区工作做了指示,内地要支持特区建设,我们的想法很符合中央文件精神。搞技术服务工作,对我们是有好处的,一可利用港澳地区校友会,观察港澳地区动态;二可利用交大条件多做一些工作。我们把想法向中共广东省委和省高教局做了汇报,他们也表示非常欢迎,招收的港澳同胞,将来可作为管理港澳地区的人员,也可提供给我们一些外汇资金。

从中央政策上考虑,步子要放大一些,当时我们开放水平不高,要利用我们的优势、历史的影响来开展工作,以此作为学校发展的方向。我校党委常委会基本赞成由小到大先搞起来,一面办进修班,一面扩大影响力。当时重点考虑的有以下两点。

一是有关部门是否有投资?不解决资金问题是没有办法办学的,没有好的设备,就不会有人来读书,当时考虑在校友中筹集一些资金。深圳方面要负责经费也比较困难,广州市教育局到底有什么打算,我们根本摸不清;资金完全靠我们自己,问题比较多,基础建设费用、经常性费用、设备费用都应有着落。所以,重点是广州要把计划经费列入政府财政之中,办校才有可能。

二是校内教师调往深圳的可能性。没有一些人长期在那里驻扎是不行的,这是一个政治上和业务上的竞争,要有基础。当地学生的质量也是一个大问题,没有高质量的学生,学校的办学质量也很难提升。针对类似的问题,当时我们提出要成立规划小组来进行专门的讨论。

深圳特区建设初期,我们主要做了三方面的工作:一是发挥我们在管理工程系培训方面的长处,帮助特区培训管理技术干部;二是通过校企科技协作为当地发展服务,当时有些与交大关系很密切的西部企业,如西电公司在深圳也有一个分部;三是送调部分教师和毕业生去深圳服务。为了配合深圳特区的发展,在1984年,我校成立了交大深圳校友会,后来我们与深圳企事业单位开展了很多科技合作项目,并在1998年成立了西安交通大学深圳研究院,代表学校从产学研三方面实际支持深圳的发展。

十二、引领电化教育发展

"文革"之后,如何深化教育教学改革,切实提高教学质量,是各高校普遍面临的一个重要课题。在教学手段方面,随着世界先进科学技术日新月异,以语言传授知识为主的传统教学手段已经不能完全适应现代教学内容日益深入的需求,各高校纷纷投资引进电视媒体设备,开辟现代技术教育新途径。

当然,说电化教育是新技术,实际上也不算新,因为其在国外已被广泛应用,但在当时的中国才开始起步。电化教育优点特别突出,它可以突破时间和空间的局限,展示从核裂变、自由电子运动、细胞分裂等微观世界到天体运动、星象活动等宏观世界的现象,也可在短时间内呈现生物生长、动物发育、材料蠕变、直流放大器漂移、半导体晶体生长、集成电路等复杂工艺过程的运动状态,还可以将瞬间的体育运动动作、电机转子离心力爆破等快速运动,用慢速电影特技的呈现方式让学生观察真正的过程,甚至可以通过电影让学生看到某些危险性的教学实验、原子反应、细菌活动等的真实情景。基于电化教育的上述特点,我校决定大力发展电化教育,以便更好地服务理工科教学改革。1978年年初,我校创建了电教研究室,并在全校物色一批有特长的教师和科技人员,同时将校内有志开发电化教育的专家教授也请到电教研究室任研究员。1980年,我校引进了全套日本索尼电视设备。由于我校起步比较早,投入比较大,所以,在20世纪八九十年代，我校一直是教育部电化教育工作的领先者和带头单位，也是工科院校电教协作组的发起单位和组长单位、陕西省电教研究会的常务副会长和秘书长单位。

电教中心成立后，我们在充分考虑如何扬电化教育之长、补传统教育之短的基础上，逐步建立电教教材与文字教材相结合的新体系，改革重点是不断探索开拓新领域，如计算机辅助教学、程序教学、视听自学等。同时，大力展开电教理论、电教实践等现代教育技术研究。为此，一方面，我们从基础技术教学课程入手，编制材料力学绪论、电子技术基础绪论、计算机绪论等几门重点课程的教材，并与我校主管的国家教委《电子技术基础》、《机械原理及零件》两种教材的编审组联合，在国家教委电教局的领导下，先后成立了这两个学科的"电教教材编审组"，与兄弟院校协作，有计划、有组织地编制电教教材。如《电子技术基础》教材编审组组长沈尚贤教授和《机械原理及零件》教材编审组组长来虔教授，都亲自带头组织优秀教师和电教室的编导与科技人员一起编制电教教材。另外，计算机系主任胡正家、物理系副主任姚国维、社科系主任卢烈英、中共党史教研室主任徐乃杰等20多位著名教授也兼职参加了"电化教育研究室"（以下简称电教研究室）的工作，对推动我校和兄弟院校的电教工作起到了十分重要的作用。

另一方面，是立足电视教育在德育教学和经常性政治思想工作中的优势，组织协作组编制了中共党史系列电视教材。同时，还应用现代传播技术与新型媒体将校史展览的内容和我校西迁三十年来的辉煌成就，如老交大的悠久历史和光荣的革命传统，西迁后交大在教学与科研上的光辉业绩，各行各业中的优秀毕业生，等等，编制了《今日西安交大》、《腾飞》和《桃李芬芳》3部声画并茂的电视教育宣传片。这些电视教育宣传片因其生动直观又富于艺术性，既利于传播又便于携带，成为宣传我校的重要载体。这些电教片不仅在校庆时面向教职工、学生和校友播放，而且在外出招生宣传时人手一盘，现场播放,新生进校也要先观看此片。同时,我们还在西安电视台、陕西电视台和中央电视台播放此片,得到了大家的一致好评和高度赞赏。很多高校专门来我校调研借鉴电视宣传片的制作经验。连续多年,我校在学生政治思想教育工作中,都会通过学校广播电视中心播放这3部电视宣传片,发挥了与参观校史展览馆有机配合的作用。

20世纪80年代飞速发展的电化教学

20世纪八九十年代,我们学校在全国高校的电化教育中曾是教学人员较多,电教设备较先进、较齐全,制作教学软件较多,应用效果较好,在全国影响较大的高校之一。曾于1989年获得国家教育委员会"德育教育"特等奖,并于1989年国家教育委员会在上海举办的"89上海全国电教成果邀请评比"中获得"中共党史系列电教教材"特别奖,《材料力学绪论》和《电子技术基础绪论》电教教材分别获得一、二等奖,电教的成果与业绩均处于全国高校的前列。在80年代中国高等教育改革方面,我校的电化教育在以下四个方面做了一些比较有代表性的探索。

(1)倡导建立中国高校第一个电教协作组。

1980年3月,教育部组织召开了第一期电教编导班,在班上,我校与清华大学联合倡议,要求在教育部电教局统一领导下,有计划地编制电教教材。这一倡议得到了与会学校的响应和教育部的大力支持。9月,电教局局长程光亲莅我校,主持了由西安交大、清华、上海交大、华南工学院(现华南理工大学)四校参加的电教协作组成立大会,西安交大被选为协作组的组长单位。这是电教局直接领导下的第一个高校电教协作组,会上通过了协作组活动章程和由我校提出的先从电子技术基础课程着手编制电教教材的计划。同时,对于我校提出的编制"中共党史"课程的计划,电教局认为,由北大、北师大、陕师大等院校来牵头为好,由电教局出面组织第二个电教协作组。会后,工科院校协作组开始了校际协作,到1984年,电教协作学科扩大到机械原理、机械零件、材料力学、电子学、计算机科学与技术、物理、电工学、金属工学8门基础课程和德育思想教育课。协作组也由四校增加到十一校,即新增了浙江大学、南京工学院(现东南大学)、华中工学院(现华中科技大学)、大连工学院(现大连理工大学)、同济大学、天津大学和重庆大学7所大学。随着协作组优势的发挥与显现,至1989年,协作组更扩大到38所高校,是全国高校涉及面最大的协作组,共同协作编制的各学科的电教教材有500多部,极大地促进了电化教育理论和实践研究,加强了电教教材的应用和交流。协作组还创办了《现代教育技术》杂志,后来由教育部接手出版发行,目前还在出版发行中。

需要指出的是,在西安交大电教中心编制的电教教材中,在全国较有影响的是两门课程的"绪论"片:一门是《材料力学绪论》电影片和电视录像片,这是电教中心与俞茂宏教授合作编制的;一门是电教中心与沈尚贤教授合作编制的《电子技术基础绪论》电视录像片。在全国推广开展电化教育的十多年中,凡开设这两门课程的高校在讲"绪论"时,都是用我校的电教片来代替老师讲课,充分发挥了电化教育直观生动的优点,弥补了老师口述难以表达的不足。

(2) 与11所院校合作成立中共党史电教教材协作组,完成30部中共党史教育片。

1980年11月,由西安交大、北大、北师大、中国人大、天津大学、陕师大、华东师大、复旦大学、华南师大、北京邮电学院(现北京邮电大学)、华南工学院、武汉大学参加的中共党史电教教材协作组在天津大学成立。经各校努力,在1981年8月就完成了《五四运动》、《党的一大》、《北伐战争》、《南昌起义》、《转战陕北》等中共党史教育片11部,中宣部给予了极高的评价,教育片审查通过后,新华社随即发布消息,并通知全国各高校试用。第二批19部党史片于1983年1月完成,我校负责编制了《伟大的历史转折》、《延安——革命的熔炉》、《大生产运动》3部党史教育片,其中《伟大的历史转折》是庄为其、徐乃杰与中国人民解放军军事学院(现中国国防大学)李宗有教授合作编制的。党史片审片都在中南海中共中央宣传部进行,中宣部部长邓力群,副部长王惠德、曾德林,教育部副部长彭珮云等领导都亲自参加审片会议。中央领导对这两批共30部的党史电视教材予以充分肯定,认为对学生进行生动、形象的爱国主义教育很有必要,还可以把这批电视片在中央电视台播放,让更多群众接受教育。

党的十二大前后,中央电视台即连续播放了30集中共党史系列电视教材,并由中央音像出版社出版发行,并批准我校有对外复制权。为配合这套电视教材在教学中的应用,我们编辑出版了中共党史专题电视教材,由陕西人民出版社出版。因这套电视教材由中宣部和教育部授权在全国推广应用,在我校复制出去的就有500多套。由此确立了我校电化教育在全国电教中的地位。在这套电视片中,我校编制了《转战陕北》、《伟大的历史转折》、《千里跃进大别山》、《延安——革命的熔炉》、《大生产运动》5部,因此,在1989年,我校获得了国家教委颁发的《中共系列电视教材》特别奖。

我校与军事学院联合编制的《伟大的历史转折》审片通过不久,中宣部指示中央电视台协助我校将这部电视片改编,片名改为《千里跃进大别山》。1982年9月10日,在党的十二大会议召开期间,新华社发布新闻称:"中国人民解放军军事学院、西安交通大学联合录制了电视文献纪录片《千里跃进大别山》。其中,记录刘伯承、邓小平同志当年指挥战斗的一些镜头和图片,是首次与广大电视观众见面。

该片形象记录了1947年7月至11月间,根据党中央、毛主席的指示,刘伯承、邓小平同志率领晋冀鲁豫野战军渡黄河、战汝河、涉淮河,千里转战,建立大别山革命根据地的伟大创举。该片选择了大量反映当时战斗情景的镜头、图片和有关资料。9月10日八频道播出。"中宣部通知各单位在当天晚间新闻后观看。此片播放后,在全国引起了极大的反响,也在我校引起了轰动。

(3)以电化教育创新德育方式。

对大学生进行政治思想教育是一个政策性、思想性极强的工作,也是20世纪80年代初大学改革政治思想教育工作方式方法迫切需要解决的重要课题。我们倡导并协助组织的中共党史系列电视教材的编制和应用的成功,给了我们很大的启发。为此,工科电教协作组与我校宣传部、学生工作部研究制订了德育教育电教教材的编制计划。1983年11月,德育教育电教协作组在南京工学院成立,目标是共同探讨应用现代化教育手段来改进大学的政治思想教育工作。我校还成立了"德育电教工作室",由校党委负责宣传工作的龚兰芬副书记挂帅,学生工作部、社科系等单位的主要负责人参加德育电教教材的编制与应用工作。德育电教教材协作组成立后先由我校、上海交大、浙大、南京工学院、大连工学院五校编制了《世界文明之瑰宝——中国古代科技》(上、下)、《申江忆旧惊变迁》、《学生魂》、《壮丽的青春、爱国的先锋》、《信念的力量》等德育电教教材,完成的一批先在各校试用。至1987年,协作组的8所高校共完成了17部电视片的编制工作。我校的德育电教工作组还在协作计划外自编、自制各种题材的电视片,至1987年完成了德育片40多部,连同中共党史系列电视教材电视片在学生中有组织地播放了900多场次,受教育人数累计达50万人次,深受学生欢迎,收到很好的教育效果,受到政教司的极大关注与赞扬,在1987年年底全国高校评比中,我校获得了国家教委颁发的"德育教育"成果特等奖。

(4)成立西安交通大学音像出版社。

1986年第一家设于工科院校的音像出版社——西安交通大学音

像出版社成立,这是继中央电化教育馆主办的电化教育电子音像出版社和上海外国语大学成立的上海外语音像出版社之后,被广播电影电视部批准的全国第二家高校音像出版社。在全国,其对推广应用新型的教育媒体,特别是推广应用全国工科院校电教协作组编制的电教教材,起到了十分重要的作用。

西安交大音像出版社的成立是一件顺理成章的事情,是西安交大电化教育工作成就的一个体现。1986年2月,全国卫星教育电视工作会议在北京建国饭店召开,会议决定成立广播电视大学和电视师范学院。卫星电视教育是"八五规划"的重点项目,电教教材是发展电视教育的关键因素之一,在此之前国家对成立音像出版社的审批控制十分严格。借着国家大力开展卫星电视教育这个机遇,在会议期间,经过我校与清华、华南工学院等学校商议,提出了协作组自行成立出版社的要求,采用自负盈亏、自力更生,今后不再以电教局资助活动经费的运营方式。出乎意料的是,我们的提议正合电教局之意,批准协作组编制的电教教材均由协作组自行发行。西安交大作为校协作组的发起单位与组长单位,电教局就批准从1986年开始由我校成立音像出版社发行电教教材,由教委直接领导,所有审批手续均由电教局代办。1986年5月,西安交通大学音像出版社很快被批准成立了。

十三、全国典范之管理学院

从历史上来说,交大曾是一所理工管相结合的理工科大学,1918年创立了铁路管理科,1928年成立了亚洲唯一的铁道管理学院(后改名为管理学院),被誉为亚洲管理工程师的摇篮。我原来读的就是工业管理系,院系调整后被转到了机械工程系。新中国成立后,有一种观点认为,管理是资本主义的思想,是外行领导内行,社会主义国家要管理工业、管理工厂,需要的是革命的干部,而非资产阶级的管理思想。现在看来,这种观点是简单的、错误的。因为管理并非资本主义国家特有的产物,而是整个人类的共同财富。改革开放以来的实践充分证明了这一点,国内大学的管理学院如雨后春笋般纷纷成立,管理学曾一度成为"显学"。"文革"之后,我们学校领导的头脑还是比较清醒的,要实现国家的四个现代化,除了大工业、大机器之外,还必须有发达的现代管理思想和大量掌握现代科学管理的人才。所以,1984年,我校在国内先行一步,恢复成立了管理学院,2016年正式获得世界权威机构QS Stars 世界一流五星级商学院认证,成为中国商学院中首家获得此认证的学院。屈指算来,我校的管理教育也有百年的历史了。

新中国成立后,我校管理学的发展经历了一个比较曲折的历程。院系调整中,管理学院被取消了,不过在机械系另外成立了生产组织教研组,主要任务就是面向全校开设生产组织与计划和企业安全防火技术两门课程。其中,生产组织与计划就是管理类性质的课程。这两门课程是按照苏联专业教学模式设置的,教材也是引进的俄文教材,由全国教材编审委员会统一编译出版。当时,苏联主张生产组织与计划划归生产领域,属于生产力的范畴,而不属于生产关系,所以积极推进这门课程的发展。课程开设三四年后,"反右"和"大跃进"运动开始,毛主席提出"鞍钢宪法",执行"两参一改三结合"政策("两参"是干部参加生产劳动、工人参加企业管理;"一改"是改革企业中不合理的规章制度;"三结合"即在技术改革中实行企业领导干部、技术人员、工人三结合的原则),强调群众运动,所以企业的各种规章制度都面临重大调整。我校这门课程的内容当时是严格按照苏联教材编制的,但苏联的各种计划、规章制度与当时中国的大形势不相吻合,从而造成企业管理的现实与苏联教材内容格格不入等诸多问题。因此,生产组织与计划这门课程就由必修课改成选修课。到了60年代，社会上出现了强烈反对的声音，要求取消这门课程，我校一直坚持不取消，这为后来管理工程系的成立和管理学院的恢复提供了一定的基础。且在1959年全国工业企业大兴技术革新的时候，我们考虑到企业技术的创新需求，由汪应洛（管理学院首任院长）带头创办了"自动化生产组织"新专业。为办好新专业，教研室的很多教师都被委以重任，分赴中国科学院和国内名校进修，然后到企业一线深入调查，开展管理研究工作。如"大跃进"时期，全国大搞"技术革新、技术革命"的群众运动，第一机械工业部下属企业"土洋并举"地建起了许多流水线、自动线。1962年，中央提出"调整、巩固、充实、提高"的方针后，一机部按照提高经济效益的观点整顿各种自动化项目，我校参与了自动化的经济分析项目。1964年，由中国科学院自动化研究所、化工部化工研究院和西安交大共同组成研究队，实施兰州化肥厂自动化试点项目。虽然在60年代全国高校专业规模缩小的时候，自动化生产组织专业被迫下马，但在整个过程中，我们锻炼了一批管理学方面的骨干教师。

改革开放新时期，在汪应洛的带领下，我校艰苦创业，开拓创新，恢复建院，走出了一条独具中国特色的管理学发展道路，2015年，汪应洛院士获得复旦大学"中国管理学终身成就奖"。在这一过程中十分关键的一步，就是我校积极主动，成立了全国最早的系统工程研究所，随后又提出了"管理工程"的概念，继而成立了管理工程系，当时主要基于以下两个背景。

一是，1978年，钱学森、许国志、王寿云发表了《组织管理的技术——系统工程》一文，在社会上引起了轰动，因为"文革"刚刚结束，大家都不太敢谈管理，再加上他们把泰勒的思想、西方的运筹学运用到组织管理中，这是大家所避之不及的。但这篇文章是钱学森研究系统科学的第一篇论述，对系统工程发展具有里程碑的意义。一年后，钱学森正式提出"系统科学"一词，同时阐述了系统科学的地位和体系结构。

20 世纪 80 年代，钱学森（前排右三）与汪应洛（前排右二）等系统科学学者合影

二是，在全国科学大会上，"系统工程"研究被国家定为重点科研项目，由教育部重点负责。1978 年 5 月，教育部专门在西安交大召开直属高校"系统工程学"科研协调会，召集了清华、华工（现华中科技大学）、天大、大连工学院、上海化工学院（现华东理工大学）与西安交大六校探讨系统工程学的战略目标、主攻方向和如何起步等问题，同时明确了我校作为召集单位，负责研究"系统工程学，解决大系统的最优设计、最优控制和最优管理问题"，还讨论了建立研究机构、培养研究人员、建设试验基地、开展学术活动以及科技情报交流和国际学术交流等问题。值得一提的是，系统工程同期入选一机部基础理论研究重点规划之"系统工程学在机械工业中的应用"项目，被视作机械工业未来发展具有"带动性"、"方向性"的重大新技术。而同期国外的系统工程学研究和应用已经比较成熟，并得到广泛应用，取得了显著的成果。在这种背景下，一机部科技局提出要求，希望我校作为课题负责单位，积极开展研究工作，承担培养人才的重任。在这种形势下，汪应洛把原来生产组织教研室的骨干教师重新集结，于 1979 年成立系统工程学研究所，下设大系统、计算机模拟、现代控制理论、机械系统工程和电力系统工程 5 个研究室。在大力推动系统工程研究实践的同时，汪应洛创造性地提出了"管理工程"的概念，这可以说是中国的一大特色，国外是没有把"管理"和"工程"放在一起的。当时的主要考虑是，这样申报专业比较容易一些，可以放到工科中进行申报。1980年，经教育部批准，我校设立了管理工程专业，着眼点就是培养既能掌握管理科学和现代化科学技术手段，又懂得经济的高级企业管理工程人员。根据陕西省高教局的要求，在正式招收本科生之前，我们要先办一个两年制的企业管理干部进修班，招收相当于大专文化程度的中层以上的企业骨干。从1981年开始，我校招收了系统工程本科生和硕士研究生。管理学的发展，是改革开放后西安交大发展的一项大事，我校领导班子统筹全校力量来办好管理工程专业。国家经委、计委对我校管院的发展也十分支持，重点委托代培干部，并给予几百万元的拨款，以改善办学条件、提高办学水平、壮大办学规模。培训学制也很特别，要求时间最长两年，许多院校代培生学制一般不超过一年半；对学员要求较高，起点就是要具有大学本科以上水平。

在系统工程学研究所成立之后，考虑到我国系统工程研究尚处于起步阶段，单纯学习国外相关文献资料是不行的，为了进一步开展合作和建立相应的实验研究基地，迫切需要去国外进行较深入的考察，摸清国外大系统研究的动向、情况和实验研究手段，借鉴经验，尽快开展中国的研究实践。为此，我们向教育部打了专门报告，建议国家组团去美国和加拿大考察系统工程情况。通过考察，我们建立了比较好的联系，也促成了80年代初中国和加拿大的合作，由加拿大国际开发署拨款资助我国若干所大学进行经济管理专业开发，加方拨款28万元作为合作费用，用于人员交流、图书资料建设等。同时，加拿大一批大学对口支持我国大学管理学的发展。根据分区对口原则，1983年，加拿大的阿尔伯塔大学、曼尼托巴大学等5所大学管理学院与我校签订合作协议，支持我校管理工程系的建设。中国与加拿大大学管理教育合作项目的签订实施，为中国管理学的发展增添了浓墨重彩的一笔。该项目开展于 1983 年到 1995 年，在教育部（国家教委）的直接领导下，我校与加拿大有关院校开展了广泛深入的学术交流，联合培养管理学科类的硕博研究生，有力促进了管理工程学科的迅速发展。同时，我校也得到了世界银行贷款的支持，使管理学院拥有了成套的现代教学设备，建立了老中青相结合的师资队伍，大部分教师得到了去加拿大学习、进修、合作科研的机会。通过联合办学，我校在引进国外教材和教育思想的基础上，逐步形成了符合我国国情的独具特色的教材体系，以及完整的管理人才培养模式，学科特色更加鲜明，并积极参与国家、省市重大科研项目的研究，在我国的经济规划、战略决策中发挥了重要作用。

1984 年 12 月 28 日，为适应经济体制改革和国民经济发展的迫切需要，经教育部批准，我们学校的管理学院正式成立，这是全国最早的管理学院，随后一大批高等院校先后都设立了管理学院、系或专业，管理教育犹如雨后春笋般兴起，引起社会各界人士的广泛重视。1987 年，我校培养出中国大陆第一位管理工程博士生席酉民（1984 年按系统工程专业招收入校），管理科学与工程（工业管理工程）被评为国家重点学科。当时管理人才的培养，在教育思想上有一个非常明显的缺陷，就是自觉或不自觉地按照培养工程师的思维去培养管理专业的学生，但工程师和管理者的职业能力要求差别巨大，这势必会影响管理人才的培养质量。当时国际上培养管理人才的模式大致有两种：一是培养实践型管理人才，比如哈佛大学，这种培养方式比较注重学校教育与企业教育的结合，研究企业发展方向；二是培养理论型管理人才，比如芝加哥大学，主要是培养高层次的学者、教授。我们思考，是否可以兼收并蓄，在培养实践型管理英才的同时，也培养一部分管理理论的专家，这不仅可以提高办事效率和决策水平，还能提高我国管理科学的水平，可谓一举两得。所以，我校对管理人才先按管理工程理论和知识进行培养，让其具有一定的理论基础，再进行一定的实践锻炼。

至今，管理学院的恢复发展已经走过三十余年的历史，回顾管理学院的发展历程，我们之所以一直在全国名列前茅，是因为当时的几个理念始终支撑着我们。

第一个理念是管理理论与管理实践相结合。管理学与一般的工科不同，它要求理论与实践紧密结合，否则很难管理好企业。在这个基础上，管理教育和管理研究也要紧密结合，并贯彻于人才培养过程之中，真正做到教学、科研和社会服务并重。在管院建设初期，我校就比较重视理论与实践的结合，博士研究生的培养基本都是与国家的一些重大项目结合起来，如席酉民（我国第一位管理学博士）在读博期间，汪老师就派他到国家科学技术委员会（简称国家科委）参加了长江三峡的项目论证，还有很多博士生被派到国务院发展研究中心，参加国家的一些重大课题研究。毫不夸张地讲，我校的研究生几乎遍布国家计委、国家科委、教育部、机械工业部、国务院发展研究中心等各机构。参加国家重大课题研究对学生开阔视野、活跃思维等很有好处。在教学上，我们也比较重视把科研成果引进教学，我校的教师多数都是既教学又做理论研究，这对教学水平的提高很有帮助，这样的课堂比较有趣，其中会有很多实际案例，有助于学生拓展思路。除了注重校内教学、科研的结合外，我们还重视社会服务。我校搬到陕西来，一个很重要的使命就是为陕西服务、为西北服务，特别是在改革之初，西北经济比较落后，困难很多，更需要我们在这方面努力，我们一直很积极主动地融入陕西地方事业的发展。

第二个理念是走国际化道路。把国际先进的管理理论、方法和中国的国情相结合，同时也注意中国古代管理思想和现代管理思想的结合。这一点，我校起步较早。这个理念的产生有一个因缘。1978年，中国刚刚开始进行改革开放，我们对国际上的情况知之甚少，根本谈不上国际化。为了发展系统工程，我们学校和上海机械学院（后与上海机械高等专科学校合并组建为上海理工大学）邀请了麻省理工学院的管理学院来进行访问。此后，美国人开始想了解中国，我们就通过麻省理工学院联络了哈佛大学、斯坦福大学、宾夕法尼亚大学、印第安纳大学等5所全美较著名的大学的管理学院,这些学校提出要求,希望我们能组织一个管理学家代表团访美。将这个情况上报之后,中央非常重视,派出了一个阵容豪华的代表团,该代表团由时任国家计委主任薛暮桥同志任团长,国务院秘书长马洪同志任副团长,成员包括中央办公厅梅益同志、国家计委研究所和外事局局长等相关负责人。代表团成员中真正称得上是管理学家的只有三四个人,我校的汪应洛院士和中国人民大学的王家谟教授,是真正搞管理的,当时还有上海机械学院的一位副院长和武汉大学的经济学教授。实际上,这是政府组织的一个代表团,国务院想通过这个活动深入了解美国发展实情。美国这几所学校对我国的代表团很热情,在实际行程中,代表团不仅参观了这5所学校,还深入地参观了美国的一些著名企业。有些企业派专机来接待代表团,如波士顿的一个很大的计算机公司,其总裁的专机和美国总统的专机一样,让代表团看到了美国企业的真实情况。

　　这次参观,对我们学校触动比较大,更加坚定了管院走国际化道路的信念。不可避免的是,这里面也曾经有过争议,有人说你们是不是崇洋媚外?与中国国情结合是不是不够充分?等等。我校管理学院在这些争议之中始终坚持要结合中国国情,但必须学习国际先进的知识。具体到管理学的发展,我们需要思考到底应该抓什么,学科方向应该定在哪些方面。这些在国际上是比较明确的,我校管院也比较清楚。从管理工程系建系之初,汪应洛院士就一直很注重系统工程学科的发展,把管理学和系统科学紧密结合,因为国际上系统科学的应用已非常深入,且取得了很好的效果,在美国的阿波罗登月中就运用了系统工程方法。而且麻省理工、斯坦福这些知名大学,也都在运用系统工程思想处理管理上的一些问题,效果非常好。但问题是我们怎么结合中国的国情?钱学森在中国推动系统工程的运用方面成效卓著,是我们学习的榜样。当时我们就想着要结合国家发展的重大现实问题、重大项目来推动系统工程学的研究实践。比如长江三峡的论证。这件事情的争论是比较激烈的,各方面论证了数十年,很难统一。后来汪应洛院士参加了论证,他运用系统工程的方法来处理这个问题,提出的方案正是人大常委会最后采用的方案。当时各方面争论最大的有以下两点。一点是坝高。因为坝越高,蓄水越多,发电量越大,发电的效益就越好。但是坝越高,淹没的土地越多,移民就会增多,这是一对矛盾体。坝到底多高合适,这个争论很激烈。汪应洛团队把各方争论的观点集中起来,然后做定量分析,提出坝高185米、蓄水位175米的方案,最后国家采纳了这个方案。当然这个方案是采纳了很多专家意见的结果,他们的工作就是把各家的见解考虑进去,建立一个模型进行系统的分析比较,有数据作为依据。另一点是,提出建立三峡大坝时,正好在"文革"后期,我国的经济濒临崩溃,以当时的国力,到底有没有能力去建这么大的一个工程?这个问题争论也很激烈,这里实际牵涉大坝到底要投资多少,国家拿不拿得出这笔钱等问题。汪应洛把争论各方的观点集中起来,进行了一系列定量分析后,提出大坝的建设可以分期建设、分期投资,一共十六年,因而,它的投资不是一次投入,而是十六年分期投入。而且根据工程进展,每一期投入的量不一样。做了定量分析后,最后得出结论,大坝的投资是国力能够承受的。针对有人提出在投资预算上,如果按国际惯例采用国际上的复利计算方法,那么这样投资就会非常大,十六年需要的利息会很高。汪应洛团队提出,我们国家的投资大部分是国家投资,不是到国际市场融资,只有少量的国际贷款按复利计算,其他的按国家规定的利率计算,这样投资总额就压缩了很多。而且长江三峡建设十六年,不是最后一年才投产,实际上是建一台机组,完全可以采用以电养电的方法,几年之后甚至不需要国家投资了,而是自己通过以电养电的方式来解决资金问题。做了这样的分析后,国家每年给三峡投资只要几十亿元就够了,这个是国力能承担的。当年,我们把一些先进的理论方法介绍给了业务部门,同时也帮助业务部门用科学的方法进行了定量分析,定性定量分析相结合,给国家提出了一些决策建议。所以我校管理学院的发展理念是,学科的发展要与国家的建设紧密结合。

在国际化进程中,中国和加拿大一些大学管理学院的十年合作对我校管理学科的成长影响极大。加拿大虽然比不上美国的先进,但它作为殖民国家,能够在短短的几十年中较快地发展起来,原因在哪里?很重要的一点就是引进了美国的管理教育,培养了一批精英、企业家、教授,使国家能够很快地成长起来。我们也希望经过努力,能够让我校的管理教育走到前沿。最开始是学习,以后可以边学边创造,也就是结合中国的国情创造自己有特色的理念。在这一点上,我校走得还是比较快、比较早的。比如我校管院学生在深圳的人很多,原因是什么呢?因为深圳当时的改革开放走在前端,与国外接口最快,也最需要了解国际先进理念的管理人才,所以我校的毕业生成批地到深圳去。因而,国际化道路在我校管理教育上的实施,取得的成就是非常大的。当然,这十年的国际化合作,也使我们的教师与国际上的学术界建立了联系,使我们能够参加国际上的一些重要学术会议,这是很不容易的事情。

通过这些联系,我们看到世界发展很快,变化很大。比如我当时到美国,发现美国一些企业正面临一个转型期,很多大企业处在困境之中,包括像IBM公司(国际商业机器公司)这种大企业也是如此。问题在哪里?美国人也在研究。他们研究的结论认为,企业的战略不适应发展。所以他们当时就开始研究企业的发展战略问题,特别是要重视研究战略的"柔性",也就是说战略不是一成不变的,必须适应环境的变化。而且资本主义国家的企业相互之间的竞争很激烈,各个企业时刻都在博弈,要根据情况的变化、博弈的结果来确定战略,所以我们后来提出了"柔性战略"的概念。汪应洛团队提出的"柔性战略"的理论和方法,在国内影响较大。80年代后期90年代初期,国内兴起了一股研究发展战略热,各省市都在研究发展战略。系统工程学界也做了很大的努力，鼓励大家到地方去，把理论和实际结合起来，帮助地方制定发展战略。陕西省、西安市以及各地级市发展战略的制定，我校的教师、学生大多也都参加了。这段时期的确是我们国家很好的一个发展时期。当时中央很有远见，决定制定一个柔性的适合环境发展的战略，国务院发展研究中心组织全国研究制定了《2000年的中国》，我校参与了其中很多的研究工作。我校之所以能够在各个部委得到重视，就是因为我们不断地提出一些新的理念、新的方法。

第三个理念是开拓创新、与时俱进。注重学科交叉、知识融合，严谨治学、精心育人，创造一个宽松的学术环境，待人宽厚包容，鼓励成功，也允许失败，同时要坚持改革开放，海纳百川。这一条是我校办学的一个非常重要的理念。管理学科本身是一个交叉学科，既有自然科学与社会科学的交叉，又有数学、计算机科学、管理科学、系统工程学科的交叉。而过去认为管理是社会科学性质的，在干部系列里，管理人员属于行政人员，不是工程技术人员。直到50年代才由苏联专家提出管理工程的概念。交大当时是工科院校，我校把工程和管理结合起来，强调学科交叉，把不同的学科结合起来，做到知识的融合。改革开放后，管理学院教师队伍建设也是采用学科交叉的方式，融合了机械、计算机、数学、物理、能源动力等学科。而且，还要做到知识融合，把管理学和工程科学融合在一起。所以，一开始我们就将这个专业称为管理工程，与传统管理区别开来。50年代，中国的管理学界有两大派，一个是工程与管理的结合，一个是文科的管理，当时教育部设了两个点，工科的在哈工大，文科的在中国人民大学，中国人民大学当时请了一批苏联专家，国内的很多学校都派人到中国人民大学进修。

我们在早期与苏联专家和后期与美国高校的交流中，充分感受到他们严谨治学、精心育人、理论与实践相结合这样一些好的经验。做学问要严谨，但是要有一个宽松的学术环境，我觉得这是国外，特别是美国很看重的一点。这一点在国内是起了很大作用的,我觉得我校管理学院之所以能够平稳地发展起来,与宽松的学术环境是息息相关的,不仅是校内,包括对校外的相关同志而言,亦是如此。当时文科的管理由中宣部负责,工科的管理由教育部负责,管理的方式各有特点。

  我校的管理学院为什么能够在国内始终站在前列,从学科发展角度来看,是因为我们始终坚持开拓创新。最初管理学科在国务院学位委员会那里是不被认可的,因为国务院学位委员会没有这个学科门类。汪应洛是中国系统工程的奠基者,他最初参加了国务院学位委员会自动化评审组。他最早建议在自动化学科组下面设立一个系统工程学科组。当时正好钱学森提出中国应该设立管理工程学科,他甚至提出,科学院应该成立管理工程学部,他可以去做部主任。由于他的建议,中央开始考虑这个问题。虽然当时科学院没有采纳他的意见,但是国务院学位委员会采纳了他的意见,考虑设立管理工程学科。当时提的是管理工程学科,不是一般的管理,因为那时的文科还没有进入学位委员会。汪应洛主张在系统工程学科组的基础上,划出一个管理工程学科组。这就为管理工程研究生学位的设定,争得了学位委员会的认可。这是我校开拓创新、与时俱进的一个成果,当然我们没有停下步伐。后来文科的管理学界认为,工科发展的条件很好,建议将文科管理也加入其中。当时汪应洛组织管理工程学科组与企业管理等学科的同志商讨,认为管理学应该是一个门类,建议学位委员会成立管理学门类。管理学从二级学科发展到一级学科,又发展为一个门类——管理学,这是一个很重大的发展。为了争取设立管理学门类,汪应洛还专门给时任总理朱镕基同志写信,因为朱镕基总理与他有过一段工作渊源。国务院学位委员会成立管理工程学科组的时候,请朱镕基同志担任管理工程学科组的组长,汪应洛任副组长。经过国务院学位委员会批准,成立了管理学门类,这在中国管理学界是一件大事。因为当时国内只有理工农医,一共 11 个门类,现在管理学成了一个门类,一个非常独立的学科门类,这对管理学科的发展有着非常重要的作用。所以,我国的管理学科发展很快,100多所学校都设立了这一学科。当然,这是国家的发展需要,加上我校为了推动学科的发展确实也做了不少工作,再加上钱老的支持,天时、地利与人和,促成了我国管理学界的重大发展。在管理学界,西安交大的声誉是比较高的,原因就是我校不仅考虑自身的发展,而且考虑到了国家管理学界的发展。

20世纪80年代,国务院管理工程学科组合影(前排右二为朱镕基、前排左二为汪应洛)

第四个理念是看准方向,高屋建瓴,抓住战略机遇,决策果断力行。当年我们走出的几步,现在回过头看,方向都还是比较准的。80年代,我校把系统工程和管理科学结合,所以学界称我校管院是系统管理学派。90年代,我校又从美国引进了工业工程,因为美国的企业非常需要工业工程,而且发展非常好,对美国工业发展发挥了较大的作用。日本后期的发展,工业工程也发挥了很大的作用。我们学校设立了工业工程的本科、研究生和博士生教育。汪应洛院士还帮助机械工业部建立了工业工程的培训系统,培训一批工程师,合格者授予工业工程师的证书。因为高等学校发展相对较慢,一个班只能培养几十人,而机械工业部一次能培训上百人,把各个企业的人召集起来进行培训,很快就培养了1000多名工业工程师,对我国工业工程的发展有较大的推动作用。所以现在机械工业部系统的企业,很认可我们学校的工业工程专业。这就是看准了方向,果断决策,而且争取了经费,建立了实验室,建设学科,同时帮助工业部门、企业培养了大批这方面的人才。最后,我校管院形成了管理工程、系统工程和工业工程融会贯通的局面,这是我校的学科特色,在国内是少有的,因此,这也是我校管院在学科上领先的一个重要条件。当然,时代不断在发展,现在汪应洛研究团队又提出了新的发展方向。这一点是非常重要的。机会很多,发展也很快,但其中确实有对的,也有不对的,有发展更快的,有发展比较缓慢的,这就要求我们要看准方向,要高屋建瓴,要站得高,才能看得远。一旦看准方向,就要抓住战略机遇。我校管院一直能站在前沿,和我们能够看准方向、抓住机遇、决策果断是有关系的。另外一点就是着力培养领军人物和学科带头人。如果我校管院没有领军人物,就不可能发展得这么快、这么好。所以,培养一代代的领军人物是非常重要的,稍有不慎就会走弯路。另外,一个学科的发展,关键在它的学科带头人,当然也要靠大家,但是领军人物起核心作用。我校管院这几十年来之所以还能站在现在这个位置,和我校一代又一代领军人物的涌现是分不开的。

十四、生物医电引领时代之先

生物医学工程(BME)是以现代科学及工程技术去研究和解决医学问题的一门新兴的综合性很强的边缘学科,它的出现使医学的发展进入了一个新的历史阶段,特别是人工脏器的成功研制是20世纪医学取得重大进展的一个标志。

◆（一）70年代美国生物医学工程的基本情况

第二次世界大战后，随着电子、材料、自动控制等基础工业技术的发展，人们有可能将大量的最现代化的科学技术应用于医学。随着医学研究的深入，反过来又向科学及工程技术提出了更多方面的要求。近代科学技术的飞跃发展和相互促进，使得生物医学工程成为80年代发展异常迅猛的一门学科。

20世纪70年代，美国处于世界生物医学工程研究的领先地位，大约有2500个与生物医学工程有关的厂家。这些厂家为了不断地发展壮大企业，常常与大学和研究机构合作，提供研究资金。美国的生物医学工程研究资金十分雄厚，如美国国立卫生研究院（NIH）一年有35亿美元的经费用于与医学有关的科研工作，其中90%用于院外单位。美国的科学基金会每年约有8000万美元用于生物力学、血液流变学、微循环等基础性研究。并且，在20世纪中叶，美国就成立了国际医学和生物工程联合会（后成为国际生物医学工程学会），其中包含医学、化工、材料、超声、电子、机械、物理、力学、仪器仪表、核医学系统、工程、土木等20多个专业学会。该联合会定期召开年会，广泛进行学术交流，到1980年年底已举行了33届年会。生物医学工程人才的培养也比较成规模。据统计，1977年，在206所工科院校中，有108所院校设有生物医学工程专业课程，少数院校甚至设立了生物医学工程系。综合来讲，综合性理工科大学在生物医学工程发展中发挥着相当重要的作用。

◆（二）七八十年代国内的相关情况

就一个完整的学科来说，生物医学工程在我国尚属空白，以往只是进行了一些零星的研究工作，因此，无论在基础理论和应用技术的研究方面，还是在专业队伍和科学机构的建设方面，我国与国外相比仍有很大的差距。在技术理论方面，国外发展颇为迅速，我国只是少数科学研究人员对此予以注意,大多还停留在熟悉了解国外资料情况的阶段,在个别问题上做了一些初步的探索,真正系统的理论研究尚未正式开展。在应用技术方面,国内开展了一些工作,在科研、生产、使用三结合的协作形式下,不断试制出心脏起搏器、人工肾、人工心肺机等,不过在数量和质量上远远不能满足需求,而且从本质上来说,都是对国外少数商品的仿制,谈不上创新,这在很大程度上与未能相应地开展基础理论研究密切相关。在专业队伍建设方面,只有为数不多的医学人员与工程技术人员之间的一般性合作,并未形成将医学基础知识和工程技术手段融为一体的生物医学工程专业队伍,也无培养人员的基地和制度,更谈不上专业的研究机构。

为实现四个现代化的奋斗目标,1977年,国家召开了"全国科学大会"和"全国科学技术规划会议",会议制定了技术科学规划,同时,补充了一些新兴空白学科,生物医学工程学就在其中,国家科委筹划将生物医学与工程技术的理论和方法结合起来,深入研究人体结构和功能,研究医学方面的新技术、新方法、新材料,创造新仪器、新设备以及人工脏器,发挥其对医学科学技术现代化的关键作用。

为了建立和发展这门学科,国家科委广泛征求全国有关部门和专家的意见,在1978年2月专门讨论制定了《1978—1985年生物医学工程规划(讨论稿)》。规划指出:"八年内,结合针麻计划生育、心血管病、肿瘤、祖国医学、预防医学等重大医学课题,着重研究生物医学仪器、高分子材料、人工脏器、器官辅助装置及计算机应用,并随着研究机构的建立和专业队伍的逐步形成,相应地开展生物流体力学、生物力学、生物材料学、生物信息、生物控制及生物质量和能量的传递等基础理论的研究,为赶超世界先进水平打下基础。"同时,还确立了九个方面的研究课题:一是生物医学仪器的研究;二是人工脏器和器官辅助器的研究;三是医用高分子材料研究;四是计算机应用;五是生物流体力学研究;六是生物力学的研究;七是生物材料学的研究;八是生物质量传递和生物能量传递的研究;九是生物信息和生物控制的研究。

由于生物医学工程涉及的学科和部门较多，为加强落实，规划中明确"要加强中央领导，全面规划"。所以当时就提出了以下五个方面的建议。

（1）在国家科委领导下，一方面由卫生部（现为国家卫生健康委员会）、教育部、中国科学院及有关产业部门组成全国生物医学工程学科小组，负责制订本学科的长远规划和科研计划，组织全部重点项目的协调和科研成果的鉴定推广等工作。

（2）迅速建立中国医学科学院生物医学工程研究所等一批科研基地。

（3）要求有关高等学校根据自己的特点和条件设置生物医学工程专业，从1979年开始招生，八年内要为国家培养出大学毕业生500人。

（4）要求中国医学科学院等科研单位与高等学校联合招收研究生，或举办各种培训班，迅速培养一支专业队伍，以充实全国各医学科研、教育、临床和生产部门。同时，加强技术情报工作，积极开展学术研究活动，迅速建立全国生物医学工程学会，组织全国性学术活动，出版生物医学工程学报，组织有关人员出国进修，考察和参加有关国际会议，聘请国外知名专家来华讲学或参加科研工作。

（5）引进新技术，保证高质量的原材料和元器件的供应。

1979年11月，国家科委在重庆召开了生物医学工程学科组成立大会。学科组的成立是生物医学工程学科确立和发展的一个重要事件，标志着生物医学工程这一新兴边缘学科已正式列入国家的发展规划中。1980年，上海、陕西、北京、天津、湖北、四川、辽宁以及江苏等省市纷纷成立了地区性的生物医学工程学会或专业委员会。并在1980年11月20日召开中国生物医学工程学会（CSBME）成立大会暨学术交流会。至此，在经历了学科确立、组建学科组、制定学科发展规划之后，又成立了我国生物医学工程一级学术团体。在成立大会上,同时确定把以下五个方面列为以后工作的主要内容:①医疗仪器及设备,如超声诊断仪,这是当时最活跃、工作开展最广泛的领域;②人工脏器及合成材料——人工关节、假肢等的研究;③生物力学,这是生物医学工程的基础学科;④电子计算机在医学中的应用;⑤生物效应、生物信息处理和生物控制等。另外,在中国生物医学工程学会下面还成立了一些附属协会,如中国医学物理分会(CSMP,1981年成立)等。

◆ (三)陕西生物医学发展的基本情况

为了大力推进陕西省生物医学工程事业的研究和发展,1978年2月,陕西省卫生厅、教育厅召集了陕西省电子局、西安交大、西北大学、陕师大、西安电子仪表研究所、西安医学院、陕西省中医研究所等单位领导干部、专家教授和科技人员40余人举行座谈,就生物医学工程研究的重要性、国外生物医学工程学的进展做了沟通,认为"生物医学工程研究工作势在必行,陕西省有很好的条件,应迅速起步"。为此,会上讨论决定了以下三件事情。

(1)成立"生物医学工程学"科研协作组,参加单位是这次的参会单位。

(2)决定生物医学工程学的研究从基础和应用两个方面同时入手,其中,基础研究方面课题主要由西北大学和陕师大来商定;应用研究项目主要有"人体内脏彩色显示系统"(应用计算机技术和现代测试技术将人体内脏器官的层面图像用彩色图像显示出来,在1978年已被列为陕西省科研计划,由西安交大和西安电子仪表研究所共同研制,西安医学院等单位协助,投入经费29万元)和"运用现代科学技术研究经络的本质"等。

(3)认真开展"生物医学工程学"的研究工作,培养专门人才,初步商定由西安交大和西安医学院互派教师讲课,积极进行有关教学、学术等方面的协作和交流活动,计划在1980年建立相应的专业系所。在陕西省教委向陕西省计委提交的"关于开展生物医学工程学"研究报告中,明确主张要把生物医学工程学的研究作为陕西省和国家的重点项目来支持。

1979年1月,陕西省生物医学工程学科组召开了第一次学习讨论会。出席会议的有学科组成员和有关高等院校、研究所、工厂、医院等40多个单位的80名代表,在会上,代表们畅谈学科发展的想法。国家科委生物医学工程学科组、中国医学科学院生物医学工程研究所和浙江大学的同志做了专题报告。为了进一步促进生物医学工程的发展,适应四个现代化建设的需要,1980年2月,陕西省又召开了生物医学工程学科第二次学习讨论会。陕西省委、省人民政府对这次会议十分重视,省委书记章泽同志出席会议并讲话,同时邀请了中华人民共和国国家中医药管理局的主要领导。会议主要研讨的发展主题有:信息与控制、医用电子仪器、医用材料与人工器官、超声与激光。

在国家决定增设生物医学工程学科之后,我们第一时间就与陕西省有关部门积极联系,介绍发展生物医学工程学科的重要意义。1978年2月,我校校领导亲自带队,赴陕西省卫生厅等单位探讨生物医学工程学科设立的方式和途径问题。陕西省卫生厅、陕西省教工委和陕西省科委纷纷表示,支持陕西建立和发展生物医学工程学科,最终多方达成共识,认为我们总体上不如沿海地区,但如果能充分发挥陕西省的优势,进行强强联合,在生物医学工程学科上我们是可以超越当时内陆地区落后的生产力水平的。因此,陕西省先于国家科委在1978年9月成立了生物医学工程学科组,并且聘任省文教、科、卫部门领导、高校教授和工程技术专家、医学专家22人为学科组成员,西安交大的蒋大宗担任学科组副组长一职。同年,无线电二系的仪表教研室更名为医学电子工程教研室,由蒋大宗担任该教研室主任一职。

考虑到生物医学工程是多学科相互渗透的边缘学科,这个跨学科群如果当时仅仅依靠一所学校来办学,不仅师资困难,而且实验仪器设备等基本条件都难以在短时间内解决。所以，为了建设好生物医学工程学科，学校多方联合，积极动员，决定充分发挥理工院校的优势，联合办学，协作培养研究生。1979年10月，在陕西省卫生厅的推动和组织下，我校联合西安医学院、中国人民解放军空军军医大学（第四军医大学）和中国医学科学院生物医学工程研究所等单位，正式开始培养生物医学工程研究生。西安交大是我国较早设置该专业的高校之一。各院校分别招生，联合协作培养，课程学习集中在西安交大进行，论文研究分散进行，我校负责教学计划的策划与实施。第一届研究生采用"生物医学工程讲习班"的形式管理培养，讲习班除汇聚我校无线电系和基础课方面的一批青年骨干教师外，还聘请了中国医学科学院的罗致诚教授和西安医学院的黄诒卓教授。所修课程都严格按照研究生教育要求进行设置，注意发挥各学科教师的特长，全部课程准时开设，效果很好。讲习班的举办也为我校开展普通本科班教学做了准备。经教育部批准，我校从1981年开始招收生物医学电子工程专业本科生，医学方面的课程由西安医学院和第四军医大学选派教师承担。同时，为了满足西安医学院和第四军医大学教学科研需要，两校各派3~4名学生参加该专业的学习。

在学科创立之初，一方面，我们抓住一切机会来促进生物医学工程学科的建设。1980年9月27日至10月1日，美国第33届国际医学和生物工程年会召开，这是一次难得的深入了解国际生物医学工程进展的机会，所以陕西省和我校努力争取，最终国内选派我校蒋大宗教授和复旦的一位教授代表我国参加此次会议。在1980年年底，陕西省充分借助国家科委的对外科技交流项目，组织省生物医学工程学会赴日本考察生物医学工程科研进展情况。在陕西省文教部和卫生厅的积极支持下，陕西省生物医学工程学会组团到日本考察生物医学工程，考察目的很明确，力求实效、务实。这次考察由日本生物医学工程学会接待，活动行程安排了15天，先后到东京、大阪、京都和奈良4个城市的7所大学、5个研究机构、8个医疗机构和6家生产医疗设备的公司参观访问,此次活动使我们对日本生物医学工程方面的管理、教育、研究和医疗器械生产情况有了很好的了解,对我们的生物医学工程建设也很有帮助。访问的感受是很强烈的,日本当时的经济实力已经很强,但很多单位,特别是大学的一切活动仍精打细算,十分注重资源的利用,人员少而精,有的甚至将走廊都充分利用用来工作,但设备多而新,使用效率高,科研成果多,非常值得我们学习。客观地说,在改革刚开始的陕西省,当时组织这样的一次专业考察是相当困难的,但这也从另一个侧面反映出省里对生物医学工程新学科建设的重视。

另一方面,美国惠普公司(HP)医疗仪器部主管刘季宁博士到西安访问时,蒋大宗教授主动请他联系介绍美国生物医学工程学科教学和科研领域的资深学者到我国访问。刘博士很快与美国威斯康星大学韦伯斯特(Webster)教授取得了联系,由于韦伯斯特教授编著的《医学仪器:应用与设计》一书在美国生物医学工程教学中很有影响,至今很多学校仍在用该书作为基本教科书。所以,我们想请韦伯斯特教授来华访问,这一设想也得到了中国医学科学院黄家驷院长的大力支持,并建议请韦伯斯特为国内准备转入生物医学工程领域的人员系统地讲授一门课程。1980年6月,韦伯斯特教授应邀来西安交大讲学,来自陕西省和全国各高校与研究单位的150多人汇聚在西安交大,聆听了为期两周多的系统讲授课程。这次系统讲授,对于国内从事生物医学工程研究和学习的人员来说,是一次很好的"启蒙"。从此以后,国内很多高校,如中国科学技术大学、华中科技大学、哈尔滨工业大学等一批院校,都与韦伯斯特教授建立了联系。

1987年,在北京举行第三届全国生物医学工程学术会议,会议邀请了IFMBE(国际医学生物工程联合会)前任领导匈牙利的Richter和现任领导美国的Nerem以及日本的Saito前来参加,向他们介绍我国生物医学工程的情况,并商谈我们加入国际学会的事情。我们学校的蒋大宗教授作为中国生物医学工程学会的领导,在这次会议和后来的国际交流中做了很多工作。Richter 到中国后,发现中国的生物医学工程学科建设时间虽然不长,但发展迅速,成效显著,因此认为中国学会加入 IFMBE 问题不大。然而,当时台湾地区的生物医学工程学会也在申请加入 IFMBE,但 IFMBE 章程规定,一个国家只能有一个相应的学术组织加入 IFMBE,如果台湾地区的学会加入的话,不符合章程规定。经过蒋教授和参会同仁们的努力,最终取得了 IFMBE 的理解和支持,IFMBE 为此修改了章程,改为在特殊情况下,一个国家可以有两个学术组织加入 IFMBE。在 1988 年美国圣安东尼奥(San Antonio)举行世界医学物理与生物医学工程大会之前,中国生物医学工程学会申请并获准加入 IFMBE,中国生物医学工程代表们专门组织 20 多人,提交学术论文,参与其中的学术交流讨论。也就是在这次大会上,表决接纳台湾地区作为 IFMBE 会员,同时,选举蒋大宗为 IFMBE 执行局委员。

为争取尽可能多的机会,让国内青年生物医学工程工作者参与国际学术交流,蒋大宗等主动与国际友人协商争取支持,IFMBE 同意在 1991 年日本东京举行世界医学物理与生物医学工程大会之后,就近在西安召开卫星会议。1991 年 7 月 15 日至 18 日,在西安交大科学馆举行了卫星会议,来自 17 个国家和地区的 450 多位学者参加了此次会议,国际生物医学工程界的著名学者 Robinson(IFMBE/EMBS(生物医学工程学会)主席)等到会并做专题报告。大会共提交论文 420 篇,其中 21 篇为特邀报告,特邀报告的作者中,有 9 人为国际学者,12 人为我国学者,学会理事长、中国医学科学院院长顾方舟教授做了"中国的生物医学工程发展之路"的报告。此次卫星会议不仅使国外学者更多地了解了我国生物医学工程发展的情况,也扩大了我国在国际上的影响力,使我国青年学者经历了与国外学者进行学术交流的过程,得到了很好的锻炼机会。会后,此次卫星会议将收到的国外学者参会的美元注册费积攒下来,专门资助青年学者参加国际会议,不做其他用途。

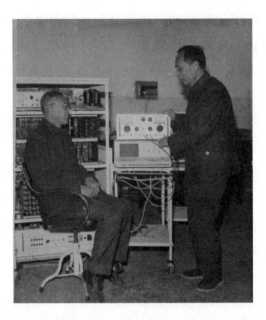

中国生物医学工程教育的两位元勋蒋大宗（左）和程敬之（右）

在 1982 年至 1986 年期间，为满足生物医学工程及仪器专业研究生培养的需要，我校程敬之老师创建了生物医学电子工程研究室，并担任主任（1982 年），从事生物医学超生方面的研究工作；蔡元龙教授于 1984 年创建图像信号处理研究室；蒋大宗教授于 1985 年创建了生物医学工程研究所，三个研究中心的成立为我们实现生物医学人才培养和科研合一的方向转变提供了必要基础。1987 年，我校的生物医学工程学科被国家教委确定为我国在该领域唯一的重点学科。1989 年，通过世界银行贷款资助，我校建立了"现代医学电子技术及仪器"国家专业实验室。在西安交大生物医学重点学科建设过程中，也产出了一批填补国内空白的技术发明创造。

（1）复合型相控阵超声诊断仪。这是陕西省委委托的重点科研项目，投资 75 万元，在 1984 年 6 月 20 日通过鉴定，并很快向国营 262 厂和我校的无线电厂正式转产。本项目复制了四台样机，并送交国家新产品展览会和陕西省科技展览会展览，后在北京、上海等各大医院使用，效果良好，据此，陕西省经济委员会给予该诊断仪优质产品奖。在此基础上，我校又研制出了新型相控阵超声诊断仪，这是一种新兴的医疗诊断仪器，是利用雷达技术相控阵天线扫描原理和超声波反射特性，来实现人体内脏器官的检测，也可用于妇产科诊断，经第四军医大学等单位临床试用，效果良好，它大大降低了生产成本，提高了图像质量及功能，形成了我国独特的相控技术。

（2）伪随机码超声多普勒血流仪。该仪器是一种可以检测出全身各部位大、中、小动脉，以及4毫米以上静脉的深度低口径的新型超声诊断仪器。其应用于人体周围血管疾病的诊断，能够准确地提示病变部位，解决了椎动脉不易探测的难题。该仪器与其他超声波诊断仪器相比，不仅性能更加稳定可靠，灵敏度高，而且增加了对人体的可测项目，为病情的诊断和治疗提供了更多的血流信息资料。该仪器是我校医电研究室经过两年多的努力研制而成的，它使我国超声多普勒无损伤的检测技术，提高到了一个新的水平。该科研成果被送往第四军医大学临床使用，效果良好，评价较高。此研究成果不仅在国内首创，在国际上也只见到这方面的文献和实验室的研制成果，并未见到这个方面的产品。该项目在1985年春进行技术鉴定，并投入生产，获得陕西省经济委员会优质产品奖。

这两项研究成果，均达到了国际上80年代初期的先进水平，填补了国内空白。

十五、探索少年人才培养

◆（一）少年班之专业管理

在决定建立少年班之初，为了能够保证少年班教学改革的顺利进行，我们先行一步，率先对少年班工作的领导予以强化，让教务处直接领导少年班工作。

每个月召开一次由处科级相关人员和少年班任课教师以及班主任参加的工作会议,及时交流情况,讨论问题,统一认识,研究创新措施。比如,择优选聘任课教师,少年班的任课教师几乎都由教务处和相关校领导"点将",择优选聘热心教学、热爱学生、对本学科发展有真知灼见、教学技术娴熟的教师,承担少年班的教学工作。

除了加强教师安排之外,我校也为即将进入大学的少年大学生们制定了一套特殊的政策。比如,为了鼓励学生"冒尖",一方面,给少年班学生提供良好的学习条件,规定少年班学生在奖学金和书报费方面享受与教改班(优异生班)同等的优惠待遇;另一方面,根据他们年龄小的特点,将他们单独编班,配备专职班主任,安排专用教室,并在进校第一年就开展小班上课,以便他们逐步适应大学的学习生活。这个容量不大的班级,实际上就是按照高等教育中"精英教育"的理念和模式运行的,也是贯穿少年班从创建至今所有历程的一条主线。

◆ (二)少年班学生之选拔

少年班的学生有一些共同的特点:学习成绩优异,智力超常,年龄在16周岁以下,都是初三和高一的学生。西安交大的少年班还有另外一个特点,第一届少年班学生都是来自中西部——陕西、山西、四川、河南、甘肃、宁夏——六省(自治区),客观地讲,在某种程度上反映了80年代我校在全国招生的实际境况。对于智力超常儿童的界定,我们有自己的一些看法。1985年招收首届少年班时,我们采取了笔试加面试的形式,考试试题基本上以高一教学内容为主,重点放在考查学生的智力水平上,而非学生的超前学习能力。

举办少年班成功与否的前提,是选才方法是否得当。什么样的学生是有培养前途的尖子学生?选择的方法是什么?这是我们在招生工作中经常遇到的问题。诚然,分数在一定程度上反映了学生对所学知识的掌握程度,但不能反映出学生学习方法是否得当。所以,单凭分数来判断学生是否优异是不全面、不合理的,学生的成长不仅受到智力水平的影响,还会受到非智力因素的影响。基于这种考虑,在首次招生时,我们对非智力因素的考查,实际上已经达到了很高的要求。在实际的操作中,我们采取了笔试和面试相结合的方式。笔试强调科目考题的灵活性,力求达到全面检查学生基本能力的目的;面试则主要是为了进一步检查学生对所学知识的理解与掌握程度、独立思考与分析问题的能力、智力发展的潜力以及反应灵敏度和口头表达能力。这样的选拔考试,基本能够比较客观全面地反映考生素质。为了了解学生非智力因素的情况,我们学校当时还与第四军医大学合作,在首届招生中通过采用当时国际通用的卡特尔16种人格因素问卷(16PF),对他们进行科学的心理测试,这16种人格因素是乐群、聪慧、稳定、恃强、兴奋、有恒、敢为、敏感、怀疑、幻想、世故、忧虑、实验、独立、自律和紧张。通过这些措施可以鉴别出那些具有稳定、聪慧、有恒、敢为、敏感等人格因素的学生,而这些因素正是他们在学业上能否取得优异成绩的关键。这样的测试方式,使我们更清楚地了解到所录取少年大学生的非智力因素情况,更使我们体会到育才过程的复杂性与艰巨性,促使我们在少年人才的培养实践中应针对每个学生的不同情况,采取不同的培养方式,尽量调动其积极因素,克服不利因素,做到各方面因素协调发展,这样才能有利于他们加速成长。

1985年,我们从中西部六省(自治区)推荐的460多名学生中,经过层层筛选,最后录取了其中的30人,这些人也就成了西安交大建校以来的首批少年大学生。比我们早一些的中国科学技术大学少年班,当时仍然是通过高考模式来招收少年学生。我们则希望探索出一条针对智力超常少年的、有别于一般高考录取渠道的新道路。从这个角度来说,我们算得上是我国高考制度改革的先行者。但好景不长,1986年,国家教委要求所有高校的学生必须通过高考选拔,使得我们原来确定的自主选才之路被迫改变,转变为将学生高考各科成绩相加,并划定录取分数线的方法来选拔学生。这造成了一个很严重的后果,就是录取学生人数急剧减少,1986年只招到了5个学生,1987年只招到了15个学生。而且通过高考招录进来的少年班学生,整体的质量与之前相比有很大的差距。我们不得不再次向国家教委提出要求,希望能够摆脱高考束缚,回到此前的自主选拔人才的模式中。经过几次交涉,国家教委终于批准了我们的要求,从1988年起,西安交大少年班再次实行在高考前的提前招生政策。

经过这样一番波折,加上这几年的思考,我们对少年班原有的招生办法做了一些调整。主要包括:减少考试科目,突出与工程教育关系较大的基础课,如语文、数学、物理、外语等;实行推荐与考试、笔试与面试相结合的办法,综合考查智力与非智力因素;学校自行命题、组织考试,以高一教学大纲要求为范围,不强调超前学习,而提高试题的灵活性和综合性应用;笔试初选,复试中逐个分科面试,增加心理测试,考查的重点放在智力水平上。

20世纪80年代末,经过几年的招生和宣传,少年班在社会上赢得了一定的口碑。为了培养孩子进入少年班,社会上还出现了一些辅导组织或机构,希望让孩子通过题海战术训练,进入少年班。针对这种现象,当时我们想到了一个办法,就是通过夏令营的形式,集中对学生们进行近距离的观察,以判断学生的综合情况。通过夏令营的方式,确实可以发现一些问题,但困难也很大,急需大量经费的支持,需要投入大量的人、财、物等资源,这在当时的办学条件下是很难维持的。

◆ (三)少年人才之系统培养

相比于通过高考进入大学的一般学生,少年大学生有着自身明显的特点——"智力超常",但"心智"却不一定超常。同时,由于没有经历完整的中学阶段教育,这些学生所掌握的基础知识体系也不一定十分全面。此外,由于在以前的班级中,这些学生基本都属于"尖子生",当他们来到一个强手如林的新班级,如何调整心态,激发学习兴趣，都是组建不久的少年班教学团队急切需要解决的问题。对此，我们积极开展教学内容和教学方法的改革，一方面，对少年大学生加强基础知识和技术基础理论的教育，使他们能够建立合理的知识结构；另一方面，着重培养他们独立获取知识的能力、分析问题和解决问题的能力，以及开发他们的创造能力，并在此基础上缩短培养时间，把大学本科和硕士研究生的学习过程有机对接，为工科大学培养人才和培养高质量人才，找出一条新的道路。而对智力超常少年的培养往往不是一种模式，比如有的孩子爱好文学，有的对数学特别敏感，有的则在音乐方面表现出色。超常教育研究实际上在国外早已开始，但是由于种种原因，国内对这方面的研究直至70年代末才开始。我校创立少年班时，除了中国科学技术大学外，可以说别无经验可以借鉴，而且由于中国科学技术大学和西安交大在录取方式、培养理念等方面存在差异，也造成了可借鉴经验少之又少的困境。

有些人错误地认为，少年班学生的选拔培养越早越好，而且少年班学生的年龄也有越来越小的趋势。这显然是违反人才成长客观规律的。各类优秀人才的要求不同，培养的过程也应各具特色，尤其是工、医、师等实践性较强的学科。学生年龄小，就会在政治思想素质和实践锻炼方面受到限制，造成人才素质上的某些缺陷。考虑到工程教育在实践性教学环节方面的特殊要求，我校少年班的学制被确定为五年制，即一年大学预科，四年本科。具体来说，五年中第一年的任务是抓好大学预科的教学，由于入学的少年班学生都是初三或高一的学生，中学的基础知识并不牢靠，为了打好他们的基础教育底子，在学生入学后，学校会安排一年的大学预科学习。预科并不等同于高中的补课，它有别于高考补习，是从大学教育的要求出发，加强学生的基础教育，使学生能用一年时间完成高二、高三主要课程的学习。对于预科班的授课内容，任课教师要按工程教育的要求，重新编订教材来授课。一年的预科学习在大学校园内完成，由于生活在大学校园内，同时课程也由大学教师来承担，因此，少年班学生的学习可以和大学教育更好地衔接起来,这使得学生在学习、生活、思想等方面都能逐步适应大学的要求,避免出现一般大学一年级学生在过渡期的不适应症状。

当学生经过大学预科一年的学习之后,进入少年班的第二年,即大学一年级,我们将安排这些学生进入由高考选出的"尖子班"组成的教改班,与他们同堂上课。教师教授的基础课程也更加偏于理科要求,较之一般工科大学生的基础课,其内容会更广、更深。经过两年学习,学生们到了需要决定自己专业的时候,由于各种条件限制,他们已经很难再按不同的专业单独编班,进行专门授课。从人才培养规律来看,此时也应该将这些条件好的学生分到本科的不同专业中,从而更好地发挥他们的优势。所以少年班的第三年,也就是大学二年级,学生将按自身志愿分到各个专业的本科班学习,不过原班主任仍与少年班的学生保持联系,在思想、学习、生活等方面对他们加以关心,给予必要的指导。

我校开办少年班的主要目的有两个:一是培养出类拔萃的工程技术人才;二是要在少年班上进行步伐较大的教育改革实验。坚持宽口径、厚基础的人才培养理念,在具体做法上,实行的是后选专业及弹性学制等政策。

第二章

以"本"为本,振兴"四化"

一、继承传统再上路

◆ (一) 依规育人

◇ 1. 恢复基础部

重视基础理论课教学是我们老交大的优良办学传统和特色之一。1956年,我们从上海迁往西安后,曾专门成立一、二年级办公室和基础课程部,以保证基础课教学质量,成效较为明显,受到高教部(后与教育部合并)领导的肯定,也得到广大毕业师生校友的认可。比如,1964届力学专业毕业生陈惠波同志,是太原钢铁厂的总工程师、"全国劳动模范"。他发明的线接触式复合曲线轧辊和矫正辊的钢管处理工艺,被誉为"革命性创造",为国家立了大功,1982年分别荣获"国家发明奖一等奖"和"国家发明奖二等奖"两项荣誉,这种荣誉不论在交大,还是在国内,都是少之又少的。后来我把他请回来,给师生做报告。结合他的工作经历,他说解决这两项发明的关键是受益于在校得到的比较好的高等数学基础教育,基础学好,后劲大,发展创新能力就强,加上自身动手能力也强,在遍访钢铁专家之后,就把钢铁工艺中的一些突出问题解决了。做完报告后,他去拜访了陆庆乐老师(西安交通大学高等数学教研室骨干教师,曾任全国高等工科数学教材指导委员会主任),感谢陆老师为自己打下的比较扎实、广博的知识基础。很遗憾,"文革"期间,基础课程部被取消。"文革"后,为加强对基础理论课教学的管理,我校在广泛听取各方面意见的基础上,决定恢复基础课程部,其对于加强基础课管理,保证和提高基础课的教学质量,发挥了十分积极的作用。

同年两获国家发明奖的陈惠波(右)与他的老师唐照千(左)

基础课程部成立以后,我校同时恢复了教学方面一贯坚持的定期进行教学检查的举措,以便动态了解和全面掌握全校教学的基本情况。在每年的教学检查和教学质量调查中,我校往往将基础课或技术基础课作为重点。如1979年4月,我校组织了一次历时两周的"基础课教学情况调查",重点是对工科高等数学、工科普通物理、工程制图3门基础课的备课、讲课、习题课及辅导答疑、批改作业、考试等教学环节进行全面调查,并重点分析焊接81班(1978年入学)的学习情况。调查结果显示,这3门课教学效果较好,教学水平不低于

"文革"前,教学进度适中,教学各个环节也基本完整。但在这3门课的学习中,学生的解题能力、实验能力较差。其中一个重要原因是"文革"前的学制是五年制,"文革"后改为四年制,3门课的总学时相应缩减了10%~56%不等,因教学秩序初定等因素,教学内容没有做相应的调整和改革,造成数学、物理习题课学时被减少或被挤掉。调查中,我们还发现存在部分教师教学经验不足、教学组织不科学、教学秩序较乱、教学设备没有及时检修、教学环境嘈杂、教员休息室不足等问题。针对这些问题,我们采取了一系列改进措施,在1979年12月制定了《关于加强基础课和技术基础课教学工作的意见》和《提高教学质量、合理安排教师工作的几项意见》。这两个文件有一个共同点,就是我们明确提出,有经验的教师上教学第一线,各教研室要重视教学法的研究,新开课教师要先进行试讲,优先补充基础课教师。在实验室建设方面,要求组织青年教师参加实验室工作,以补充新鲜血液,提升创新能力。另外,对于教学检查和教师考核等工作,我们也做了更加具体的规定。这些举措,效果很明显,让我们的教学逐渐恢复正常,特别是在基础课程教学质量的提升方面,发挥了积极的作用。

◇ 2. 加强教材编写工作

教材建设是保证大学教学质量的重要基础。1962年,教育部曾筹备组建高等学校理工科教材编审委员会,我们学校负责领导高等工科数学(公共课)、热工学(公共技术基础课)等专业教材的编审、建设工作。在高等工业学校基础课和技术基础课9个教材编审委员会的130名委员中,我校有11名委员。"文革"中,教材编审委员会被解散。1979年10月,教育部要求恢复高等学校的理科和工科基础课教材编审委员会,共设14个教材编审委员会。

在全国恢复教材编审工作以后,我校承担了较为繁重的任务,除了沈尚贤教授被指定为电工专业教材编审委员会主任外,我校教师还担任了金属材料热处理、透平压缩机、压缩技术、自动控制、电子束离子束技术、发电厂及电力系统、反应堆工程7个专业教材编审组组长和内燃机、无线电技术、半导体物理与器件3个专业教材编审组副组长的职务。我校的63名教授和副教授被聘任为教材编审委员会委员,其中教育部、第一机械工业部各聘任23人;被电子工业部、水利电力部聘任,负责主持编委会、分编委会或编审小组的共有18人(其中有双聘的情况)。80年代前后,我们共组织编写教材67种(其中教育部14种,一机部34种,二机部2种,四机部12种,电力部2种,农机部1种,其他部门2种)74本,约2300万字,共有190余位教师参加编写工作。这一时期,受教育部委托,我校还主持召开了近20次教材会议及审稿会议。

1986年,史维祥校长(前排右七)与西安交大参加全国教材编委会教师合影

为了推动我国高等教材体系建设,加强对国外教材的引进、积累和使用,1978年12月,教育部确定在全国六大区的8所院校和人民教育出版社共设立9个国外教材中心图书室,我校为其中之一。国外教材中心图书室藏书主要是英、美、法、德、日等国家的理工科原版教材。1979年预订5800余种,至1979年6月,我校中心图书室已有日文教材1300余种,西文教材800余种,并正式面向西北五省区高等学校教师开放。学校还组织教师对国外教材进行研究和评价,以推动学校教材建设水平的提升。

◇ 3. 狠抓毕业设计工作

为促进学生做好毕业设计工作,在1978级学生进行毕业设计前,我校教改部举办了毕业设计展览,展示了学校30年代、40年代、50年代、60年代四个年代学生的优秀毕业设计、论文和代表作,效果很好,我们随后将此惯例传承下去,规定在每届学生毕业设计开始前,都举办这种展览。由于我校在这方面的经验比较丰富,1982年12月,教育部委托重庆大学主持召开教育部部属高等工业学校毕业设计(论文)工作经验交流会,我校教改部教师撰写的题为《总结经验,统一认识,搞好毕业设计(论文)工作》的论文,不仅被收录在论文集的首篇,而且在大会中第一个进行发言。在同期举办的展览会上,我校的毕业设计作品较为夺目,受到了教育部和与会专家的一致好评。

◆ (二) 探索教改新路子

◇ 1. 调整专业布局

新中国成立,各高等学校学习苏联实施教育教学改革,根据工业产品和工艺设置专业。客观来说,在新中国社会主义工业化奠基阶段,这种改革做出了比较积极的贡献。但改革开放后,随着世界工业化进展突飞猛进,苏联专业设置的缺陷就暴露出来了,专业面窄、基础理论薄弱,培养的学生适应性差,没有设置系统的理科专业,理工不结合,使教学和科研水平的提高受到限制。为此,根据国家需要、科学发展趋势和学校实际情况,我校采取积极而慎重的方法,及时进行专业调整,尽可能以学科来考虑专业划分,逐步设置新兴学科和边缘学科方面的专业。1978年年底,我校制定颁布了《专业设置和调整方案(草稿)》,正式上报教育部和国家计委。在方案中,我们提出重点大学应以提高学生质量、教学水平以及科研水平为主,要有利于加强基础理论教学和科学研究,有计划地逐步设置一些理科专业,促进理工结合,专业调整和改造要有领导、有计划、有重点地进行,要注意加强调查研究。至于具体的专业调整方案,我们当时提议采取两步走策略:第一步,在一两年内将现有的6个系1个部29个专业,改造为7个系1个部30个专业(包括新建专业6个,调整新设6个,调整方向、范围12个,暂不调整予以保留的6个)。第二步,至1985年,我校将要新建工业经济管理等6个专业,成立工程管理系,恢复老交大传统的理学、工学和管理三院制。遗憾的是,我们的一揽子改革计划并未获得批复,但我们坚信改革方向是正确的,所以在后续的申报中,我们调整了策略,分别采取逐项专题申报或权限范围内自定的办法,逐步开展院系和专业的调整改造工作,与原方案相比,最终的结果有些变化和发展。至1985年春,我校创设了研究生院和管理学院,成立了数学、应用物理、外语、化学与化学工程、工程力学、建筑与结构工程、机械工程、机械学、材料科学与工程、能源与动力工程、动力机械工程、电气工程、计算机科学与工程、电子工程、信息与控制工程、管理工程、经济管理、社会科学18个系,设置47个专业和12个研究所。至此,我校改变了原来以机电为主、比较单一的学科结构,初步形成了以工为主,理、工、管、文相结合的综合性大学格局。在办学层次上,也日益立体、完善。在不断扩大研究生比例的同时,积极发展成人教育。1988年8月,成人教育工作从教务处划出,成立成人教育学院,从而使我校建立和完善了以全日制本科生、研究生为主兼有成人教育的多层次办学体制。

◇ 2. 以教改推动全面改革

为了配合全面改革实践,努力保证教育教学质量,我校所有工作始终紧扣教学改革来推进。1980年至1984年,我校先后成立了校教学委员会、教改研究小组和高等教育研究室,为学校教学改革研究、决策和咨询创造了条件。另外,还通过系主任会、教研室主任会、教师座谈会和教学改革专题研讨会乃至教代会等形式,集思广益,研究和讨论全校的教学改革。20世纪70年代末80年代初,我校在教育教学方面的改革集中在以下几个方面。

其一,在教学内容、教学方法与教学实践方面,我们要求各教研室定期开展教学研究,从中积累先进经验予以推广,并推进其向深度和广度发展。如数学系做得比较好,该系以高等数学大班授课为改革试点,以大班教学组为基本单位,确立了主讲教师全面负责的大班教学责任制;同时,规定了主讲教师对辅导教师的聘任和辅导教师的应聘选择权。另外,还通过引入竞争机制,采用教学法评奖报告,青年教师教学竞赛以及用统计学方法列表公布各班教学成绩,结合听课检查教学等措施对各班教学质量进行评比,不断提出教学新目标、新要求。在教师安排和具体考查上,数学系特别强调有经验的教师要上教学第一线,并辅以改进试题,严格考场纪律,使全校一年级高等数学水平有了明显的提高。另一个典型是热工教研室。该教研室重视教学内容和体系的改革,不断引入先进理论、技术充实教学内容,编制了《工程热力学》电教片,在全国60多所高校发行,取得了很好的教学效果。在考查方式方面,也相应进行了改革,考试分闭卷、开卷两种,闭卷考基本概念,开卷题考查经验公式和综合应用相关知识的能力,这种考试方法把学生的精力引向掌握基本概念及解决问题能力方面,而不是死记硬背公式。在实验室建设方面,该教研室逐步使实验室"可视化、数字化、现代化",筹建新的教学实验室,完善教学实验和演示设备;加强实验室队伍建设,各实验室都有数名训练有素的实验员,在教师带领下专心致志搞好实验室建设及教学工作。

其二,为加强实践性教学环节,1981年年初,我校决定对工科物理、电工学、电工原理、电子学等课程的实验部分独立设课或单独记分。为加强外语和计算机教学,我校采取了一系列针对性措施,聘任一批外籍教师来校任教。一些班级或课程,直接由外籍教师负责,建立西北地区英语师资培训中心,提高年轻教师业务水平,推广陈学俊等教授以英语授课和使用国外原版教材的教学经验,许多课程指定阅读外语参考书籍,毕业设计要求阅读、翻译外文期刊资料;学校每个周三下午由外籍教师做公开讲座,全校学生均可参加,并经常放映外语电影和录像;将外语开课时间由两年改为三年。为提高学生运用计算机的能力,我校建立了全国少有的计算机中心,引进一台中型计算机设备,有60个终端,加上各教研室上百台微型计算机,使全校学生在校上机时间增加到50~100个学时。经过几年努力,计算机中心的设施条件及教学水平逐步达到国内领先地位水平。

其三,为促进学生主动学习,我校营造了生动活泼的学习氛围。从1978年年底开始,我校经常组织开展全校性的高等数学、外语等学科竞赛,吸引了大批学生参赛,我校学生在全省高校的数学、英语竞赛中屡屡取得优异成绩。同时,我校还建立了由著名教授参与指导的学生科协,开设了人文社会科学讲座,为学生讲授文学评论、阅读欣赏、语法修辞等文学知识,深受理工科学生的欢迎。通过讲座、报告会、校刊撰文、个别辅导等多种形式,加强对学生自学的指导,培养学生自学能力。还通过建立电教中心,运用电化教学、语音教学等手段加强形象教学。

其四,为使培养的毕业生更加适应国家建设的需要,1980年前后,我校成立调查组,几位校领导带队到全国各地,特别是对西部地区多次进行毕业生质量跟踪调查。社会各界普遍认为我们学校的毕业生理论基础扎实、动手能力强,深受各地用人单位的欢迎。同时,针对如何适应国家建设的需要,进行教学改革,各单位给我们提出了许多有益的建议。这一时期,为适应全国(特别是西部地区)企业单位对各方面人才的迫切需求,我校先后开设了走读班和各种培训班,仅1984年春夏,接受委托就开办了管理师资班、管理干部进修班、图书情报干部专修科、马列主义理论干部专修科、管理与会计培训班、电厂热能动力装置干部专修科、工用民用建筑干部专修科等10个班,代为培养学员430余人,其中有100余人来自新疆各地。这些工作的开展,为我们1985年试办工科少年班、推出全面教学改革方案、恢复夜大学等打下了良好的基础。

1982年,教育部部属高校校办工厂管理干部训练班开学典礼

◆ (三) 提高教学质量是中心

为了适应社会主义市场经济体制建设和现代高科技发展对人才提出的新要求,我校积极参与教育部(国家教委)13所直属工科院校组成的"教育部(国家教委)直属高等工业学校教育研究协作组"活动,着力开展高等工程教育研究。教育部协作组于1982年开始筹备,1983年在清华大学召开第一届会议。从1985年到1988年,我校成为第二届协作组组长单位,庄礼庭教授(曾任学校代校长)担任协作组组长一职。协作组围绕办学层次、学科结构的调整和教育教学过程的改革等问题进行广泛调查,深入研究,就专业设置、课程体系内容、教学计划优化、人才培养模式、教学内容方法、教学管理建设以及校内管理体制等多方面进行了重点探索。协作组成为教育部(国家教委)高教司的智库,调研发布的一些研究成果成为国家教育主管部门决策的重要依据。

1984 年，学校举行全国高等工程教育第三次专题研究会（发言者为史维祥校长）

　　1984 年 4 月 2 日，国务院正式批复，同意教育部、国家计委《关于将 10 所高等院校列入国家重点建设项目的请示报告》，并发布国函〔1984〕56 号文《国务院关于教育部、国家计委将十所高等院校列入国家重点建设项目请示报告的批复》，我校被正式列入国家重点建设项目。经过"七五"、"八五"国家重点建设，我校"以拓宽专业面向，提高教育质量为中心"，实施深化改革实践。改革大致经历了三个阶段。第一阶段，自 1980 年起，改变原来以机电为主的理工大学学科结构，逐步形成以工科为主，理、工、管、文相结合的多科性大学格局。第二阶段，自 1985 年起，深入专业设置、培养模式、教学计划、教学内容和方法等方面的改革，进行各种教学改革试点，学校制定并下发《西安交通大学本科教学改革的几项措施》。第三阶段，20 世纪 90 年代以后，面向 21 世纪，继续深化教育教学改革，拓宽专业面向，全面提高教育质量。

◇ 1. 改革培养模式

　　自 1982 年起，教育部（国家教委）直属高等工业学校教育研究协作组和高教二司共同承担了国家教育科学"六五"规划重点课题"高等工程教育结构改革的研究"和国家教育科学"七五"规划重点课题"新时期高等工程教育人才培养规律及其应用的研究"。我校积极参与其中,围绕工程技术专门人才培养这个中心,结合学校实际,有计划地开展了大量的应用研究。在研究基础上,我们提出修订教学计划的原则意见,出台以"三增三减"为特点的改革措施,即减少理论教学时间,增加实践性环节、内容和时间;减少必修课,增加选修课,调整学生的知识结构;减少课堂讲授学时,增加学生自学、思考、独立获取知识的时间。1985年,各专业的教学计划总学时从2700个学时压缩到2500个学时,相应增加了自己设计、任选和综合性大实验等项目。这既保证了基础教学,又增加了实践性环节,增设了新兴科技内容,增大了教学计划的灵活性,使培养计划整体更加优化。同时,我校深化课程体系改革,建设重点课程,开设选修课;增加了工程实践性环节,改善实验、实习条件,开展生产工艺培训、程序员培训、课余科技等活动,提高了学生的动手能力。

1982年,学校举行教育部直属高等工科院校应用数学协作组第一次会议

自1985年9月起,我校决定试行学年学分制,推行以"一门进,

五门出"("一门进"指高考统一录取入学,"五门出"指在培养过程中,根据学生的智力、能力和成绩多次筛选流动,将学生分为优异生、优秀生、一般本科生、专科生、退学生五个档次,从五个门分流而出)为特征的浮动学制和管理办法,这既搞活了教学过程,又严格了教学管理,有力地促进了教风和学风的建设。

◇ 2. 加强基础课程

抓好基础课、技术基础课建设是保证学校教学质量的必要措施。我校按照"三个层次、两条路径"来进行课程建设与改革。所谓"三个层次",即一般课程的建设、重点课程的建设和一类课程的建设。一般课程的建设主要是根据课程的某些方向,按项目申请进行。重点课程建设着眼课程的整体和群体建设,包括教学梯队的建设,课程教学内容、体系的改革,课程教学设施的建设,课程教学方法、手段的研究和改进,以及课程教学的组织与管理等几方面。一类课程的建设,主要是为全校树立课程建设的样板和标准。所谓"两条路径",一条是从一门课程的内容、体系的改革入手,深化课程建设与改革;另一条是从课程总的结构体系来深化课程建设与改革。在与一线教师广泛研讨的基础上,后来学校提出了12门基础课和技术基础课进行课程体系改革的计划,并组织教师共同参加实践,推动新的课程体系的建立,从而把课程建设提高到一个新阶段。这些举措,不仅促进了学校人才培养质量的提高,而且对全国高校产生了重大影响,推动了工科高校课程改革的步伐。

为适应人才培养模式的改革,达到加厚基础、拓宽专业的要求,根据科学技术和社会发展的实际需求,我校努力建设了一批适应跨世纪人才培养要求的高水平基础课和大类专业基础课。"八五"期间,我校分四批投入200多万元(不包括设备经费)对全校23门基础课和技术基础课进行重点建设,大致经历了三个阶段:第一个阶段是基础课和技术基础课的重点课程建设和一类课程评选;第二个阶段是工科数学、工程化学基础、机械原理和零件、电路和电子学等10门课的课程体系和内容的改革；第三个阶段是计算机三层次教育、数学和外语等系列课程建设。到1994年年底，全校已评出一类课程19门，在全校23门基础课、技术基础课中，获得省级、国家级教学成果奖的高达21门。

◇ 3. 建设教学实验中心

我校一贯重视教学实践环节建设，强调工程教育培养的毕业生要到社会上去"务实业"，学生在校期间必须"求实学"，即重视实践。20世纪80年代初期，一批实验学时较多的课程先后单独设课和单独计分，物理、电工学、电子学等15门主要基础课和技术基础课实验设备得到一定程度的更新和充实，学校还积极争取教育部实验室教学补助费，用于实验室建设，大大改善了实验课教学条件。1990年后，我校恢复和完善了各实验环节，对一些涉及面较广的基础课、技术基础课分别进行重点投资建设，加大实验设备更新力度。在几门重要的技术基础课中，如机械零件、电子学、工程制图等，针对学生生产实际知识贫乏、抽象思维能力不强等情况，我校采取建立陈列室、研制教具模型、加强设计训练等多种措施，使学生在学习必要的基础理论和设计方法的同时，不断充实感性认知，培养分析问题和解决问题的能力。针对材料力学、电工学、电子学等课程，则选择一些难点和重点内容，摄制成录像片，或制成计算机辅助教学软件，开展现代电子技术辅导教育。

与此同时，我校不断加强校内外实习基地建设。面对当时生产实习经费极端匮乏的情况，我校20多个专业及时调整实习地点，建立了一批比较稳定的校外实习基地，与宝山钢铁集团、东方集团、一拖集团、彩虹集团、西电公司、无锡柴油机厂、上海锅炉厂、上海汽轮机厂等全国几十家大型企业签订合同，以书面协议方式加以保证，建成一批教学、科研、生产三结合的基地。校内则加强建设金工、电子工艺实习基地，并按大工程观念重组，按三个层次建设了工程训练中心，在全国起到了带头和示范作用。一些专业还采用搞小课题分散实习的方式进行实习改革,拓宽和丰富了实习的内容和方式。

◇ **4. 引入计算机辅助教学**

20世纪70年代以来,计算机技术在美国开始大范围应用,世界各国对这一新兴学科的研究发展也日趋重视。从20世纪70年代末开始,我校也加紧了对计算机辅助教学工作的探索。80年代初期,根据计算机技术发展的实际特点,我校在原电化教学的基础上,推进了计算机辅助教学、计算机辅助设计(CAD)研究,制作了数十种多媒体课件,开展了教师的CAI培训,并先后在学校十几个专业和教研室进行试点教学,如电磁场计算机辅助教学、理论力学课程计算机辅助教学。1988年,我校又筹集资金50多万元,购置微机32台,建立了计算机辅助教学实验室,先后开发出CAI课件40多个,使用CAI课件的课程达60门,为推进全校计算机辅助教学的广泛开展奠定了很好的基础。至80年代末,我校的CAI已初步建成有规模、有组织、有领导的教学科研合一的改革实体。CAI研究与应用在当时成为国内理工科院校起步早、成效突出、应用较广、水平较高且影响较大的教学成果。1989年,我校的"计算机辅助教学的研究与应用"和"计算机绘图辅助设计及辅助教学"项目,荣获国家级教学成果优等奖。

1979年,我校支持机械系成立计算机绘图学科研究小组,进行新学科建设和筹建计算机绘图实验室。因该领域软件技术都被国外公司垄断,科研小组就立足国内绘图软件的开发这个基础环节,以科研促进教学,做好新课程的技术储备和队伍建设,经过十年努力,率先以独具一格的绘图软件成果、新课程开设和教材建设,在全国范围内获得一定地位并产生广泛影响。很多工厂、设计院比较认可我校的CAD教学科研实力,委托我校代为培养研究生,联合进行CAD产品开发应用课题研究。为开设新课程,我校在1984年由课题组编写了《计算机绘图初步》(1985年由西安交通大学出版社出版),由于其内容新颖、形式独特,受到广大读者欢迎,在全国影响很大,北京王府井新华书店曾连续增订八次。据反映,该书一上架就销售一空,当时很多院校均用该书作为新开课程的教材。该书还作为陕西省优秀图书参加了 1985 年香港中国书展和 1986 年北京国际图书博览会。1987 年拍摄的电教片《计算机绘图》，荣获了中央广播电视大学教育片特别荣誉奖。

◇ 5. 优异生分类培养

在全面提高普通本科大学生培养质量的基础上，对于少数优异学生和智力超常的少年群体，如何使他们得到良好的培养，帮助他们尽快成长，是当时教育改革的一项重要课题，也是中国科学技术为实现某些突破性进展，补充重要后备力量必须研究的课题。我们始终认为，对于优异学生培养这一问题，必须坚持从高等教育事业发展和国民经济建设的战略意义来思考。很明显的一个事实是，拔尖人才的教育研究不仅是更好贯彻因材施教育人规律的体现，而且是主动适应经济建设的需要、赶上世界先进国家综合实力的迫切要求。

为了及早发现、选拔有培养前途的人才，利用比较优越的教学条件对他们进行重点培养，进而探索优秀人才的成长规律和培养方法，1984 年和 1985 年，我们从全校 1983 级、1984 级学生中分别选拔优异生进行重点培养，要求这些优异生三年完成本科阶段四年的学习任务。在此基础上，经教育部批准，自 1985 年开始，我校创办了工科教学改革试点班和智力超常的工科少年班（从初中毕业生中选拔），通过单独招生、制订专门的培养方案，精心管理，进行综合性培养。从 1988 级开始，少年班实行四年制，并试行本硕连读六年制培养方案。其中，第一年为大学预科，学生在大学就读，教师用大学思维、观念指导学生完成高二、高三主要课程的学习。有些课程内容，我们会把高中与大学打通，进而减少课程内容的重复，如物理；有些课程，我们会根据工程教育的要求增加新内容，如化学课自编《工程化学》讲义，语文课增加大学实用写作知识等。课程内容坚持名师讲授与学生自学相结合，注意锻炼学生的独立自学能力。在少年班人才的培养初期，我们始终从大学教育的要求出发加强基础教育，同时使少年班学生所接受的初中教育和大学教育更好地衔接起来,努力使他们快速适应大学的学习、生活和思维方式。第二年,少年班与"教改班"同堂上课,此举,我们重在强化基础要求,让少年班学生与比他们年龄大的、层次高的优异生竞争,一方面可以激发他们的思维和活力,充分发挥聪明才智和潜能,另一方面也是对其心理承受能力的锻炼。第三年,根据学生的个人志愿将其分配到各专业本科班学习,但仍保持原班级建制,原班主任与其保持联系,在思想、学习、生活等方面给予必要指导,继续跟踪研究其培养工作。"优异学生培养的探索与实践"改革项目获陕西省1993年普通高等学校优秀教学成果一等奖。

◇ 6. 支援西北民族教育

重视培养少数民族干部,支援少数民族教育的发展,是我们学校西迁的重要使命之一。早在20世纪50年代末60年代初,为支持西部高校创办新兴学科,我校先后为新疆、甘肃等地培养了一批从事无线电技术和电子计算机技术教育的少数民族高等院校师资。1982年10月,为了更好地支援新疆地区高等教育事业的发展,我校再次组织相关部门负责人先后五批走进新疆、宁夏等地高校进行调研,并自1983年起,除每年按国家计划从西部九省区招收700余名高中生进行培养外,还开始试办少数民族班,每届30人,依据人才需求情况设置专业,坚持"低起点、高标准、严要求"的原则,从学生实际出发,组织教学,认真培养。

为加强少数民族地区教师的培养,我校先后举办西北地区公共英语师资培训共8期,有180余人参加培训。1977—1984年,我校共培养进修教师426人,有力地促进了西北地区高等教育质量的提高。与此同时,针对西部在职科技干部业务水平提高的需求,我校先后举办了50多期专修科和进修班,培训了1340余名科技干部,推广新技术、新理论,满足厂矿企业对技术人才的需求。1989年,国家教委、民委联合在乌鲁木齐召开"民族教育工作会议",我校教务处代表在大会上做了主要发言,受到会场同仁的一致称赞。

1984年,欢送支边毕业生

◇ 7. 建全教学质量保障体系

1985年5月,《中共中央关于教育体制改革的决定》提出:"组织教育界、知识界和用人部门定期对高等学校的办学水平进行评估。"同年10月,国家教委发出《关于开展高等工程教育评估研究和试点工作的通知》,要求组织人员到国外考察,研究评估方案,并对部分大学3个专业4门课程进行评估试点工作。我校有幸参加了试点专业——"机械制造工艺与设备专业"办学水平综合评估标准和方案的研究与起草工作,同期,还参与了加拿大评估资料的翻译工作。作为机械、计算机及应用专业和高数、机械设计课程的评估试点院校,我校结合国家评估试点工作的开展,认真拟订了课程建设的要求、计划、标准和评估办法,配合实施了课程质量的评估事宜。其后,我们注重总结经验,按照教材建设、教学实验、教师梯队、教学质量与效果、教学改革设想与成效、教学方法、教学文件7个方面,将课程质量划分成A(为优质课程,后称为一类课程)、B(为合格课程)、C(为不合格课程)三类。根据这套评估体系,我们先行组织了诊断性评估,要求各系选一个专业,按"机制"评估指标进行诊断性评估,找出差距,提出加强教学提高教学质量的意见和措施。在此基础上,我们更进一步,对各系教学工作情况进行了综合评估。自 1986 年以来,我校共开展了 4 次课程评估,实施了五批课程建设计划,共评选出 19 门一类课程;结合专业评估,又对全校 34 个工科专业分期、分批进行了评估。通过评估,我校的教学组织管理体系不断完善,教学质量不断提高,在 1995 年国家教委组织的全国第一批本科教学评估工作中,荣获优秀评价。1996 年 6 月,国家教委组织来自全国 60 多所高校主管教学的校长与教务长来我校举办本科生教学工作优秀学校建设和评价研讨班,在会上,我们做了专题发言,重点介绍本科教学经验。

◇ 8. 实施教学奖励

教学活动是教师和学生的双向互动过程,没有教师和学生的和谐配合,教学是不可能取得良好效果的。建设一支高素质的师资队伍,调动他们的积极性和主动性,是搞好教学工作的关键。20 世纪 80 年代初,为激励教育教学工作的先进人物,我校专门设立了"教学优秀奖"、"教学改革奖"和"优秀教材奖",同时实施了优秀班主任、教书育人先进集体和个人、先进实验室和个人的表彰奖励制度,对教师所取得的成绩给予充分肯定。为了充分调动中青年教师在教学工作中的积极性、主动性,我校还开展教学观摩、教学竞赛活动,并设立奖教金,设置青年教师校内特殊津贴,对教学、科研优秀的教师破格晋升高一级职称等。

学生是教学工作的客体,是受教育者,亦是学习活动的主体,所有教学工作都是为学生成才创造条件和环境。为调动学生的积极性和主动性,从 20 世纪 80 年代开始,我们学校高等教育研究所创新开展了这方面的研究,在全国率先创建了大学生学习论这门课程,并用研究成果对大学生进行学习与成才指导,开设有关选修课和讲座,引导学生依据自己的基础、按照客观规律进行自主学习。同时,我校建立并完善了客观的激励机制,如评选"三好生"活动、设立各种奖助学金、开展各类课程竞赛活动等,鼓励学生在学习中开展竞赛,早日成才,科学成才。

◇ 9. 规范教学组织管理

　　严格、规范、科学的教学管理秩序,是我校优良办学传统的重要体现。20世纪70年代末,我校教务处即着手加强教学管理和质量监控,修订和完善了更适合形势发展要求和学生实际的科学管理规章,其中更加注意管理的教育功能和指导功能,突出管理育人和服务功能,实施全过程、全系统和全员性的管理,逐步建立起规范化、程序化的教学管理系统,并解决了这个系统运行机制的问题。该系统的运行机制,包括以下三点:①以规范化、程序化、系列化来建立教学行政管理子系统的运行机制,实质就是通过行政手段,利用教学法规,保证教学工作运转;②以质量为中心的教学管理和教学评价子系统的运行机制,其核心是以加强课程建设、提高课程质量作为教学基本建设的主要内容,积极推进各项教学改革,而建立教学质量评价系统,是实现教学管理的科学化、定量化的重要手段;③以信息收集、分析、反馈与控制为中心建立起教学管理信息子系统的运行机制。

　　管理体系建立后,重要的一项任务就是进行信息收集,当时我们采用常规检查、数据报表、专项调查、信息反馈网四种形式来落实这项工作。教务处采用30种常规检查、40个数据信息收集渠道,实现全面掌握教学情况、预测教学趋势、决策教学工作的目的。信息采集处理是基础,我们十分注重常规检查与教务处各科工作的紧密结合,既不过多增加工作量,又能使检查规范化、系列化。为此,教务处专门制作了统一表格,定期填报,使收集数据标准化,便于进行分析比较。教务处从收集到的各种数据中提炼出学风和教风预报数据,教学基本质量预报数据,学生入口、出口反馈信息数据,人才培养的社会综合评价数据,各级领导对教学重视程度信息数据,共五大类20个敏感数据。此外,教务处还提出了18个控制数据标准,通过对这些信息的收集、分析,使教务处及时发现教学中的倾向性问题,防患于未然,从而保证教学工作的顺利进行和人才培养的基本质量,为教学决策提供了科学的依据,提高了教学管理科学化、现代化水平。在教改实践中,我校师生形成的"教学管理系统运行机制的建立与实践"和"教学管理信息的收集、分析和利用"管理成果,分别获得1989年和1993年国家级教学成果奖;学校教务处先后两次获得国家教委授予的"先进教务处"的殊荣。

◇ 10. 以项目推动教改

坚持教学改革研究,以改革教育理论研究指导教改实践,是我校80年代教改取得良好效果的重要保证。改革之初,为统一全校教职工思想认识,促进观念转变,我校定期举行教学改革研讨会,这是我校当时教学改革的一项中心工作。在教改实践中,我们始终坚持以现代教育理论为指导,以教改或教材建设(按"国家级"、"省级"、"校级"三级立项)为抓手,以项目带动学校全方位教育教学改革研究实践。那段时期,我们参与了国家教委(或教育部)和陕西省组织实施的"面向21世纪高等教育教学内容和课程体系改革计划"、"新世纪高等教育教学改革工程"、"世行贷款21世纪初高等理工科教育教学改革项目"、"高等学校教学质量与教学改革工程(本科质量工程)"等数十项教改任务。如在国家教委组织实施的面向21世纪教改项目中,我校共承担23个项目的研究任务,其中作为牵头单位的项目有"工科基础课程系列课件的研究开发"等5项,主持的项目有"CAI公共基础的研究与开发"等12项,内容覆盖重点理工大学培养的人才素质要求和人才培养模式的研究与改革实践等;参加的项目有"高等工程教育的实践与工程实践教学体系改革的研究与实践"等6项。从承担国家级教改项目看,我校本科教育的主要基础课、技术基础课都在其中,这很好地体现了我们改革的思路和改革的成效。

二、为国储才求改革

"文革"之后,随着改革开放的深入和现代科学技术的飞速发展,一场新的技术革命悄然到来。这不论是对我国的"四化"建设,还是对教育改革来说,都是一项十分严峻的挑战。因此,积极进行教育改革,努力提高教学质量,培养出大批勇于创新、善于开拓的新型专业人才,成为高教工作者当时思考的一个历史课题。邓小平同志做出了关于"教育要面向现代化,面向世界,面向未来"的重要指示,这给了我们很大的启发,为我们的改革指引了方向。要改革,首先要看准病灶,才有可能对症施治。

◆(一)深入调研,抓准问题

经过几年的恢复整顿和初步探索,我校的教育教学基本走上正轨。为进一步提升办学质量,培养国家现代化发展所急需的高端人才,根据中央"关于经济体制改革的决定"和培养"三个面向"开拓型人才的要求,我们对教育教学工作做了全面深入的调查研究,找准了制约人才培养的两对矛盾:一是在人才培养过程中,忽视学习能力的培养,存在强化教师主导性与强化学生学习主动性的"双主体性"冲突问题;二是教学计划方面,存在庞大的课程内容、多方面的培养要求与固定学习年限之间的矛盾。这两大问题严重制约着人才质量的提升,成为当时改革的必然切入点。

受教育思想的束缚,传统的教育倾向忽视学生能力的培养。在传统教育思想看来,知识就是力量,学校教育主要是传授知识,有了知识就有能力。传统观点只看到了知识与能力的同一性,却忽视了知识与能力的差异性。实际上,就两者的关系而言,知识是能力的基础,没有知识,不可能有能力;能力则为获得更广、更深的知识创造了条件。但决不能说,有了知识就等于有了能力。因为知识必须在一定的条件下,才能转变为改造社会、改造自然的力量。长期以来,受传统教育思想的影响,我国高等学校的教育,习惯采用讲授为主的教学形式,只重视知识的传授,而忽视对学生能力的培养,这不仅造成了一部分学生的"高分低能",也使一些优秀学生的发展受到束缚。在现代科学技术飞速发展、人类知识总量猛增的新时代,若仍按旧的教育思想,用以传授知识为主的方式来培养人才,无论如何是不能适应"三个面向"要求的。所以,必须打破这种教育思想的束缚,在传授知识的同时,注重能力培养。实践也告诉我们,学生能力的强弱,对他们将来的工作具有至关重要的作用。在一次对毕业生的调查过程中,我们发现,在学校成绩优秀的学生,在工作岗位中并不一定能成为一个很好的工程师,而有些成绩并不突出的学生,反而能做出重大的贡献,如太原重机厂的高级工程师陈惠波同志,就是很生动的例子。在校学习期间,因为他不追求高分数,所以成绩并不突出,但他很注意自身能力的培养,能自己独立思考,主动学习。他的体会是:"一个人光靠别人喂,身体是不会健康的,只有根据自己的需要去摄取食物,才能营养丰富,身体健康,成为具有开创新局面能力的科技人才。"这就是他后来能进行发明创造的重要原因。在调查中,很多工程技术人员都提出建议,要求我们加强对学生能力的培养,特别是对自学能力的培养。如西安高压电瓷厂专业人员说:"学校应教会学生如何读书、如何思考和分析问题,应教给学生知识再生(即自己去学习、扩充知识)的能力。"可见,培养学生能力是个不容忽视的问题。

忽视调动教与学两个方面的积极性与主动性。为了培养开拓型的一代新人,必须把对学生能力的培养贯彻在教学的全过程中,教师与学生是教学过程的主要参加者,也是教学三要素中最活泼、最积极的两个因素。只有充分调动教师与学生两个方面的积极性,才能使教学改革蓬勃开展,使培养能力的目标,特别是创造能力的培养真正落实。但在当时,这两方面的积极性和主动性并未充分地发挥和调动。学生本应是学习的主体,但在当时的教学过程中,统一的教学计划、繁多的必修课程、死板的教学安排和注入式的教学方法,使学生处在十分被动的地位,他们往往只能盲目地接受知识,机械地储存知识。学生的角色往往不是一个主动的知识猎取者,而是一个储存知识的仓库。教师在教学过程中本应起主导作用,是学生入门的"指路人",但是竟成了"保姆","抱着走"的现象普遍存在。这样培养出的人才,绝不会"青出于蓝而胜于蓝",最多只能是"青出于蓝而近于蓝"。

要加强学生能力的培养,必须充分调动学生的积极性和主动性,而调动学生积极性和主动性的关键则是教师的积极性与主动性。当时,不公平的晋升条件、不完善的工作量考核制度、以分数为唯一标准的招生制度(包括研究生招生制度)等,在一定程度上妨碍着教师积极性的发挥,成了开展教学改革的严重阻力。这就要求广大教师通过对现代教育思想的研究学习,重新认识教师和学生在教学过程中的正确地位和作用。同时,还要学校从政策和制度方面采取有力的措施,以充分调动教与学两个方面的积极性和主动性。

专业面窄,教学计划死,影响学生形成合理的知识结构和能力结构。改革开放后的几年里,我们努力扩大专业口径,修订专业目录,使专业面过窄的情况有所改善,但从当时的教学计划来看,专业面过窄的问题并没有得到根本的改观。现行的教学计划存在很多问题,主要体现为:①教学计划的统一模式、单一规格,与高等工程教育多层次、多规格的结构不相适应;②教学计划下学生知识面过窄,与当时科学技术的相互交叉、渗透和综合发展的要求不相适应;③教学课程设置和教学环节的安排与培养学生合理的智能结构不相适应;④教学计划统得过死与实施因材施教、满足不同智能学生发展的需要不相适应;⑤教学计划庞大的课程内容造成的学习负担过重,与充分调动学生学习积极性不相适应。之所以会造成这种局面,一个不容回避的原因是,各系在修订教学计划时,各门课程都从自己的局部出发,为自己争学时,最后或者突破学时限额,或者削弱实践性教学环节,而不注意整体优化。这样的计划使学生的知识面很窄,难以形成合理的知识结构和能力结构,因此,不可能培养出大批开拓型人才。

◆（二）统筹谋划,深入改革

教育的根本目的是开发智力,培养人才,为社会主义经济建设服务。当时的背景是国家对农村经济的改革日益深入,对城市经济体制改革已全面展开,这对高等教育教学改革的要求十分紧迫。不过,教育教学改革是一项复杂而又艰巨的系统工作,不可能一蹴而就。《中共中央关于经济体制改革的决定》指出:"改革中的一切做法都要接受实践的检验,并在实践中总结出新的经验。失误总是难以完全避免的,但是要尽一切努力去避免那些可以避免的失误","改革的步骤要积极而稳妥,看准了的坚决改,看准一条改一条,看不准的先试点,不企图毕其功于一役"。所以,我们当时的举措,就是实事求是,积极而稳妥地推进教学改革,尽可能地避免失误。因为培养人才的周期长,搞不好就会影响一两代人,这方面的历史教训永远不能忘记。我们当时坚持点面结合,面上注意"积极改革,稳步前进,保证质量不断提高",点上注意"大胆改革,不断创新,为面上的改革积累经验"。通俗一些讲,就是大面积上要做到旱涝保收,点上则要"大胆改革、不断创新、争取成功、允许失败"。为此,我校主要推行了以下几方面的改革工作。

(1) 进一步拓宽专业面,增加教学计划的灵活性以适应科学技术的相互交叉、渗透和边缘学科的发展。我校根据科技发展形势和"四化"建设的需要,积极拓展老专业的培养口径、知识面向,努力更新内容。如机械制造工艺与设备专业,我们当时就增加了电子学科课程,做到"以机械为体、电子为用"。为适应各学科间相互渗透而形成的知识综合化的需要，在传统学科布局基础上，我们又恢复和增设了应用理科、管理学科、人文社会学科、外语学科以及生物医学电子工程学科等新兴专业。

为拓宽专业面，我们努力做了四方面的工作：①筹建一些新兴的边缘学科专业，开设新学科方面的某些课程；②选定一个系进行大专业选科培养的试点；③全校所有课程根据不同情况，压缩学时10%～20%，为学生进行跨专业选课创造条件；④修订教学计划，使僵化的教学计划逐步变为灵活的教学计划，实行浮动学制，进行多层次培养，调动学生学习的积极性、主动性。

(2) 坚持早出人才，出高质量人才，打破学生在学习中的"大锅饭"现象，使各类人才各得其所。每学年开始，我们会根据考核成绩，把学生分成三档。第一档大体占5%，可以免试进入研究生院；第二档允许报考研究生；第三档劝阻或不允许他们报考研究生，或在录取研究生的标准上规定，凡在本科学习期间学业不太好的，不予录取。根据调查，全校这部分学生大致占40%。当时我们的考虑，主要是保证这部分学生免受研究生考试的冲击，使他们集中精力学好专业课，做好毕业设计和毕业论文，得到工程师所需技能的基本训练，做社会主义的合格建设者。这项政策，在当时比较好地调动了学生的主动性、创造性，同时，也很好地避免了"高分低能"的现象。另外，我们还根据学习成绩，在颁发毕业证书和毕业分配方面予以不同的考虑。对于主干课程的学习成绩平均在80分以上、毕业设计成绩优良者，除发给毕业证书外，还授予学习优良的证书。对不合格的学生继续实行淘汰制。经过国家批准，我校对毕业生分配有100%的自主权，因此要把学习成绩与毕业分配联系起来，坚决实行优才优分。对于优秀的学生要尊重他们的志愿，允许他们优先选择工作单位，充分发挥他们的才智。

(3) 贯彻因材施教的原则，实行浮动学制，分层次培养。我们在重视大面积提高教学质量的同时，还不断创造条件，让少数优异学生能得到特殊培养，使拔尖人才有可能脱颖而出。从1983级学生开始，我们实施了浮动学制。①对每届学生中1‰～2‰的优异生，指定导师，另订教学计划，使他们经五年左右时间达到硕士生水平。②对每届学生中5%左右的优秀生，四年毕业后，推荐入研究生院学习。③对大多数本科合格生，四年毕业后让其中的三好生优先选择分配单位。④对一些本科中的较差生，经三年学习后，按大学专科水平毕业。⑤对少数本科中的差生实行退学处理。

上述五层次中的前四个层次的学生可互相流动，流动趋向取决于学生本人的努力程度。

另外，从1985年起，我校还举办了教改试点班、少年班。对于这些特殊班级的学生，从思想政治教育、业务学习到体育锻炼等各方面，均有严格要求，使他们在向着德、智、体全面发展方向前进的同时，绝不忽视、放松或偏废某一方面。同时，我们也明确宣布实行淘汰制，严格学籍管理。没有严格的要求、严明的纪律、严谨的学风，是培养不出拔尖人才的。从1984年起，我们把本科生中的一些成绩较差的学生，转到专科班去学习；对少数成绩不合格的学生，则给予退学处理。以上就是"一门进（高考统一录取入学），五门出（分为优异生、优秀生、一般本科生、专科生、退学生）"的浮动学制。实行这种学制，打破了学生中长期存在的"一进校门就得到了'铁饭碗'"和部分学生"六十分万岁"的"大锅饭"思想，人才培养过程开始被搞活。

（4）适应教学改革发展的需要，推进教学管理改革。教学改革的关键在于教师，我们从落实知识分子政策、管理评价体系、岗位津贴以及实行奖励制度等多方面入手，努力调动教师教学改革的积极性，确保教师能够专心于教学工作。当时的急务首先是保证有足够比例的教授和副教授走上本、专科教学第一线，为此，在工作考核与职称提升时，我们直接把教学的质量（不仅仅是数量）放在首位。而且，特别注意长期从事基础课教学的，以及从事实践性教学环节的教师职称提升,对于教学上取得的成果与科研上取得的成果同等看待。此外,在对有学位的教师进行提升时,更侧重于其实际工作能力与工作成绩的考核,以稳定青年教师队伍。

为了保障改革,我们立足以完善办学规章为先。当时,除修订教学计划,建立、健全各项教学管理规章制度外,我们还编制了《课程一览》,从1985年起试行学分制;试行大班主讲教师选聘制;试行教学质量的定量分析和评价。此外,还实行四种奖励制度,引导和鼓励教师关心和重视教学,积极进行教学改革。这四项奖励是:①教学优秀奖,即给那些承担教学任务积极、教学工作认真、教学质量较高、受到师生共同赞扬的教师颁发教学优秀奖,若能三次获得教学优秀奖,准许其提前给予晋升。②教学改革奖,即给积极主动进行教学改革,并取得一定成效的教学人员颁发教学改革奖。③优秀教材奖,即对那些编写出受到广大师生欢迎的高质量教材的教师给予奖励。④教龄荣誉奖,即对从事三十年教学工作的教职工,由各系颁发奖金及荣誉证书,对从事四十年、五十年及其以上教学工作的教职工由学校颁发奖金及荣誉证书。

采用计算机等先进手段,进行教学管理改革。为了保证教学质量的不断提高,我们将计算机引入教学质量分析和评价,并积极研究考试制度的改革,后续还将计算机引入教务管理等事务,大大提高了教学管理的科学性和效率。

(5) 打破过去的僵化模式,把培养人才的过程搞活,加强学生能力的培养。我们主要采取如下几个措施。

①压缩课堂讲授学时,让学生有更多的时间独立思考,主动获取知识。我们决定将所有课程都压缩10%~20%的讲授时间,实行讲授与自学相结合、讲授与讨论相结合。

②把计算机引入课程,进行教学内容的结构体系改革。当时,我们在全校广泛开设计算机组成原理课程,使更多的专业关注计算机的发展,进而把计算机引入教学内容的创新,促进课程结构体系的

1985年，史维祥校长（左三）出席物理系赵富鑫教授（右三）从教六十年、殷大钧教授（左二）从教五十年庆祝会

改革。

③加强实践性环节。在继续搞好实验一条龙试点的同时，积极创造条件，允许一部分学生实验课可以自选实验，自行设计实验，并逐步开放实验室，加强学生实验动手能力的培养。出于计算机技术的重要地位，我们还规定要保证学生设计能力的培养不断线和上机能力的训练不断线。科研意识和能力的培养，也是我们思考的一个重点，我们要求各教学单位要把科研及早引入教学，培养学生的问题意识和科研能力。如一年级时，我们组织了各种科技小组，探索有兴趣的科技问题；二、三年级时，教师们引导开展课外科学研究；四年级时，学生可直接参加教师的研究课题。

④组织和指导学生接触社会，开展科技服务，培养学生的组织能力和独立工作能力。当时我校成立了学生科技服务中心、科学研究协会、计算机服务社等20多个组织，开展对社会的科技咨询服务活动。

（6）建立教学工作的考核评价体系。在修订教学工作量和教师工作规范时，我校对教务处、科研处、人事处及有关单位提出了评价一个系的学术水平的宏观考核指标。教学工作的评价比较复杂,有人说,衡量培养学生的质量,要花很长的时间才能得出结论。那么,是否有短期指标呢?我们认为是有的。为了建立一个较为客观的教学质量评价体系,我校实行有偿合同制,以承包的办法委托学校系统工程研究所和教务处的教育研究室,通过对各方面的调查、研究,制定出一套比较科学的教学工作评价体系。这个体系可以对一个系、一个专业,对某一届毕业生,乃至对每一门课程及对每一位教师的教学质量做出评价,这项工作为当时的教学改革提供了比较大的参考价值。

(7)转变教学思想,开展教学内容和教学方法的改革。"起点高,基础厚,要求严,重实践"是老交大的优良传统。要继承和发扬这一传统,我们必须解放思想,要破除过去以传授知识为主的旧的教学思想的束缚,注重学生能力的培养。为此,我校要求各单位教师要紧紧围绕提高教学质量这一目标,扎扎实实地做好教学改革试验工作。我印象很深刻,那段时期,每一个学年,我们全校上下开展的各类教学改革试点项目有50多个,其中,教学内容和教学方法改革试点项目就有20多个。如数学系,为了探索如何压缩高等数学的课堂教学学时数,进行了两种不同做法的教改试点,由热心教学、勇于改革,又富有教学经验的两位中年教师,组织了大、小两个试点班。大班有200多名学生,其高考成绩平均水平属中等偏下,该班级教师通过改革教材体系重新组织了教学内容;小班由挑选的32名学生组成,以高考成绩优秀的学生为主,兼有部分中上水平学生,从改革传统教法入手。试点结果表明,大班教学中压缩了50多学时(占这门课原定学时的四分之一),教学质量可以得到保证,多数学生自学能力有明显提高;小班教学则在原定学时中增加了线性代数、概率论的内容,学生普遍有了较强的自学能力。这项改革的效果在1985年陕西省高校高等数学竞赛中得到了很好的体现,两个试点班共有7名学生获奖,占学校同年级获奖学生数的63.6%。1989年,我校的"高等数学课程教学与改革"项目荣获国家级教学成果优等奖。

另外,工程热力学课程中的热力学第二定律是教学中的重点,也是难点,我校热工教研室的几位教师主动请缨,对传统的讲课体系做了大胆的改革,从能量分析入手,重新定义"熵"。这一讲授方法效果很好,经连续试验三届后,他们重新修订了原来的教材内容,并大面积推广。其他如普通物理、电工学、电机学等课程也在教学内容和教学方法上积极进行改革试验,并不同程度地收到了较好的效果。

◆ (三) 本科教育是主体

十二届三中全会以来,党中央先后做出了关于经济体制、科技体制、教育体制改革的决定。中央文件指出,社会主义建设的关键在于人才,而要解决人才问题,就必须使教育事业在经济发展的基础上有一个大的发展。又指出,教育必须为社会主义建设服务,社会主义建设必须依靠教育。高等学校担负着培养高级专门人才和发展科学技术文化的重大任务。这些指示,给予全国高等院校极大的鼓舞。西安交大是一所历史悠久、在国内外享有盛誉的高等学府。尽快为国家培养出大批高质量的本科生、硕士生,是我校义不容辞的伟大使命和根本任务。历经十年左右的改革,我校在教学、科研、基本建设和后勤服务等方面,克服了很大的困难,取得了显著的成绩。回顾改革历程,重要的一条是我校始终坚持本科教育占主体地位。

◇ 1. 保持反思,正视问题

"四强四弱"引人忧。高等学校的基本任务是培养社会主义建设实际需要的、有理想、有道德、有文化、有纪律的人才。衡量一所学校的水平,评价一所学校的贡献,首先要考察这所学校培养人才的数量和质量,特别是教育质量。因此,提高教育质量应是高等学校全部工作的中心。从本科生教育来说,80年代,我校的招生和培养规模有了很大发展,对培养教育过程也进行了一系列改革,收到了一定的成效,但在实际工作中还存在着一些不容忽视的问题:一是教授、副教授和经验丰富的讲师的比例在逐年下降;二是担任教学工作的部分教师的精力比较分散,没有把主要精力集中在教学上;三是教学辅导力量缺乏,实践性教学环节薄弱;四是学生思想教育工作比较薄弱,学风还存在不少问题。这些问题使我校的本科教育质量在某些方面有所下降。从部分用人单位反馈的信息来看,我校的毕业生存在着"四强"与"四弱"的情况。"四强":基础理论比较强;使用外语的能力比较强;计算机应用能力比较强;对新技术与新知识掌握了解比较多。"四弱":事业心和责任感不强,为谁服务问题没能很好地解决;知识结构不合理,经济管理知识严重不足;实践动手能力差,大事做不好,小事又不愿意做;基本文化素养差,语言、文字表达能力差,缺乏文明习惯。产生这些问题的原因比较复杂,有些是来自外部的影响,有些则是内部工作及政策上的问题所致。另外,由于各种政策上的原因,科研工作和研究生教学工作比本科教学工作对教师有更大的吸引力,当时甚至出现副教授以上教师争抢招收研究生的怪现象。

"政治教育有偏差。"当时的在校大学生大多数都关心政治,关心国家的发展前途,也拥护开放,关心改革,思想活跃,善于思考,这是好的。但值得注意的是,也有相当一部分学生学习动力不足,学风不端正。根据我们对两个系学生思想情况的调查,发现学生对待理想、事业、学习、生活的态度大致有四种:①埋头刻苦学习,决心献身于"四化"建设事业的约占10%;②学习知识,注意扩大知识面,培养各种能力,想当科学家与改革家、厂长、经理的占30%;③学习动力不足,学业上满足于能应付考试,毕业后只图找个舒适工作的学生竟占到45%;④学习完全无动力,对学习不用心,因多门功课不及格而留级,甚至违反校纪受处分的约占15%。这说明,有相当一部分学生强调个性自由,曲解个性发展,集体观念和组织纪律淡薄,学习目的和为谁服务的问题没有解决好。

◇ 2. 追根溯源,找准病灶

随着改革开放的深入,高等学校办学环境日趋复杂,致使部分领导在安排工作时,常把本科教育视为常规工作,而没有将其放在重要地位。对于高等学校来说,要办成两个中心,就必须创造条件,积极开展科学研究,抓好重点学科的建设,多招研究生,增加博士点;为了调动教师及各类人员参加本科教学的积极性,就必须极其慎重、细致地做好职称评定和聘任工作。但随着高校规模的扩大,数以万计的学生、教职工的生活条件亟待改善,需要我们筹措大量资金来改善学校的物质条件和职工福利,客观讲,这是当时困扰我们的一个很重要的问题。当然,这一问题在全国其他高校也比较突出。这些都是量大面广、刻不容缓的工作,严重牵制了我们校领导的精力,以致有一段时间,我们忽视了教育质量研究问题,特别是本科教育方面没有得到足够的重视。

对于本科教育在高等教育中的地位和作用的认识,说到底是办学方向性的问题。本科教育在高等学校办学体系中占什么地位?不言而喻,十分重要。本科教育是高等教育中的一个独立层次,而且是一个十分重要的层次,即使现在来看,仍占主体地位,在80年代,情况更是如此。以西安交通大学为例,当时本科生人数占在校生人数的83%,本科毕业生中的70%左右,会直接投身于社会主义经济建设,他们是各条战线上的基本技术力量和高级工程技术人才的预备队,也是主力军。而且,本科生又是研究生的主要来源,只有提高本科教育质量,研究生的质量才有保证。如果本科教育水平大面积削弱,不仅直接影响"四化"建设的技术力量,而且研究生教育质量也无法提高。

◇ 3. 统筹规划,辨证施治

要把高等学校建设成教育中心和科学研究中心,创建具有先进水平大学,必须按照"教育要面向现代化,面向世界,面向未来"的要求,端正办学思想,在全面贯彻党的教育方针的过程中,推进本科教育改革,改变本科教育现状,努力提高本科教育质量。当时我校着重抓了如下几项工作。

（1）探索和研究新形势下人才培养的规律，树立全面发展的思想，纠正重才轻德的倾向，加强学生思想政治素质的培养。教育体制改革的根本目的是提高民族素质，多出人才，出好人才。80年代中期，我们对1977年恢复招生以来的六届四年制本科毕业生质量进行抽样调查，用人单位虽对教学内容、知识结构、能力培养等方面提出了许多意见，但其中比较集中、尖锐的是有关毕业生的事业心、进取心、责任感、工作态度、协作精神、意志品质等思想政治素质方面的。针对这些问题，我们进行了深入研究，发现造成上面问题的原因有很多，例如缺乏马克思主义理论修养，缺乏对历史（新中国成立前后，"文革"）和国情（社会主义制度）的深度了解，辨别是非能力和抵制错误思潮能力较弱，等等。众所周知，当时社会文化思想的自由化趋向比较严重，有的报纸曾鼓吹要"离经不叛道，崇洋不媚外，自由不泛滥，犯上不作乱"，这些宣传上的片面性，给学生的人生追求和价值观念造成了很大的混乱。另外，我校出台的某些政策和规章制度也有重才轻德的倾向，从高考录取、评定奖学金到招收研究生，往往对学业成绩的要求有明确政策和具体细则，而对思想品德教育缺乏科学的考核办法，导致学生片面追求高分，忽视了思想品德的提高。据此，我们决定定期召开专门的思想政治研讨会，有针对性地做扎扎实实的思想政治工作，提高学生辨别是非和抵制错误思潮的能力，并引导他们逐步建立正确的人生观、人才观、价值观。

（2）以教学工作为全校经常性工作中心，坚持教学改革带动全面改革。为了改变本科教育的现状，我校领导层首先从自身入手，端正办学思想，充分认识本科教育的重要性，加强领导，切实重视本科人才的培养问题，把本科教育工作摆在重要的议事日程上。当时，我们着重处理了发展与提高的关系，要求"着重提高，在提高中求发展"。另外，适当控制招生数量，把提高教育质量放在教育工作的首位。同时，统筹兼顾，正确处理本科生与研究生教学工作的关系，既要安排好本科生教育工作，又要安排好研究生教育工作，确保培养高质量的

1985 年，学校举行首届学生思想教育研讨会

人才。为加强对本科教育的领导，我们明确要求，各级领导必须经常深入教学第一线，了解情况，发现问题，及时解决。当时我们还规定，校级领导每学期至少要两次深入教学第一线，对讲课、实验及其他教学环节进行检查。校长工作会议每学期至少安排两至三次，专门讨论和研究教学工作及教学改革。在基层教学组织层面，我们要求也很严格、具体，系主任每月至少要深入教学第一线进行一次检查，实际了解教学工作进展情况。

除了各级领导亲自关心教学外，我校还要求完善各项教学规章制度，加强教学质量保障，促进教学水平的稳步提高。当时我校的一项基础性工作，就是建立健全教学基本规章文件，使教学检查工作有据可依。同时，密切结合国家教委（教育部）的评估要求，认真进行课程、专业、系的评估检查，深入研究和逐步完善定量检查教学质量的方法，促进教学改革的落实。另外，我们还采取了许多措施，比如注意加强教学委员会的作用，主抓基础课与技术基础课课程建设；研究完善各种教学类奖金，奖励在教学、课程建设、教学改革、专业评估、教书育人方面做出贡献者；等等。

1982年，学校举行教学讨论会（庄礼庭代校长讲话）

对于教学改革缺乏积极性的现状，我们发现，除了一些政策上的原因外，主要是由于对现代教育思想缺乏了解，对改革缺乏紧迫感。为此，我们在全校处级以上干部中定期开展了现代教育思想的学习与专题讨论活动，使广大教师学习掌握现代教育思想，树立新时期人才观和质量观，积极自觉地进行教学内容和教学方法的改革。

（3）学校的根本任务是培养人。"一所好的大学，需要有第一流的科研人员，拿出高水平的科研成果，更需要有第一流的教师，开出第一流的一批名牌课程。"这是我一贯坚持的一项理念。在80年代，我们投入很大精力的一项工作，就是想方设法鼓励教师勇于承担本科的教学工作，转变"教学好，学术水平不一定高"、"一流教师搞科研，二流教师搞教学"等观念，树立"教学第一"、"教学光荣"的观念。教学和科研看似两个方面，实质就是一个问题，说到底就是高水平师资的建设问题。

有一批学术修养较高的教师执教，才能培养出一届又一届高质量的学生。为了建立一支稳定的、安心本科教学的、高水平的教师队伍，我们在评审和聘任教师高级职称时，规定各系可根据本科生教学的需要申报一定数量的高级岗位（特别是基础课和技术基础课），并把获得教学优秀奖、教学改革奖、教材优秀奖作为评审的重要依据。教授、副教授每年都要给本科生上课，除科研编制的教师外，担任本科生教学的工作量未达到规定标准者，不能申报参加高一级教师职称晋升的资格审查。长期担任基础课、技术基础课的教师，聘任职务时主要考核他们的教学水平、教学态度、教学效果和教学研究成果。被聘任为副教授并教授基础课、技术基础课的教师，视工作需要，可以不指导研究生，集中力量进行教学、教学研究和教材建设工作。

从严要求，加强青年教师育人观念技能的培养。经过研究，我们决定：所有青年教师必须首先过教学关，掌握教学的基本技能与方法。青年教师必须经校教学委员会审核合格，才能系统地开大课。为配合青年教师的培养，一方面，我们严格教学实验经费的使用，切实保证将其用于本科教育质量的提高上；另一方面，我们修订了教师工作量的计算办法，使其有利于加强本科生教学工作，做到实事求是、符合情理。同时，加强对青年教师的引导，妥善处理好工作与进修的关系，树立以教学工作为主的信念，对于连续几年教学工作量饱满、教学水平高、教学效果好、教学态度认真的青年教师，可以提前破格评审和聘任高一级职称，不受有无硕士、博士学位的限制；对于其中的一部分本科学历的优秀青年教师，制定政策鼓励他们可在职攻读硕士、博士学位。

（4）加强教育与社会实践的结合，重视学生在实践中培养和提高能力。改革开放后的教学改革，我们注意加强基础、拓宽专业口径。调整学生知识能力结构，力求人才培养过程的最优化。但由于学制的转变（从"文革"之前的五年制调整为改革开放后的四年制），教学内容、教学方法改革的任务十分艰巨，广大干部和教师的积极性没有充分调动起来等，在几次教学计划的修订中，理论教学学时数没有明显减少，实践性教学环节反而大大被削弱——生产实习的次数减少，毕业设计、课程设计的时间缩短，导致工程训练的削弱。学生在校期间很少有机会接触工程生产实际,这显然与高等工程教育办学应坚持与社会生产力和科学技术发展紧密联系的方向不相符。所以,我校当时改革的重要任务就是坚持理论联系实际的原则,加强教学、科研、生产的结合。重视并不断改进实践性教学环节,注意学生实践能力的培养,促进他们德、智、体全面发展。为此,我们把本科教育改革与社会实践教育结合起来,将学生参加社会实践活动列入教育计划,以增强他们的劳动观念和社会责任感,让他们在社会实践中了解中国,了解工人与农民,克服脱离实际、盲目崇外、想入非非、夸夸其谈的弱点,引导他们走正确的成才道路。

(5)抓好学风建设,使学校真正成为建设社会主义精神文明的坚强阵地。树立良好的学风是顺利进行教学改革的重要保证,是保证大学生成才的重要条件。值得注意的是,由于种种原因,我校长期形成的"爱国爱校、追求真理、勤奋踏实、艰苦朴素"的良好校风,在当时有明显弱化的趋势。为了恢复优良的校风、学风,我们立足新时期人才需要的高度,首先对校园中的各种不良现象,如赌博、流氓活动以及考试舞弊(情节恶劣或屡教不改)等予以严肃处理。同时,针对全校突出的"管理不严、要求不严、治学不严"问题,予以综合治理。"严师出高徒",没有"严"字当头的精神,不可能培养出高质量人才。过去,学校曾以"起点高,基础厚,要求严,重实践"的优良传统,培养了许多著称于海内外的学者、专家。所以,当时我们就号召师生一定要继承和发扬"从严治校"的传统和作风,将它作为校风建设的核心抓好,以"严"字当头,将其贯彻到教育、管理和教学环节的各个方面,处处坚持质量第一的原则。

学校的一切工作都是为培养人才这个根本任务服务的。我们每一个教职工都直接或间接地负有培养人才的责任。针对改革开放形势下学生思想政治工作的新特点,我们在理想教育、道德教育和法纪教育的基础上,注意充分发挥教师教书育人的积极性,引导广大青年学生健康成长。当时,我们要求学校教职工要用自己第一流的工作,良好的思想作风，严谨的治学精神，认真负责的服务态度，为学生树立良好的榜样，去感染、教育学生。教师要"教书尽力、育人尽心"，要通过自己的各个教学环节，寓德育于智育之中，启迪学生的心灵，帮助学生健康成长。职工要通过自己的优质服务，为教学、科研和培养人才贡献力量。要结合学生的实际，做学生的思想工作，寓教育于服务之中。同时，我校也制定了一系列严格管理的制度。对学生，纪律要严格，思想要活跃。教育学生不仅要遵纪守法，而且要敢于发表自己的看法，营造一种民主、团结、宽松、和谐的氛围。比如，当时我们在坚持设立领导接待学生日和学生参与部分后勤管理工作外，还提供条件让学生有机会对学校的大政方针、战略决策等重要问题发表意见，加强学生参与院校民主管理意识，发挥学生自我管理、自我教育、自我服务的作用，以培养学生的主人翁精神。在校园文化生活方面，我校充分发挥学生组织的作用，积极开展社团活动，组织好"第二课堂"的内容，使学生在娱乐中、在课外活动中获得知识，陶冶情操，受到教育。良好的校风，对于学生所起到的潜移默化、熏陶感染的作用是不可估量的。我们反复宣传这种思想，动员和教育广大教职工自觉地教书育人、服务育人，共同把校风建设好。校风抓好了，不仅可以抵制社会上不良风气对学生和学校的侵蚀，而且会反过来对改革社会风气产生深远的影响，使学校真正成为建设社会主义精神文明的坚固阵地。

◆（四）工科务实最关键

对于高等工科学校而言，加强实验、实习、劳动、课程设计以及毕业设计等实践性教学环节，增强学生的动手实践能力，是提高教学质量、培养高质量人才的重要保证。所以，在制定《关于提高本科生教学质量的决定》时，我们就明确提出，把加强本科生的实践性教学环节、注重能力培养，作为教学改革的一项重要内容。围绕"加强本科生教学，提高教学质量"这个中心，针对学生实践能力的培养问题，我

1986年，学校举行端正学风、加强校纪动员大会

们进行了一系列教学改革探索，取得了一定的成果。

◇ 1. 明确实践能力培养的重要性

我们学校素有"起点高，基础厚，要求严，重实践"的优良教学传统，这个传统曾使学校培养了数以万计得到社会赞誉的科技人才。改革开放后，随着总学时减少，学习年限缩短，课程设计环节也被大大削弱（实验门数与时数都在减少），而且已经开设的设计课程，又受到研究生招生工作的冲击，由此造成我校毕业生的实践动手能力比较弱。从大量的毕业生信息反馈来看，我们的问题集中体现在以下几个方面：理论教学过多，实践环节偏少；必修课过多，选修课偏少；教师讲得过多，学生自学和思考时间偏少；各种考试也较偏重于书本知识的考核，忽视学生实践能力的考核。毕业设计的情况和课程设计相似。那段时期，本科生毕业设计选题中论文性质的研究题目偏多，工程设计的题目偏少。像1986届毕业设计题目中，论文性质题目占总数的81.2%，而工程设计类题目仅占18.8%，达不到工科学生应该通过解决工程实际问题的训练来培养能力的要求。而且随着国家经济体制改革和经济建设的开展，生产实习的条件和方式发生了许多变化，加之实习中的思想政治工作薄弱，缺乏对学生进行劳动观念和实践观念的教育，造成学生实习目的不明确，个别学生态度不认真，怕苦怕累，实习收获不大。

对此，我们各级领导和广大教师早有觉察，部分重视教学和勇于改革的教研室、实验室和有关人员也开展过许多实际工作，收到了一定的效果。随着对本科教学工作中加强实践能力培养重要性认识的逐步加深，我们提出把"打好基础，加强实践，提高能力"作为指导本科教学工作的基本要求，力求通过教学改革加强实践性教学环节，以增强学生的实践能力。在修订教学计划时要求做到减少理论教学时间，增强实践性教学环节。

◇ 2. 围绕专业和课程实验、实习、毕业设计以及计算机应用进行改革

（1）提高学生的实验能力是我校加强学生能力培养所采取的措施之一。我们积极支持各实验室的实验教学改革，对做出成效的教师和实验室，评定教学改革奖，还对部分实验室进行奖励性投资。这项措施不仅提高了实验教学的地位，而且改善了实验室条件，更新了一部分仪器设备。1986年，我校共评出教学改革奖17个，其中实验教学改革奖有12个。这些改革涉及面广，内容丰富，成效显著。例如，实验物理教研室自1984年独立设课以来，克服了实验室面积小、教师缺编等困难，在开设了具有一定质量的物理实验课程的基础上，又采取了五项改革措施：①改两人一组实验为一人一组实验，使学生都能独立操作和完成实验；②因材施教，为实验成绩优秀的学生增开一些中级物理实验供其选做；③采取填平补齐的方法，要求在中学里实验做得少的新生补做基本物理实验，以提高大学物理实验的起点；④在物理实验教学中引进计算机，要求学生用计算机处理"测定钢丝的杨氏弹性模量"等三个实验的数据，以培养学生应用计算机的能力；⑤对学生严格考核，并结合平时实验成绩评定实验总成绩。这五项改革措施深受学生的欢迎，他们认为这样做实验收获更大。

(2) 加强教学实习,提高学生动手能力。教学实习为增加学生生产知识和提高学生的动手能力提供了有利条件。我校一向比较重视教学实习,经多方面努力创造条件,逐步做到完全按照大纲的要求进行实习,并保证了实习的质量。对弱电类专业,我校还开设了安装收音机(包括焊接调试)的教学实习。无线电厂教学组坚持在实习中对学生全面要求,做到精、准、勤、严,即精讲实习内容,准确进行示范操作,实习过程中勤检查,严格要求。

(3) 采取三项措施来加强生产实习环节,以适应改革的需要。①调整教学计划,尽可能地增加实习的时间和次数,将有些专业原来四年中仅安排一次生产实习(或毕业实习)改为两次,增加一次在西安或附近地区的认识实习。②加强与工厂在教学、科研、生产等方面的合作。西安交大先后在东方电气联合公司所属各厂、杭州制氧机厂等工厂,以及天津、常州等城市建立了比较稳定的实习基地。这些单位不仅为学校提供了良好的实习场所,而且派出了较强的指导力量。部分专业还解决了实习不动手的问题。③除了保证有较强的指导力量指导生产实习之外,校领导每年都亲临实习第一线,检查生产实习质量,及时解决问题和不断总结经验。

(4) 配备较强的毕业设计指导力量和结合生产(或科研)任务进行毕业设计,保证毕业设计的质量。1987年,全校602名教师参加毕业设计指导工作,其中副教授职称以上279人,占46.3%;讲师201人,占33.4%。指导力量较强,保证了毕业设计的质量。同时,改革开放后,毕业设计工作的实践,使我们认识到结合具体工程任务进行毕业设计,更能全面培养工科学生的能力。由于设计成果要直接为生产或科研服务,因此学生会认真主动地去钻研,以解决设计中碰到的问题,这必然能提高学生独立工作的能力。如1986届制冷专业毕业设计题目大多来自工厂,使参加设计工作的学生既受到总体设计的训练,又受到具体结构设计的训练,还有一定分量的绘制总图和零部件图的训练,以及利用计算机解决热力、动力和强度计算的训练等，使学生得到一次工程设计全过程的训练。

（5）本科生计算机应用能力有明显提高。1984年，我们提出了"大幅度增加本科生的计算机教学时间，四年上机100小时以上"的要求。经过两三年的努力，大部分专业学生能达到或超过这个标准。三十年前，国内计算机应用很有限，但我校已把计算机技术广泛应用于解题、处理实验数据、课程设计、毕业设计以及辅助教学，基本上做到本科四年计算机应用不断线。我们的做法是：①在计算机中心、计算机基础教研室等7个单位配置了计算机，当时全校已形成了以本科教学为主的计算机网，保证了本科生上机的需要；②调整教学计划，程序设计语言课程由过去的二、三年级开课，提前安排在一年级第一学期开设，教学中贯彻少讲多练的原则；③大幅度增加学生上机时间；④由计算机基础教研室和一部分专业教研室开设与专业相关的计算机应用课程。这些措施增强了学生应用计算机解决工程技术问题的能力。

◇ 3. 制定政策，稳定队伍，保证实践性教学环节的质量

高等工科学校的教育工作，需要有一支政治思想好、业务水平高，专门从事实践性环节教学的队伍，这支队伍是否稳定、素质高低直接影响教学质量和科研成果水平。因此，我校制定了专门的政策来充实和稳定这支队伍。

（1）不断充实队伍，保证队伍的合理结构。80年代以来，我校先后有近200名大学毕业生充实到实验技术队伍中。至80年代末，全校已拥有一支由33名高级工程师、171名工程师、293名助理工程师和254名技术工人组成的结构比较合理的实验技术队伍；一支由1名高级工程师、3名工程师、4名助理工程师、6名技术员（其中2名为本科毕业生）和65名技术工人组成的教学实习队伍。这两支队伍在教学中基本做到了教书育人、为人师表、坚守岗位，为教育事业做出了应有的贡献。

（2）提高实践教学地位，稳定实践教学队伍。在1986年评定工

程技术职务资格工作中,我校对长期从事实践教学的教师、工程技术人员进行了考核,主要考核他们在实践教学中的成绩。在职称指标比例上,他们比同等学力的担任理论教学工作的人员高5%,并对多年在实践教学工作中做出成绩的教师经评审聘任为高级职称。如机械厂教学组一位已从事三十余年金工实习工作的教师,工作一贯勤勤恳恳,为学校金工实习的教学工作精心耕耘,当时就被聘任为高级工程师。

1982年,学校奖励实验室工作先进集体和个人(前排右五为史维祥)

(3)重视队伍的培养和提高。主要途径是通过实践性环节的教学和参加科研活动来提高队伍自身的技术水平,包括掌握新的技术。如金属材料强度实验室的技术人员在教学、科研工作中,和教师密切配合,改造了旧设备,研制了新的实验装置,在实践中提高了工作水平。学校每年组织工厂实习指导人员到兄弟院校对口学习,不断充实和提高他们的技术水平。学校还为工程技术人员举办了多期中级英语培训班、微机应用培训班,以及通过成人教育和举办专门的技术培训来提高队伍的素质。对于年轻实验技术人员,鼓励他们报考在职研究生或为他们创造条件,采取"零存整取"的方式攻读研究生课程,使他们既安心实践性环节的教学工作,又不断提高业务能力。

总之,高等工科学校要培养高质量的人才,必须在教学改革中花大力气来加强实验、实习、设计以及计算机等与能力培养有直接关系的实践性教学环节,安排学生更多地接触、了解社会实践和生产实践。

◆ (五) 组织管理要创新

从1980年开始,我校着手探索和建立教学组织管理系统。经过五六年的努力,逐步建立起一个效率高、运行稳定协调、规范有序的教学管理系统体系。在后续数年的管理实践中,其对推动教学改革,稳定教学秩序,建立良好的学风、教风发挥了比较重要的作用,我校的教学管理效率有很大提升。我校的教学管理系统是以系统论观点为基础建立起来的、协调有效的大系统,它较好地解决了系统的有效运营机制问题,可以充分调动教师、学生和教学管理干部的积极性,同时,立足较为完善的系列规章措施,可以很好地保证系统运行机制的有效性。

◇ 1. 教学管理系统的运行机制

第一,本着规范化、程序化、系列化的原则精神,建立了教学行政管理子系统。这个子系统的运行机制是,先通过教学立法,建立健全完整的教学规章制度,以保证学校整体教学工作的正常运转。为此,20世纪80年代,我校先后制定了40多项"教学工作规章制度",加上全校的《教学计划与教学大纲一览》、《课程一览》、《实验十览》、《生产实习大纲一览》、《毕业设计(论文)文件汇编》、《课程教学中计算机应用大纲》等一整套教学文件,使全部教学管理活动可以做到有章可循、有规可依。在此基础上,按照把人才培养过程搞活的思想,我校实施了"一门进,五门出"的浮动学制管理办法,引入正确适当的竞争机制。这一举措,在大面积提高本科生教学质量的同时,还限制和分化了部分不努力学习的学生。据统计,至 1990 年,全校的优异生占每届学生总数的 1‰～2‰,被推荐提前进入研究生院进修;优秀生约占每届学生总数的 5%,毕业时进入研究生院学习;转入专科的学生有 28 人,退学的学生有 137 人(其中 75 人转专科试读,7 人留级试读)。为了使淘汰生有出路,我校规定,允许申请交费转专科试读,成绩优秀者还可再回本科学习。当时有 13 名专科生,通过试读转回本科学习。

在健全教学规章和明确管理目标的同时,我校组织制定了《教学管理工作流程》,并采取了系列措施,如培训教学管理工作干部,提高管理人员素质,使教学管理工作更加规范化、系列化;引入计算机辅助设施,使教学管理朝科学化、现代化方向迈进。与有关单位合作,研制应用于教学管理工作的软件 8 项,大大提升了学校信息化建设水平。

第二,我校明确了以质量为中心的教学质量管理和教学评价子系统的运行机制。这个子系统的运行机制,围绕课程建设主线,严抓教学基本建设,推动教学质量的提高和师资队伍群体结构的优化。我校首批筹集了 40 万元课程建设资金,资助课程建设项目 35 项,建设周期为一年。结果显示,效果良好,课程建设水平有一定提升。在此基础上,评出全校首批一类课程 5 门,为课程建设树立了标准。我校在紧抓合理的教学梯队建设的同时,着重抓青年教师的教学水平和工作能力的培养提高。除专门召开青年教师培养专题研讨会、制定全面规划外,我校还采取了三项措施:①制定了关于审核青年教师独立开课资格的有关规定,明确开课前的培养要求,经评审合格后,由教务处发给合格证书;②开展了"青年教师教学优秀评选活动";③制订了以 23 门基础课、技术基础课为核心,旨在培养 50～100 名青年教学骨干的培养计划,以此来推动青年教师的成长。此外,为抓紧国外教材研究,搞好教材建设,我校制定了教材建设五年规划,开展了优秀教材、讲义的评优活动,全校有 86 种教材、讲义获奖,其中 22 种获国家级和部委级优秀教材奖。十年中,全校教师共编写教材、讲义 1400 余种,公开出版 400 余种。其中,列入教材规划的有 211 种,承担了 60 余个国外教材研究课题。紧跟计算机发展趋势,积极推进计算机辅助教学,建立了 CAI 中心,围绕教学重心,实施了"四年不断线"的计算机教学,促进了课程结构及体制、教学内容和方法的改革,我校在物理、电工基础、机械原理及零件等 7 个单位集中配置了近 200 台计算机,在普及算法语言教学的基础上,全校普遍开设了计算机原理及接口技术课程,使学生计算机应用能力上了一个台阶。

教学质量管理系统与教学质量科学评价系统的建设,二者不可偏废。围绕系列教学改革实践,我们加强教学检查和控制,实施了系统的专业和课程评估。我们不断总结实践经验,修订了原有评价体系,对教师的教学质量制定了教师自评、学生助评、专家督评、领导检查等多方位评价体系。在评价方法上,我校教务处建立了模糊评判法,通过计算机进行统计分析,结果比较符合教师教学质量的实际。从 1986 年 9 月开始,我校先后两批对全校有毕业生的 34 个专业,全面进行了专业办学水平评估,在各专业自评的基础上,组织了 18 个专家小组,进行了 115 人次的检查验收,写出了专家评估报告。通过评估,相关单位负责人对各专业教学工作状况、教学文件、教材、师资队伍等方面进行了比较分析,找出了专业的优势、特长及存在的问题,并提出了相应的改进意见及措施,大大加强了本科生的教学工作。此外,我校还对高数、物理、理论力学、材料力学 4 门课程开展了评估工作,对 9 门基础课、技术基础课的质量进行了检查,也同样收到了较好的效果。

第三,以信息收集、分析、反馈与控制为中心,建立了教学管理信息子系统。我校的教学管理信息系统包括信息的收集,信息的加工、分析与预计,决策与控制三部分。我们通过常规检查、数据报表、专项调查、信息反馈网四种形式,广泛收集教学各方面的相关信息。当时教务处采用的常规检查有 30 种,有 40 个数据信息收集点,可以全面掌握教学情况,进行科学的预计和决策。例如,我们收集分析了学生上课出勤率和晚自修人数信息,当迟到、旷课比例大于5%,晚自修人数低于80%时,就表明了学风、教风问题开始突出,必须采取措施加以解决。又如,每学期考试成绩统计分析,当不及格人数大于15%或低于5%,就必须进行分析、研究,找出原因,采取针对性措施。在80年代,我校的教学改革正是以信息数据的收集为基础,通过控制教学情况、决策教学等有关问题不断推进的。此外,在毕业生中,我们选择有代表性的校友建立了毕业生反馈信息网,1989年时已有信息员700余人。我校还与全国10个省市100所中学建立学生反馈信息联系,向其反馈中学毕业生在校的学习、表现情况。

◇ **2. 教学管理系统运行机制的切实保障措施**

有了科学的教学管理系统,必须有切实有效的措施来保障落实。当时我们主要采取了如下措施。

(1) 号召各级领导要重视本科教育教学,建立了强有力的教学指挥系统。当时,我们的校长办公会议每年至少2次专门讨论教学工作;每学期,我校校领导和各级领导干部都要安排1～2次听课;我们都要参加毕业设计抽样集中答辩、考场巡视等工作。

(2) 通过教代会,让全校教职工关心、支持、推动本科教学工作。1986年,第四届教代会召开,会议就"如何提高本科生教学质量为中心"这一主题,发动全校教职工讨论,后来我们做出了相应决议,通过了《关于加强本科教学的措施》,使本科教育有了明显的加强。

(3) 通过学生、家长和社会的支持,推动教学管理运行机制的建立。我们会定期向学代会通报教学工作,召开不同类型的对话会,以得到学生的支持和配合,还组织班主任向学生宣讲教学有关制度和规定。我们把学籍管理规定摘抄给家长,每学期将学生成绩通知家长,对学习成绩差的学生向家长发警报信,收到了较好的效果。

(4) 抓学风、教风,营造良好的育人环境。除加强教育外,组织各种学术性讲座、竞赛活动,把学生精力引到学习上,严格课堂纪律、学籍管理和考试纪律,每学期都组织 2000 多名教师监考,还组织数十个巡视组,促使考试秩序井然,以保证教学工作的顺利进行。

(5) 教务处教学管理干部要严格要求自己,教学管理工作要认真接受教职工监督,除定期报告工作外,当时我们采取了这样一个措施,即将每学期工作总结印发各系、各教研室,接受检查和批评,同时,还邀请各系对教务处工作进行评议。

◇ 3. 教学管理系统运行机制的实施效果

(1) 教学管理是一门软科学,其效果首先表现在人才培养的质量上,十多年来我校培养的学生绝大多数得到用人单位的认可。

(2) 严格而又灵活的教学管理,促进了良好学风、教风的建设,提高了教学质量。我校一向以学风较好、教学管理工作比较突出,受到上级部门和兄弟院校的好评。

(3) 教学管理的经验受到兄弟院校的重视。我们先后在省高校系统介绍了学分制试行经验、加强本科教学的经验、深化教学改革的规划和课程建设的经验,在全国有关会议中介绍教学改革经验,受到了兄弟院校的重视和好评。《中国教育报》于 1986 年 3 月 8 日报道了我校《积极推行以提高教学质量为中心的教学改革》的情况。1987 年 6 月 13 日,《中国教育报》头版头条又刊发了报道我校《切实加强领导,采取有效措施,保证人才质量,把本科教育摆到重要地位》的文章。陕西省高教局还将我校《关于加强本科教学的措施》转发全省各高校。我校编写的《教学管理制度汇编》,全国有近 300 所学校索要参考。我校重点推出的一些创新举措,得到兄弟院校领导的重视、借鉴和推广,为当时全国高校教学管理的探索创新做了积极贡献。

(4) 结合工作实践,我们认真总结经验,撰写了不少研究论文,其中 5 篇参加国际会议,5 篇在国内获得优秀论文奖,在各类杂志上共发表论文 56 篇。通过研究,我校的教学管理干部发现了管理工作的一些规律,提炼为教学管理的基本理论,然后再指导教学管理工作,不断提升管理的科学化、现代化水平,不断提高全校人才的培养水平。

◆（六）实验"一条龙"

所谓实验"一条龙"的改革方案，就是将某一类型（如机类或电类等）的各门实验课进行调查研究和综合分析，找出各门实验课对该类型学生实验能力培养的共同要求，按照学生的认识规律和理论知识的增长进程，按由浅入深、由简到繁、由单个实验到综合实验的程式，在各实验课中合理安排、分工和配合，完成对学生实验技能训练和培养的全过程。从1981年开始，我们首先对物理实验、电路实验、电子学实验试行单独记分。在此基础上，又对物理电学实验、电路实验、电子学实验及无线电技术实验进行调查分析，研究电类技术人才在实验技能方面的基本培养要求，明确4门实验课如何分工、把关和互相配合，并按此修订实验目录，编写实验指导书等，进行电学实验"一条龙"的试点。实验"一条龙"改变了过去实验只从属于一门课，与其他各课实验缺乏纵、横向联系的状况，注重了对学生实验技能的培养训练，促进了教学实验质量的提高。

高等工科学校的主要任务是为社会主义建设培养高质量的工程技术人才，要使我们培养的人才将来成为有创造性的科学家、优秀的工程师，能不断发现和探索新的科学真理，推动科学技术的发展，就必须使他们在具有坚实科学理论基础的同时，还具有较强的科学实验技能和优良的科学素质，即拥有辩证唯物主义的科学思想、严谨的科学态度、实事求是的探索精神、理论联系实际的优良作风，善于观察和思考，善于总结与归纳。教学实验的重要性就在于它能在帮助学生巩固和加深理论基础的同时，还能培养学生掌握基本的科学实验技能，培养一定的科学素养。所以，教学实验是理论联系实际、培养学生独立工作能力的主要教学环节，它在培养学生的过程中，有着极其重要的作用。我们可以把这种作用概括为以下三点。

第一是帮助学生巩固和加深理论知识，深刻理解和掌握课程的基本概念。从生理学的角度来看,学生在课堂教学中学习基本理论知识是通过大脑皮质中的第二信号系统,在脑中建立新的概念,学生再经自己动手进行实验验证,通过对现象的观察分析,又经大脑皮质中的第一信号系统获得更加生动的认识,从两个信号系统得到的信息叠加,使学生达到对所学理论的深刻理解和牢固掌握。实验教学对理论教学的这种相辅相成的作用,有利于教学质量的提高。因此,不能简单否定验证性实验的作用,而应确立验证性实验应有的合理地位。

第二是通过教学实验可以培养学生具有基本的实验知识和技能,为学生今后从事科学研究工作和技术开发工作打下初步的基础。这些实验知识和技能主要包括以下几点。

(1)正确选择和使用常用测试仪器、设备的能力。

(2)掌握基本的测试技术和实验方法,具有查找和排除一般故障的能力。

(3)熟练掌握测试基本量和基本参数的能力。

(4)能正确进行实验现象的观察、实验数据记录及处理,并能准确撰写实验报告的能力。

(5)具有初步的设计实验方案的能力。

第三是通过教学实验的严格要求与训练,可以培养学生良好的科学素质。

因此,教学实验对学生智能的开发,对培养高质量的人才都具有十分重要的意义。应当采取切实措施,改进和加强实验教学工作。积极进行教学实验改革。长期以来,我校对实验教学是比较重视的,改革开放后,我校也采取了一系列措施来加强实验工作。

(1)从思想上、政策上提高实验室工作的地位和作用。我们对从事实验室工作的教师在评定职称上给予重视;规定讲师每五年要有一年的时间从事实验室工作,助教每三年要有一年的时间从事实验室工作;提倡和积极鼓励教授、副教授到实验室工作。对学生进行实验考核,采取实验单独记分的方法。还制定了关于加强教学实验工作的有关规定。

(2) 结合校办工厂的调整,抽调、聘任一批实验员和技术工人充实实验室队伍,对现有实验室人员有计划地进行培养提高。

(3) 充实和更新一部分实验设备,对基础课实验专门拨出经费进行重点投资,几年来实验设备投资占学校事业费用的20%以上。1977—1982年仅对基础课和技术基础课实验室的投资就近400万元,添置了3000多台仪器设备。

(4) 制定了一整套实验室及有关设备管理使用的规章制度,使实验室工作走上正轨。

当时学校教学实验面临着不少问题,如:实验队伍人员不足、质量不高、不安心或轻视实验工作的思想仍然存在;有的实验室仪器设备陈旧落后,套数少,不能充分满足教学要求;实验课的学时少、内容旧、方法死,不能引起同学的兴趣;等等。针对培养高质量人才的要求和教学实验中存在的问题,必须从实验室的组织管理、实验队伍的建设,以及实验内容和方法等多方面认真采取措施,积极进行改革。在紧扣实验内容和实验方法方面,我校进行了一些改革。

第一,明确工科院校教学实验的目的与要求,逐步把实验从过去以验证理论为主,改变为以培养学生的实验能力和科学素质为主(我们主张改变以什么为主的问题,并不是全部否定验证性实验的必要性)。

(1) 要组织实验室教师统一对工科大学生在实验能力培养上总要求的认识,合理确定各门实验课应达到的具体要求、各实验课对学生能力培养的分工与配合,拟定实验教学大纲,审定实验项目,修改补充实验内容,制定实施细则和采取的措施。

(2) 调整实验教学时数,加大教学实验的比重,保证教学实验的时间。

(3) 增加综合性大型实验和设计实验方案的内容,逐步创造条件开放实验室,让学生自选实验,增加学生动手的机会,提高学生的实验技能。如我校电工原理实验、电子学实验曾进行过这样的尝试,效果良好,学生十分满意。他们说:"这样的实验收获最大!"因此,我们当时就利用假期为学生开放一些实验室,让学生自己动手,设计实验方案,选用实验仪器,观察实验现象,分析实验结果,为培养学生的综合实验能力提供条件。

第二,努力实现实验单独设课,积极进行实验"一条龙"的改革试点。过去的实验大都附属于一门课,这是因为过去的实验是以验证理论为主,是为某门课程服务的,它把培养学生的能力放在次要地位,这不能适应培养高级工程技术人才的需要。实验单独设课是当时国内外一些大学实验课程改革的必然趋势,其宗旨是要突出实验教学在培养学生能力方面的重要作用,这与现代科学技术的飞速发展是相适应的,无疑会促进教学质量的提高。但是,教学实验要单独设课,至少要具备以下条件:有一支相对稳定的、结构合理的实验技术队伍;要在深入调查各类工程技术人才知识结构的基础上,具体列出实验技能方面的培养要求,分析其内在的联系,重新组织教学实验体系,编写出教学实验大纲及相应的教材;要有一套组织与管理实验室、实验仪器及设备的科学方法。很明显,这是一项比较复杂且细致的工作,不可能一蹴而就,但必须把实验单独设课作为一个努力改革的方向。进行实验"一条龙"的改革试点,有利于教学质量的巩固与提高。

第三,严格实验要求。这不仅是搞好教学实验所必需的,而且是培养学生具有良好科学素质的一个重要问题。要使我们培养出来的人才能在祖国的建设和科技的发展中,承上启下,继往开来,有所建树,就必须使他们具备较好的科学素质。当然,优良的科学素质不仅要通过各个教学环节来培养,同时还有赖于将来工作环境中的锻炼,而教学实验中的严要求,对学生优良科学素质的形成起着十分重要的作用。此前,由于忽视实践性教学环节,致使一些学生不重视实验课,一些教师也不能严格要求学生,在实验中出现了一种敷衍了事、马马虎虎的不良风气,有的学生不去做实验,只是依照别人的实验结果做一份实验报告,或者直接抄一份别人的实验报告,同样可以得到满意的成绩。针对上述情况,1981年,我校制定了《关于加强教学实验的几项规定》,对教师和学生分别做出了明确的规定和要求,实行"五不准":不预习不准做实验;迟到十分钟者不准参加实验;实验数据未经教师审核签字者不准做实验报告;实验报告不符合要求者不准批改;实验总成绩不及格者不准参加课程考试。对实验的考核要求,我们也做了严格而具体的规定。如每次实验,要求教师按学生对实验的预习情况、实验操作情况、实验记录完整准确情况及实验的态度和纪律情况综合评定出实验的课内成绩,再按提交的实验报告质量评定出实验的课外成绩,凡发现抄袭别人实验报告的,一律按不及格处理。课内成绩与课外成绩的平均分为每次实验课的成绩。各次实验的平均成绩为实验课的总成绩。实验总成绩不及格,不单独记分的实验,不能参加所属课程的考试,单独记分的实验,按一门课程不及格处理。

  针对实验课程改革,我校物理实验室还试行了实验考核的新方法,事先准备好一批实验项目,提出几项具体的实验要求,并设置一些故障,学生以抽签的方式,每人在规定的时间,到实验室完成一项实验。这种形式,既检查了学生的实验操作能力,又考查了学生排除故障的能力。这些做法培养了学生严肃认真的科学态度和实事求是的精神,大大提高了实验教学的质量,很快便初见成效。在几个学期的教学检查中,学生对实验教学反响良好,有的学生说:"实验课的要求十分严格,不但学到了很多知识,还受到了很大的教育。"

◆ (七)"一门进,五门出"

  改革开放后,在教育改革实践中,我们发现了国内本科教育的一个很重要的问题,就是单一化的培养目标和"一刀切"的培养过程。

详细些说,就是学生经过国家统一考试合格后入学,各高校按照教学计划、教学大纲和教材进行培养,成绩合格者必须达到规定年限方可毕业,不合格者中途辍学成为没有学历的待业人员。实际上,由于学生智力、生理、兴趣和接受能力的差异,勤奋和努力程度的不同,他们的发展是很不均衡的。"一刀切"的教育模式,压抑了学生的积极性,也不利于因材施教和严格要求办学氛围的形成。

从1984年9月起,我们开始试行"一门进,五门出"。所谓"一门进",是指全体本科生都是经过国家统一考试合格后跨进大学的。"五门出"是指根据学生的智力差别、能力强弱和成绩优劣,分为五个档次进行培养和分配。本着因材施教的方针,我们根据学生的学习成绩,区分不同类型的学生,让大多数学生能够把知识学好,将他们培养成国家有用之才。其中部分优异生,要创造条件,让他们拔尖,少数较差同学则转入专科,或进行淘汰,这就是"一门进,五门出"。"五门出"给了学生五条路,走进不同的门,享受不同的经济补助和学习条件,分配的路子也不同。我们给优异生一等奖学金,提供借阅图书资料的方便,指定专门导师,拨出经费支持他们的科研,等等。优秀生在使用实验室设备、计算机和选修课程等方面,也比一般本科生享有更多的自由和便利条件。在划分档次时,我们注重对学生实际能力的考核,对已经选拔出来的学生不包不揽,每年一考,能进能出,"五门"之中互相流动。优异生或优秀生如果学得不好,便会重新成为一般本科生,优秀的一般本科生也可补进优异生或优秀生行列中。

优异生班(后改为教改试点班),是由一部分天赋较高、成绩优异的学生组成的,这部分学生是在入学之时或在入学一年后经过选拔而确定的,占学生总数的1.2%。学校打破专业和系的界限,专门制订教学计划,为他们单独组班培养,用三年时间完成四年课程的学习,然后考试进入研究生院学习,提前一年或一年半取得硕士学位。当然也可以加修另一专业25%的学分,获第二专业学士学位。对优异生,我们将本科生和研究生课程统筹安排,安排导师进行指导,数学、外语等按理科要求,并有部分课程直接采用英语教材,每学年进行一次严格考核和淘汰。

优异生分别按电类和非电类单独组班,第一学年不分专业,集中学习基础理论,学年结束时,经德、智、体全面考核,达不到规定学分数或所学课程成绩平平,或健康状况差,不能坚持紧张学习者,调整到各专业的一般本科生班继续学习。同时,在一般本科生班中选拔成绩比较突出者转到优异生班,按高要求进行培养。这样,每学年都按优胜劣汰原则进行一次"微调",鼓励学生竞争向上,使优异生班始终充满活力。

优异生班按培养知识面宽、基础扎实、能力较强、具有开拓思想和创新精神的新型人才的目的制订教学计划,在坚持德、智、体全面发展的要求下,提高基础课、技术基础课的比重,减少专业课的教学时数。以"高起点、大难度、少学时、严要求"的目标开展教学,使学生打下坚实的数理基础;增强实践性教学环节(包括毕业实习、金工与电工劳动、课程实践检验、科技活动等,占总学时的30%左右),加强能力培养。

优异生班要积极更新教学内容,改革教学方法,优异生班任课教师,不仅具有比较高的业务水平和丰富的教学经验,而且有积极开展教学改革的愿望和决心,各门课程均按照"广、精、新、用"的原则组织教学内容,积极进行教学改革。例如数学分析课教师将学生学习的重心由听课转移到课程的自学,采用讨论式的课堂教学模式,将自学引向深入。实验课教师只提出实验要求、内容难点和报告要求,实验方案由学生自己拟定,并实行弹性实验时间,以调动学生内在的积极因素,取得实验的最佳效果。

优秀生,指在四年学习期间各门课的考试成绩均名列前茅、能力较强的学生,占学生总数的20%左右。这部分学生由各系安排,加强基础课、技术基础课和外语的教学,加强实践环节的训练。他们经过四年学习后大都可推荐面试或经过考试进入研究生院深造,也可在毕业分配时，优先选择工作岗位。

一般本科生，占学生总数的70％以上，他们在校四年，保质保量完成本科课程，合格者毕业。大部分学生四年修满360～370学分，取得学士学位。

专科生，进校一年或两年后进行考核，知识和能力都达不到本科生要求的，转入专科班再学一年，毕业后按专科生学历分配工作。入学一年后，不能修满规定学分，但又不低于最低学分（即学年学分小于75％同时大于67％）的学生，调整转入（或另编入）专科班，一年级后再学两年，二、三年级后再学一年，成绩合格，修满270～280学分，发放专科毕业证书，作为专科毕业生分配工作。在专科班学习成绩突出的，经审核后可转回本科班。

淘汰生，凡一年修不满应修学分的67％、一学期修不满学分的50％，或者一学期修不满应修学分的40％而不能参加补考者，以及严重违法乱纪的极少数学生，均做退学处理。

"一门进，五门出"的浮动学制实施几年来，历届学生中被选拔为优异生者占每届学生总数的1％～1.5％；优秀生约占5％。1981级至1986级学生中，由本科转入专科者24人，试读专科者52人，淘汰者37人，这些情况说明，实行浮动学制，改变了过去"一考定终身"的"一刀切"模式，学生可在多层次、多规格和多种去向中流动。1983级、1984级大部分优异生已面试直接攻读硕士学位，1983级优异生的PASCAL（结构化编程语言）作业得到了来校参观的联合国官员的赞赏，称之为"可与国际上第一流大学的第一流学生的作业媲美"。

1985年5月25日，《光明日报》还专门以《西安交通大学教学改革，试行"一门进，五门出"。优异生、优秀生、一般本科生、专科生、淘汰生各行其道；优异生三年毕业，考试进入研究生院，可提前一年至一年半获硕士学位》为题进行了专门宣传报道。"因材施教，加强教学管理"，是改革开放后党中央针对教育改革做出的一项重要方针，方针公布后，全国各地高等学校都在积极探索教育改革的路子和形式,这种试行办法把学生的成绩和能力直接与经济补助、学习条件及分配挂钩,调动了他们学习的积极性。另外,不同能力和水平的学生能够得到不同的培养,各得其所,有利于制订教学计划和安排进度,解决了部分学生"吃不饱"或"消化不了"的矛盾。

"一门进,五门出"方法施行以来,我们进行了调研总结,发现有几个好处。一是学生的成绩和能力直接与经济补助、学习条件及分配挂钩,调动了他们学习的积极性。学生的学习不吃"大锅饭",有压力也有动力。大多数学生都在刻苦学习,争走"上门"。二是不同能力和水平的学生能得到不同的培养,各得其所,成绩好的学生劲头更足,能力较差的学生也可培养成才。三是由于各个"门"里的学生水平相对整齐,避免了部分学生"吃不饱"、部分学生"消化不了"的情况,有利于制订教学计划和安排进度。

"一门进,五门出",本质上是一种浮动学制。学生入学以后,不再是"考榜定终身"和整齐划一的奋斗目标,而是有可能在多层次、多目标、多种去向中流动,这样就冲破了原来统得过死的教育模式,使学生在激烈的竞赛中得到发展,从而形成生动活泼、主动学习的局面。实行浮动学制是高等学校教学管理制度上一项有意义的改革。教育是一项复杂的系统工程,教学过程又是较为复杂的精神生产劳动,评价难免多元化。我们实施浮动学制的实践说明,该措施受到了改革参与者——广大学生的拥护,他们曾贴出一副对联表明自己的看法,上联是"你我他同进一门日见分晓",下联是"优良次各行其道互不干扰",横批是"五门出好"。

从教改的实践来看,要贯彻因材施教原则,搞好浮动学制,必须在改革过程中处理好以下几个关系。

◇ 1. 既要注意调动教师的积极性,又要注重激励学生学习的主动性

教学是教师和学生双方的共同活动,教学大纲的制定、教学内容的选择、教学进度和教学方法的决定等,是由教师负责的,要搞好教

学改革,必须充分发挥教师的主导作用,鼓励他们因材施教,开展教学内容、教学方法的改革。不过,教是为了学,学生是学习的主体,要搞好教学和教学改革,也要注重激励学生学习的主动性。原因很简单:①学生学习的重要动力来自对专业或课程的兴趣,来源于学生给自己树立的崇高学习目标和远大理想。如果学生在学习过程中缺乏自信心,没有积极进取精神,在教学中始终处于被动地位,这样是难以成长为高质量的人才的。②因材施教是学校与教师对学生的识别、引导与培养,而能否成才则取决于学生是否具备内在积极性,决定于他们能否正确认识自己、善于发挥自己的长处与克服自己的弱点,寻找提高学习水平的方法,积极主动地进行学习。也只有在他们积极、主动地学习时,才能争取到教师更多的指导,才能更好地实行因材施教。青年大学生在完成了普通教育而进入高等学校后,一般需要一段时间才能适应大学的学习生活,为了帮助学生尽快掌握科学的学习方法,我们应当转变重教轻学的思想,对学生加强学习方法的指导,引导学生"自己走",而不要由教师"抱着走",使学生真正成为学习的主人。③教师的主导作用,是指教师在传授知识的过程中,帮助学生树立正确的学习目的,激发学生的学习兴趣,培养学生科学的思维方法,引导学生独立获取知识,培养学生具有较强的能力和创新精神。为此,教师必须精心设计与组织教学过程,坚持教书育人,对教学认真负责,精益求精。

◇ 2. 在注意培养拔尖学生的同时,要确保大多数学生的教学质量

我们学校的优异生是从各系一年级学生中经学校考试后选拔出来,单独组班加以培养的。他们的共同特点是:生性聪颖、勤奋好学,接受新知识和理解能力强,数理基础好,外语水平较高。优异生班的教学起点高、进度快、难度大,多数基础课和技术基础课用外语授课。优异生班和一般本科生班相比,有较好的学习条件和师资力量,经过专业培养,那些天赋高、素质好、出类拔萃的好苗子便会脱颖而出,早

日成才。但是，拔尖人才终究是少数，而教育体制改革的根本目的是提高国民素质，多出人才，出好人才。所以，实施浮动学制必须正确处理培养拔尖人才与提高本科生教学质量的关系，既要搞好拔尖培养，又要确保大面积教学质量。

我们办优异生班，是希望改变过去按固定模式和同一尺度去培养人才，从而压抑优秀人才成长的做法，以便造就出拔尖的、出色的专门性人才。与此同时，我们必须努力开创本科教育工作的新局面，在教育质量上要有一个大的提高。"四化"建设，需要成千上万的各行各业的专家和技术人员，而我国的实际情况是本科教育采取专业教育，研究生教育短期内无法大量发展，工矿企业无就业培训制度，而生产第一线又要求大学毕业生独当一面。这些事实说明，本科教育是我国高等教育的一个独立阶段，也是高等教育发展的关键。因此，确保本科生教育质量具有重要的意义。

我们认为，培养拔尖人才与大面积提高教学质量应有机结合、相互促进。我国高等教育长期以来只注意大面积培养，忽视造就拔尖人才，这是过去教育工作中的一个失误。我们注重拔尖人才的培养，也不会放松大面积教学工作。而且，拔尖人才的苗子是寓于大量本科生之中的，只有不断提高本科生的教育质量，才会涌现出更多的优异学生。同时，我们举办优异生班，应为大面积本科生教学提供转变教育观念和教学思想、改进教学方法、精减授课学时等多方面的经验，全面地、有效地提高教学质量。

◇ 3. 既要搞活教学，又要严格要求

应该指出，人才培养过程的搞活，纠正了以往对学生"抱着走"和"管得过多、管得过死"的偏向，为培养大批富于创新精神和进取精神的新型人才创造了有利条件。但是，教学过程的搞活绝不意味着可以放任自流，不加管理。一所高等学校要能人才辈出，必须有严格的要求、严明的纪律、严谨的学风。所以，要搞好浮动学制，对学生的思想、学业均应有严格的要求，各个档次都要坚持培养规格的基本要求。如优异生、优秀生在进入研究生院学习前,一定要达到本科生培养规格的质量,尤其对最后一学年的专业课、选修课、毕业设计应严格要求,丝毫不能放松。专科生是为入学后已学习两年,而不能修满规定学分的学生增开的一个"门",调整到专科班的学生必须再学习一年,达到专科培养目标所规定的质量,方可取得专科毕业证书。如不设这个"门",那么这些学生中的大部分人可能会被退学处理。因此,对专科生不能看成淘汰,而应是调整到合适的档次以人尽其才、各得其所。总之,只有加强学习管理,严格进行考试、考核,进行多向流动,才能使因材施教得到贯彻落实。实行浮动学制,对各档次的学生都要加强学风、学纪教育,良好的学风是成才的保证,也是获得工程师基本训练的重要环节。积极进取、奋发向上的良好学风,求实的学习态度,必将有利于大批品学兼优人才的成长。

综观世界上的不少国家,如美国、德国等国家大学本科的学制也只是相对稳定,学生毕业年限不固定,学制实际上也是浮动的。我们在对外开放中,要认真分析、借鉴国外高等教育中的有益经验,结合自己的改革实践,使浮动学制日臻完善。我们学校浮动学制的实施,在当时算得上是一个很好的开始。

◆ (八) 创办少年班

20世纪80年代,我们学校本科教学改革的另一项重要创新,是创办少年班,开始探索少年大学生培养规律,虽历经风雨,但截至今日,我校的少年班依然欣欣向荣,与中国科学技术大学少年班一起成为全国仅存的两个少年人才培养的重要基地。

当年,我校成立少年班时有几个大背景,其中之一是经历十年"文革"浩劫后,各行各业复苏迹象已经很明显,但"文革"造成的人才断档现象严重,阻碍了新中国各项事业的发展。于是,"早出人才,快出人才"成了全社会的呼声,同时也成了以邓小平同志为代表的党和国家领导人最关心的教育大事。所以,小平同志当时就提出要又快又好地向国家输送高级人才。作为国内重点高校,党中央的号召就是我们奋斗的目标,更是我们创办少年班的重要原则。

1984年8月16日,邓小平同志在北戴河会见诺贝尔物理学奖获得者丁肇中教授时谈到,中国科学技术大学创立的少年班目前很有成效,是破格提拔培养学生的有效尝试,其他几所大学都应尝试办少年班。1985年1月,教育部决定继中国科学技术大学之后在北大、清华、西安交大、北师大、复旦、上海交大、南大、浙大等12所重点高校开办少年班,扩大少年班的招生试点。自1985年始,我校正式开办少年班。在培养实践中,我们结合育人过程中出现的具体问题,不断明确开办少年班的指导思想,研究制订培养方案与计划,摸索优化培养的途径与方法,以促进少年大学生在德、智、体、美各方面健康发展,使他们早日成为栋梁之材,同时,也为学校大面积本科教育改革提供了可借鉴的经验。

1985年,举行第一届少年班迎新会(中坐者为时任副校长蒋德明)

◇ 1. 明确办学宗旨

"对于很多特殊人物而言,如果我们按一般的标准去要求他们,很难使他们的潜能得到发挥,我们需要有特殊的制度,为特殊的人才服务。"少年大学生,在心理学上称为超常少年,亦称之为英才或天才。虽称呼不同,理解也有异,但所指均是智能出类拔萃的那一部分少年儿童。历史证明,由于有独特的先天禀赋,加之受到良好的培养教育以及本人的主观努力,这样的少年中后来有很多人成为世界著名的科学家、文学家、艺术家。我国也有许多有关神童的记载,80年代,我国超常儿童追踪协作组对全国各地超常儿童的研究,证实了超常儿童的存在是客观事实。如何开发和利用这个人才资源中的"富矿",是教育战线的一个光荣而又艰巨的任务。但由于传统教育思想的禁锢和长期以来"左"倾思想的影响,加上对超常儿童缺乏正确认识,在我校开办少年班之初,不少人持怀疑态度,担心教育质量不能保证,甚至还有人认为是"揠苗助长",会摧残人才。针对这种情况,我们认真分析,不断明确少年班的办学指导思想。

第一,全面理解因材施教的原则,将培养杰出人才作为少年班根本的办学宗旨。根据学生心理上的个别差异和智能的高低因材施教,历来是教育家们所重视的教育原则。但多年来,由于"左"的思想影响,在教育思想上不承认或不重视人在智能发展上的显著差异,认为在社会主义制度下应强调"不让一个阶级兄弟掉队",因而反对"冒尖",忽视优秀人才的破格,这直接影响了我国杰出人才的涌现。当时还有不少同志对教育上"吃大锅饭"的现象习以为常,认为办少年班是"别出心裁"、"脱离中国实际"……实事求是地讲,世界各国都在研究如何及早发现人才,并注重杰出人才的培养。在日本,英才教育被看作具有战略意义的事情;在美国,约有100所高校具有早慧儿童提早入学的计划,1972年联邦教育部即成立了天才儿童教育机构,而且在各州均有相应的机构;在英国,1965年就成立了天才儿童国家协会,有34个地方分会。随着现代科学技术的迅猛发展,人才竞争的意义将更加突出,能否在世界一些重要科技领域赶上领先的国家或占据领先地位,将取决于是否有足够数量的杰出人才。换句话说,现代教育竞争的焦点就在于能否造就一批才华横溢、出类拔萃的未来学科带头人。据此说来,80年代国家提倡的"教育要面向现代化,面向世界,面向未来",实际就包含着重视杰出人才的培养的思想。超常教育应是因材施教的一个重要方面,也是教育改革的重要组成部分。立足于此,我校在创办少年班之际就明确提出要以培养杰出人才为宗旨,勉励师生努力在少年班中培养出几个像钱学森、茅以升(两人均系交通大学校友)那样享誉中外的著名科学家。

第二,承认和培养超常少年,要将早出人才与出好人才统一起来。创办少年班是不是"揠苗助长"?早出人才与出好人才是否完全对立?实践告诉我们,超常少年儿童是客观存在的,对他们及早优化培养,必将大大提高成才的概率,少年班就是一种将早出人才和出好人才统一起来的好形式。具体来说,一方面,举办少年班可充分发挥超常少年的智能潜力。一般情况下,不满15岁的学生考入大学,都有跳级或超前自学的经历,有高于常态的智能。任课教师一致表示,我们学校的少年班学生反应快、思路活、接受能力强、学业提高快。比如我校1987级少年班学生,高考入学时数学成绩在全校各班中倒数第二,而在第一学期末全省高校高等数学统考中,全班平均成绩达99分,跃居全校第三。由此可见,将智能高、潜力大的超常少年集中起来,可针对他们的特点因材施教,使他们的智能潜力得以充分发挥。另一方面,少年班学生年龄小、可塑性强,有利于从严要求、全面培养。特别是在当时中学片面追求升学率的倾向严重,高考制度还存在一些弊病的情况下,如果让一部分智力超常的少年提前进入大学,实际上是让他们早一点从烦琐的应试教学中解脱出来,师生都可以摆脱高考的束缚,致力于拓宽知识面、开发智力,提高人才质量。再者,有利于利用少年班这个超常少年群体的心理特点影响学生,使早慧少年形成良好的、成才必备的个性品质。众所周知,考入少年班的学生大多从小当惯了"尖子",免不了有"骄"、"娇"二气,一旦来到"尖子"林立的少年班,面临重新排队,他们必须学会在新的环境中正确认识自己,在挫折中磨炼自己,在更高水平的竞争中完善自我,如果我们的教育引导得法,可以促使学生形成良好的个性品质,使非智力心理因素在其成才过程中起到积极作用。

至 1990 年,我校少年班创办已有五年,少年班学生在学业上所取得的优异成绩,使我们对少年班早出人才、出好人才的目标充满了信心。如 1985 级少年班按预科要求招入,一年后编入 1986 级教改班,和比他们大 1~3 岁的优异生(在高考中选拔的部分成绩优异的学生)同班学习,学期末,原少年班(后改为教改 63 班)的平均成绩和获优(90 分以上)的人数比例均高于教改班。再如,1987 年 10 月,我们对修完二年级课程的学生进行全国性英语统考,当时刚读完一年级课程的少年班学生有 20 人(占少年班一年级学生总数的 71.4%)提前参加并通过四级考试。其中 7 人(占参加少年班考试总人数的 35%)获得优秀。由此可见,在少年班里早出人才与出好人才是可以统一起来的。"早"是为了赢得成才的最佳年龄期,有利于出"好人才"。"早"离开了"好",就没有意义;而没有"早",也就没有超常教育的特色,因此,在举办少年班中,必须将"早"与"好"辩证地统一起来。

第三,在早出人才与出好人才的前提下,各类少年班应根据实际需要,办出自己的特色。对于工科少年班来说,由于工程技术科学实践性强,很多工作需要协同各方面的同志一起干,因此,在加强基础、实行大容量教学的同时,要面向实际,培养学生的动手能力、劳动观念、集体思想和组织管理能力,后者显得更为重要。我校试办少年班的任务之一,就是要探索工程技术科学方面优秀人才培养的规律和途径,力求办出工科少年班的特色,为大面积的工科本科教育改革积累经验。

◇ 2. 坚持优化培养

提到优化培养,人们立刻会想到优越的学习、生活条件和悉心的照料。对于年龄尚小的少年班学生这样做是无可非议的,但是把优化培养仅限于此,却是不全面的。我们提倡的"优化培养"有两个方面的含义:一是优化培养计划,在培养规格上坚持高标准、严要求;二是优化培养条件,即尽可能提供良好的培养计划,在思想上、生活上更加细致地、全面地关心少年大学生的成长。如果把少年大学生比作好苗子，那么不是把他们养在温室里，而是到大自然中去经历风雨。通过好"园丁"的细心照看、修剪，使他们成长成才。在优化培养方面，我们注意以下几点。

第一，因材施教，扬长补短。少年大学生有许多长处，在思想上，他们一般有献身科学的远大理想和抱负，学习动机较强，常常视取得成功为最大乐趣；在学习上，他们反应快、思路活、接受能力强，好发问、兴趣广、求知欲旺盛；在性格上，他们自信、自强、勇于超越自我、敢于向高标准进击。但是，由于他们年龄小，在身心发展中尚存在若干不平衡现象，如有智力与个性发展、知识水平与思想成熟程度、智力水平与学习的良好习惯、知识与基本技能、知识结构中文理科发展等多种不平衡现象。针对这些特点，在教育实践工作中，我们注意扬长补短，在安排教学计划时，既注意发挥他们智力水平较高、学习潜力较大的长处，又注意到他们基础不够扎实的弱点，采取有分有合的办法，主要基础课与教改试点班（优异生班）同堂上课。另外，针对一些少年班学生知识结构不够合理，存在重理轻文的偏科现象，我们通过专门开设语文课，加强对他们阅读和实用写作的训练。针对学生缺乏基本功训练的弱点，则专门开课加强练习、实验等教学环节。

在具体的育人过程中，我们严格要求各科教师，在作业批改和指导中坚持认真负责的态度。少年班学生有的解题速度快，思路也正确，但运算能力差或容易粗心大意。对这类学生，我们的教师毫不客气，做错的作业必须退回重做，直到做对为止。如有一次我校化学教师要求一位学生把一份作业重做了六次，通过反复磨砺，帮助该学生逐步克服了运算粗心的毛病，在期终考试中，该生做对了全部计算题。针对少年班学生缺乏挫折磨炼和思想不成熟等特点，学校有意对他们提出高的要求，让他们挨点"当头棒"，从中体验失败的痛苦，再用古今中外名人成才的经历鼓励他们，在受挫折后崛起，以磨炼他们的意志。为了及时了解学生情况，教务处领导定期召开各科教师参加的少年班工作会议,及时细致地交流信息,研究改进教育工作;班主任还经常与家长联系,深入了解每个学生过去和现在的情况,有针对性地进行帮助和教育,使他们在德、智、体、美诸方面健康地成长。

第二,加强基础,拓宽专业面。现代科技发展的特点是在高度分化基础上的高度综合,未来优秀的工程技术人才,将承担开创交叉学科、边缘学科的重任,为此,我们极力拓宽专业面,为少年班学生打好基础,以增强他们的适应性。据此,针对1985级少年班,在第一学年实行预科性教育,查漏补缺,把高中与大学的基础课程打通安排。这样做有诸多好处,不仅可以进一步打好基础教育底子,使这些年龄小的大学生能逐渐了解大学学习的规律和特点,较好地度过过渡期,而且可以使他们在扎扎实实打基础的过程中,养成良好的学习习惯和培养自主学习的能力。从第二学年起,我们安排少年班学生与教改试点班一年级学生同堂上课,先不分系、不按专业组织教学,着重打好数学、物理、计算机技术和外语基础。第三学年,再把少年班学生分到各专业学习。我校在这方面的尝试,受到了国外有关人士的关注,英国利物浦大学方大庆博士在给英国文化委员会的《中英工程教育的比较研究》的正式报告中,有一节专门介绍了我校教改试点的情况,认为在中国"专业培养思想根深蒂固",我校加强基础,拓宽专业面的做法是"迈出了颇为勇敢的一步"。这些改革尝试,也给整个本科教育改革带来了积极的启示。

第三,改革教学,在传授知识的过程中注重发展智能。高质量的科技人才不仅要掌握前人已发现的知识,还要善于发现,乃至创造知识,而这种良好的思维品质必须在学生时代就注意培养。在少年班的教学中,教师在传授知识过程中将发展智能作为改革的突破口,在传授知识的同时重视学生分析问题和解决问题能力的培养。例如数学教师将过去单纯讲述式的授课方法,改为传授知识与开发智能紧密结合的引导式教学方法,将教学内容分成几个单元,每个单元的教学程序是：概讲—导练—独立练—小结。这样，教师讲授时间约占40%，师生共同讨论的时间约占20%，使学生的自学贯穿教学过程的始终。课外练习除做习题外，还要求学生写学习体会或小论文，使学生牢固掌握所学的知识，同时可以提高他们的自学能力。在互动式教学实践中，少年班学生们往往不满足于解出答案，还致力于探索解题的优化方法。在一次课堂讨论中，对于一道国际数学竞赛题，学生们提出了九种解法，充分显示了少年大学生的智慧，我们富有经验的数学教授也为之赞叹。还有一次单元测验，学校采用了与其他本科生基本相同的一套题目，还用1979年国际数学竞赛题置换了一道基本题，结果少年班学生平均成绩为83分，比本科生的平均成绩高出25分，置换的那一道国际数学竞赛题，少年班有三分之一的学生做对。由此可见，教学改革大大提高了教学质量。

第四，重视非智力心理因素，调动学生成才的主动性。非智力心理因素主要指动机、兴趣、情感、意志和个性等，在心理结构中属于动力系统，对一个人的成长起很大作用。常言道，"勤能补拙"、"勤奋出天才"，说的就是非智力心理因素对成才的作用。为了不让这些早慧的少年大学生成为一现的"昙花"，在开发智力的同时必须十分注意培养他们良好的非智力因素。少年大学生一般自信心较强，但由于他们思想上不成熟，常常带有一定的盲目性，一旦遇到挫折就容易走向另一个极端，产生无穷的烦恼。于是我们组织他们学习名人成才的经验，举行"谈自信"的演讲比赛，帮助他们厘清自信与自负的区别，自信与自谦、自强的关系，促使他们确立与客观现实相符的、能发挥积极效能的自信心。我们还给少年班学生开设了大学生学习心理学这门课程，用心理学的知识阐明成才的规律，介绍各种学习理论，分析大学学习的特点，指导学生掌握科学的学习方法，使他们较快地适应大学的学习和生活。我们通过课内集体指导和课外个别咨询的方式做好心理保健工作，帮助他们正确处理过渡期心理发展中的种种内心矛盾，使一些一时不能适应的学生从过度的焦虑、紧张和沮丧中解脱出来,以积极、饱满的情绪去学习和生活。结合心理学课的教学,学校还进行了个性因素、气质、智力等心理测查,以提高学生自我认识和自我控制的能力。例如有一位学生通过气质测查,根据自己的类型制订了适合个人特点的学习计划;还有一位女同学原来一直认为女性的智能比男性偏低,产生了自卑心理,学了"非智力心理因素的作用"后,大受鼓舞,认识到传统观念之所以认为女性智能低是由于妇女受特定的社会历史条件的限制,非智力心理因素未能充分发挥积极作用,于是打消了顾虑,学习劲头更足了。通过这些教育活动,大大提高了少年学生成才的主动性。此外,对于少年班学生,除选拔时进行心理测验,作为录取的参考因素外,入校后还要进行追踪研究,以了解他们发展变化的情况,为探索成才的规律积累资料。

第五,严格要求,全面关心。俗话说:"严师出高徒。""高"总是与"严"连在一起的。一方面,在少年班的培养工作中,学校一贯坚持从严要求,实行严格的调整制。例如,在少年班中实行浮动学制,将因各种原因不能适应大容量教学的学生,调整到普通本科班学习,如若情况好转,在普通本科班中名列前茅,允许其提出申请回到少年班。另一方面,在学习、生活等方面,学校为他们提供优越的条件,全面关心他们的成长。如提高奖学金的比例,享受书报费待遇,在借阅图书、开放实验室以及上机等方面予以优先照顾等。考虑到少年班学生年龄小,正在长身体,学习任务又较重,为使他们在紧张的学习之余得到较好的休息,学校每学期都专门组织他们去郊游。考虑到少年班学生正处于青春发育期,学校就请医生给他们做"青春期生理卫生"讲座。少年班部分学生生活自理能力差,班主任经常到宿舍去检查、指点,督促并帮助他们学会独立料理生活。少年班学生来校前大多是家中的"娇娃娃",来到大学这个独立生活的新环境会有许多不适应的事情,少年班班主任的担子很重,既要做良师,又要做学生的知心朋友,还要像家人一样去体贴、关心他们,因此,我们选派热爱学生、工作认真负责、有丰富学生工作经验、精力充沛的同志担任少年班班主任。少年班班主任在思想教育中起到了核心作用,与任课教师配合,协同工作,取得了良好的效果。

优化培养要靠教师来实现,因此必须注意少年班教师的结构优化,为此,我们从全校中选拔具有献身和创新精神、对本门学科的发展有真知灼见,而且热心教学改革的教师,承担少年班的教学任务。实践证明,少年班学生各方面的进步与任课教师卓有成效的工作是分不开的。

◇ 3. 经验与建议

在我国,超常教育是个新课题。我在任校长期间,实际举办少年班,只有短短六年的时间,许多工作尚处于摸索之中。为提高少年人才的培养,我们提出一些问题需要给予特别注意。

其一,少年班的招生办法应适当放开、搞活。在 80 年代,我国超常教育还未引起足够的重视,宣传力度也不足,许多人对此还不了解,尤其在像我校这样地处西北,附近省(区)的人民生活、教育条件相对较差的地区。一些智力超常的少年儿童不一定有超前学习的条件,就其知识水平来看还不能通过高考关。如果只开高考一个"门"就必然将一些智力超常的学生排斥在少年班门外,同时也使学校失去了许多可选择的机会。所以,1985 年招收少年班时,我们不强调超前学习,试题以高一教学内容为范围,但提高试题的灵活程度和综合性,把重点放在考查学生的智力水平上,用笔试、初试、逐个分科面试的方法对学生进行筛选。他们进校后的情况表明,这批少年大学生绝大部分的素质是较好的。1986 年,国家对招生政策做出调整,要求少年班必须经过高考录取。由于录取人数过少,无法单独编班,因此也不能更好地因材施教和优化培养。虽然 1986 级少年班学生年龄小,高考成绩也不错,但进校后各方面情况都不如 1985 级少年班那样突出。因此,少年班的招生不宜采用全国统一的方法,可由学校根据各自条件和当地情况提出不同的办法,经教委批准后实行,做到统而不死,活而不乱。教委也可在招生的人数、时间、地区上实行宏观控制，由高校与有关地区或重点中学直接挂钩，自行招生，以逐步建立起符合我国情况的超常教育体系。

其二，加强鉴别标准的研究。在当时，少年班学生的选拔主要是参照普通高考的标准。实事求是地讲，这种办法实际上是用一般的办法来处理特殊的问题，用常态的办法来对待超常的问题，其中必有不妥之处。高考采用的根据各科相加的总分划定录取线的方法，用在大面积的筛选中是可行的（虽然也有缺点），但用于鉴别超常少年就不合适了。1985年，在我校少年班物理试卷阅卷中，发现一位学生试卷中的力学题目都做对了，且思路清晰、计算准确，几乎拿了满分，但其他内容的题都没有做（估计他之前未曾学过），全卷仅得30多分。但有些学生许多题都做了一点，虽然每题得分不多，加起来卷面总分却比前者多。这绝不能说后者优于前者，在这种情况下，分数的多少不一定反映出学生学习能力的高低。当物理阅卷教师在一年后谈到这件事时，还为前面那位学生的落选而深感惋惜。

如何科学地鉴别超常少年儿童是教育学、心理学、人才学等多种学科综合的一个前沿课题，而准确鉴别超常少年儿童是办好少年班的前提，为此要做好这方面的研究工作，需要各校加强横向联系，设立超常教育机构，以加强这方面的研究。

其三，重视少年班的教师结构优化和培养方法的研究。教师在学生成长中起着极其重要的指导作用，对于年龄尚小的少年班学生来说，尤其如此。如果说，领导重视是办好少年班的前提的话，那么教师结构优化就是关键。超常少年在心理发展上有其特殊性，需要有真正热爱教育事业、热爱学生的教师去关心他们。超常少年的培养对教师的学术水平、知识结构、治学为人、文化修养和人格特点等方面也有较高的要求。在国外，对优等生师资的心理品质有专门的研究，我们也应重视这方面的研究，认真挑选少年班的教师，注意教师结构的整体优化和相对稳定。同时要重视开展超常教育规律和各类超常教育培养方法的研究，积累超常教育的经验，使超常教育在开发世界上最宝贵的财富——人才资源中发挥应有的作用。

三、十年教改得与失

20世纪八九十年代，中国高等教育面临全面改革、深入发展和不断提高的新形势。认真回顾过去，在我任校长时期，学校在探索教学改革方向和途径方面，做了一些积极贡献，也存在着一些问题。

（1）必须明确新时期对人才的基本要求。

我们要培养的人才，应该有理想、有道德、有文化、有纪律，热爱社会主义祖国和社会主义事业，具有为国家富强和人民富裕而艰苦奋斗的献身精神，具有实事求是、独立思考、勇于创造的科学精神。他们应该具有较坚实的理论、技术基础和较为广阔的知识面，能不断适应新技术革命的挑战，具有较强的自学能力和创新精神。只有提高到"三个面向"的高度来认识新时期对人才的基本要求，我们才会进一步加强紧迫感，提高搞好教学改革的自觉性。

这个问题对于学生来讲，就是要解决好为谁服务的问题。我们在毕业生调查中发现，我校毕业生大多数都拥护党的领导、拥护社会主义，作风朴实，工作积极肯干，任劳任怨，责任心强，服从调配，有艰苦创业的主人翁精神，再加上业务基础扎实，在社会上受到普遍欢迎。但80年代后期的毕业生，由于受西方自由化思想的影响，有一部分人缺乏这种精神状态和素质，需要解决好为谁服务的问题。这是方向问题，也是教学改革必须解决的首要问题。为此，要认真改革马列主义理论课的教学，加强时事政策学习，使学生能掌握马列主义理论的科学体系，从而掌握党的路线、方针、政策的科学依据，对国外的，特别是发达资本主义国家的东西能做出正确的分析、鉴别和判断。学校应加强思想政治工作,并把思想政治教育渗透到教学的各个环节、课余活动和学校的各项工作中去。

(2) 必须从教育的发展过程来认识教学的规律,并按照教学的规律来进行教学改革。

教学工作是一项系统工程,它由课程结构、教学内容、教学方法、教学手段等相互联系、相互作用的诸要素组成,由教师通过各种教学手段,在传授必要的理论和知识的基础上,引导学生自己学习,自己研究问题,力求在规定的年限内,把学生培养成为高质量的高级专门人才。

教学过程既然是由教与学两方面组成的精神生产劳动,要进行教学改革就必须遵循教学的客观规律,力求教学秩序的稳定,而不应只追求形式。在这里,应注意处理好两个关系:一是要处理好教学改革和执行规章制度的关系,通过改革搞活教学不是不要教学计划,不要严格和合理的规章制度。例如,有人主张,实行学分制就应该在选课、听课等方面像美国那样,给予学生完全的自由。我们认为,发达的资本主义国家都是靠高淘汰率来保证名牌学校的质量和声誉的,他们不担心也不关心学生是否认真学习,但这种做法不适合我国国情,我们实行学分制必须辅以必要的规章制度,以保证活而不乱和防患于未然。二是要处理好教学改革和保持发扬优良学风的关系。教学改革要改革陈腐的教学思想、陈旧的教学内容和僵化的教学方法,使学生在学习上有更多的主动权。但是,绝不能因为强调学生主动学习对其放任自流,而应通过教师的言传身教,使学生保持与发扬优良学风,提高他们为追求真理、追求知识而勤奋学习的自觉性。

怎样才能既保持教学秩序的稳定,又能使改革不断地前进呢?我们的做法是,注意正确处理点与面的关系,在大面积上是"积极改革,稳步前进,保证质量的不断提高";而在一些改革的试点中,则要求"大胆改革、不断创新、争取成功、允许失败,为面上的改革积累经验"。

（3）充分调动教师的积极性。

要提高教学质量，重点应抓紧教学内容、教学方法和教学管理制度的改革，就必须依靠教师。《中共中央关于教育体制改革的决定》中指出："改革教育体制要调动各方面的积极性，最重要的是要调动教师的积极性。"毛泽东同志也说过：教改的关键问题在于教师。

要改革教学内容和教学方法，需要教师有奋发进取、刻苦钻研、敢于创新、勇于献身的精神，还需要教师对本门学科的发展和课程的内容有真知灼见。当时，我校主要是依靠一批忠诚党的教育事业的中年教师，他们业务基础好、责任心强，又有丰富的教学经验，尽管生活很清苦，住房条件差，工作负担重，但他们仍然为教学改革做出了很大的贡献。

但是，值得注意的是，由于种种原因，当时许多教师的主要精力并没有放在本科生教学上。我校副教授职称以上的教师到本科教学第一线的比例在下降，有些专业的学生在校四年，只有少数几位副教授为他们讲课；有些教师的教学方法基本上仍是注入式，教学研究活动排不上教研室的议事日程。是什么原因妨碍了教师积极性的发挥？我们分析，从中年教师来说，他们确是当前学校的骨干力量，承担着繁重的教学、科研任务，以及创收任务；但是，不太公平的职称评定办法、不完善的工作量考核制度，阻碍着他们投身于改革。青年教师已大量走上教学第一线，他们中的多数人决心要接好班，但不少青年教师也受到现行的职称评定办法这根"指挥棒"的影响，为学位而奋斗，不能安心于教学工作；有的青年教师对学生要求不严，教风不正。这些人所共知的问题，亟待得到切实的关注。

（4）要正确调动学生学习的主动性。

学生是教学过程的主体，要加强学生能力的培养，必须充分调动学生学习的积极性和主动性。当时，社会上"一切向钱看"的思想影响了一些学生，他们认为"成才不如发财"，个体户赚大钱是"低分高能",自己则是"高分低能","上大学吃了亏";有的学生对学业甚至没有要求;考试舞弊人次有所增加;毕业生中关心工作待遇、留恋大城市、讲究实惠的人增多了,这些都值得引起注意。

进入高等学校的青年学生的年龄一般在18~22岁,正是长身体、长知识、人生观形成的重要时期,有较强的可塑性。为了调动学生学习的积极性和主动性,我校力学系有位教师进行了可贵的尝试。1984年,他为力学系一年级学生开设了选修课学习方法论,提出学生应该"自主学习",调动自己内在的积极性,真正成为学习的主人;提出人的智能潜力非常大,应对自己提出高目标,有发展自己智力和才能的决心;还对基本学习方法、大学的三大优越条件(教师、图书馆、实验室)、成才的基本规律做了详细的介绍。该课程共201个学时,受到学生的普遍欢迎,很多学生边听课边实践,有的已取得较好的效果。后来,这门课的讲授对象从力学系扩大到了全校。

十余年的教学改革,我们取得了一定的成果,但也存在不少问题。比如:如何正确处理本科生教学与研究生和其他各类学生培养的关系,如何确定各层次、各种办学方式的学生的合理比例;能否使"专业教育"向"通才教育"与"专业教育"相结合的方向发展;如何才能兼备学分制和学年制的优点,能否实行以学年制为主、加强选修课比例的体制;怎样加强国家对高等教育的宏观指导和管理,如何做到管而不死、活而不乱;在学习外国经验时,怎样妥善处理批判继承与教学改革的关系;怎样才能充分调动教师从事教学改革的积极性;等等。这些都是我们当时思考研究并亟待解决的问题。

第三章

固本强新　志存高远

一、成立研究生院

（一）研究生院试办立意高

我国培养研究生是从 20 世纪二三十年代开始的，1943 年，交大创办的电信研究所，成为新中国成立之前全国授予工学硕士学位最多的单位。新中国成立当年，我校的电信研究所招了最后一届两年制研究生，有郑守淇、万百五等 3 位同学。当时他们除上课外，还要结合实际做一些科研工作，然后写论文、组织答辩等。50 年代初，全国上下全面学习苏联，苏联专家来华，到一批知名大学指导教学改革，同时帮助我国培养了一批研究生，学制已变成三年，要求研究生做较多的科研工作，写出论文，组织答辩。到 50 年代末 60 年代初，中苏关系恶化，苏联专家回国后，我校开始自行培养研究生，当时我校机械系第一批招了 3 名研究生，其中我招了一名，学制还是三年制。研究生的培养方法仍是参照苏联模式,要上课,要做较多的研究工作,还要写出毕业论文,然后进行严格的答辩。从新中国成立到"文革"前,我校共招收了 500 名研究生。改革开放后,社会迫切需要高层次人才,在国家恢复高考的同时,各高校纷纷恢复招收研究生。当年我们学校就招收了 112 名研究生。不过当时学位制度还未建立,直到 1980 年,国家学位条例才颁布。1984 年 8 月,全国高校设立研究生院,第一批共批准了 22 所高校试办研究生院,授权硕士学位(三年制)与博士学位点。三年制硕士学位制是我国独有的,它既不是苏联模式,亦不是欧美模式。

1984 年,学校研究生院成立大会举行

1984 年,全国第一批共批准了 22 所研究生院,西安交大名列其中。国家为什么要成立研究生院?研究生院是国家"六五"计划期间,在第五届五次人大会议上通过的一项决定,可以说这是一个国家行为。成立研究生院的目的之一,就是让它能够在贯彻国家学位条例、建设国家重点大学的过程中发挥骨干作用、示范作用、模范作用等。为什么这样讲?因为当时有这样一个历史背景:"文革"之前,我国也培养了许多研究生,但没有系统、具体的培养方法、条例和完整的管理机制,而且招生规模比较小。从总体上来讲,当时研究生培养是一个很零散的、很松散的、不规范的局面。1981年,国家实施学位制度后,对于该制度,各高校应该如何贯彻执行?这是当时一个非常重要的问题。1984年,国家试办了一批研究生院,实际上也是有意让各培养单位在具体实践中进行积极探索,不断完善我国的研究生培养体系。

研究生院在国家学位教育中起"骨干"作用。历经十年浩劫,我们国家百废待举,研究生教育和人才培养整整空了十几年,培养高层次人才的重任自然落在国内重点大学的肩上,要努力培养一大批硕士、博士。1984年前后,我们学校研究生招生规模已达到办学史上的一个新水平,共招收了400多名研究生,其中有52名博士生。这是一个什么概念呢?毫不夸张地讲,1984年,我校一年招收的研究生数量,相当于新中国成立后十五年研究生招生的总和。为弥补当时的人才空缺,22所研究生院除在招生规模和体量以及培养人才的质量方面,要发挥骨干作用外,关键还要肩负着为国家培养研究性人才的骨干作用。为此,当时国家给予了研究生院非常优厚的政策。比如研究生院是在校长领导下,具有独立行政职能的机构,这是其他处级单位都没有的待遇,即使研究生院的副院长,也是由教育部(国家教委)直接任命的,相当于教务长级别。研究生院下面可以设立处,我校当时设有培养处、发展处等机构。另外,研究生院有独立的人才编制、人员编制和经费预算。国家给研究生院办学管理一个非常大的空间,目的很明确,就是尽快为国家培养一批高层次人才。22所研究生院承担着这么重要的任务,它们在培养人才方面的作用是非常突出的。至1995年,全国有33所院校设立研究生院,2008年增长到了59所,这59所研究生院招收的博士生规模占全国的70%以上,硕士占全国50%以上。

研究生院在国家学位教育中要发挥示范作用。学位条例的规定是很宏观的,究竟怎么培养高层次人才,要有具体的、创新性的工作。

为此,国家给我们的空间很大,实质上就是鼓励我们要去创新,为研究生培养提供一套能够贯彻、落到实处的比较具体的条例细则。我校研究生院设立之后,在改革创新方面很好地发挥了示范作用。

第一,率先优化课程设计。研究生院成立之后,从研究生的管理讲,400多研究生是分散在各个学院的,每个专业三五个人,比较分散,管理上存在不少问题。而且每个专业都要开课,四五百名研究生开课数量有七八百门,一个教师平均要开1.5门以上的课程,这个任务是十分艰巨的,何况大半的研究生开课教师还承担着本科生教学的繁重任务。为了解决这个问题,我们首先从优化全校研究生的课程设计入手,把学生共有的课程集中到公共课上讲解。集中以后,原来的700多门课程压缩到了200多门课程中,减轻了很大一部分教师的劳动量。譬如机械学院开一门技术基础课,其他学院也需要这一门课,那么所有学院的学生都到机械学院去上课,这门课程就只需一位老师开设。课程重新组合以后,教室也集中了,上课的人多了,教师也愿意上课了。这个改革效果非常好,课程建设我们搞了八年,1992年,我们获得了国家级教学成果一等奖。这样的改革还有利于学科建设,原来700多门课程没有时间进行建设,现在只有200多门课程,我们就有时间进行建设了。比如,这段时期,我们集中出版了60多本研究生系列教材,这个数目当时在全国是第一的,很多学校的老师在授课时都在使用我们的这套教材。除此之外,研究生院还建设了7个跨学科实验室。

第二,按照一级学科进行招生培养。1992年,我们提出按照国家一级学科来重点培养研究生,大概十年以后国家才开始按照一级学科设置目录,不再设置二级学科。从国家政策来讲,这是一个大调整,当时我们感觉到有很多学科的适应面太窄了,特别是工科,比如铸造、焊接、锻压专业,这是很功利性的人才培养模式。按照一级学科招生,专业面就扩大了,可以充分发挥教师队伍的作用。因为一级学科的教师队伍的实力还是很强大的,二级学科的教师队伍相对而言比较弱,一般只有一两位导师,不能培养博士生。一级学科有一支很强大的博士生指导队伍,按一级学科招生培养博士生,给博士生上课,采取团队培养博士生的方式,这样效果就好多了。为了按照一级学科培养学生,我校出台了八项措施,如博士生中间可以另外换导师,博士生可以在全校范围内选课等。这实际上就是扩大他们的知识面,按现在的话讲,不是说很多东西越来越细化了,而是很多东西都是在不同学科交叉的地方、边缘的地方产生了新的思想、新的火花。这个项目后来获得了国家级教学成果二等奖。大概是因为我们做了这件事情,1995年全国33所研究生院评估,我校获得了第五名。研究生教育管理评估我校是第二名,清华是第一名。这体现了我校在研究生院建设过程中起到的示范作用。

第三,研究生院在质量评估方面起到了带头作用。当时在培养研究生方面,国家想下放一些办学自主权,国家教委认为,学校若有能力保证自己的教学质量,可以下放部分自主权给学校,让学校具有更大的办学空间。当然,这并不是让学校乱七八糟地折腾,而是让学校把研究生教育办得更好。对我校来讲,下放自主权虽然增加了办事的活力,不过我校仍然严格要求保证教学质量,始终把保证教学质量放在第一位。在质量评估中,我校还起到了很好的带头作用,每年全国百篇优秀论文中,西安交大基本上都保持在两篇左右,有时是三篇,有时是一篇,第一次评估的时候是两篇,当时有很多著名院校都没有。这说明我们自己还是很重视教学质量的。质量影响品牌口碑,我们要做这个品牌,就得保证质量。我们要有交大的质量品牌,所以我们始终坚持把质量放在第一位。对国家来讲,我觉得1995年全国首届研究生院评估我们获得第五名,是理所当然的。我们确实在培养研究生中发挥了骨干作用,而且在改革中发挥了这种示范作用,在办学自主、严格要求方面也发挥了带头作用。

◆ (二) 聚力共谋大发展

1949年新中国成立,我们招了一届两年制研究生后就停招了。

在全面学习苏联过程中,1953年恢复招生,一直到1965年"文革"以前,一共招生500人,平均每年维持在30人左右,在学校的比重比较小,影响也不大,当时主要由科研处下面的研究生科负责管理。"文革"结束后,教育部认识到国家、社会迫切需要大批量的高层次专门人才,要求少数高校开始恢复招研究生。1978年,我校招收了112名研究生,1979年招收了73名,1980年招收了42名,在这三届研究生中,出了一批出类拔萃的人才,比如西安交大原校长郑南宁院士、原书记王建华,上海交大原书记马德秀,国家能源局原局长张国宝,中国地震局原副局长汤泉,国防科学技术大学原校长温熙森中将,等等。

随着研究生招生规模的日益扩大,1982年,我校研究生已近500人,研究生科在实施研究生教育的组织管理,特别是在思想教育和学位教育实践中越发显得有些力不从心。基于这种情况,经教育部批准,1982年7月,我校正式成立研究生处,全面负责全校研究生的培养、教育、管理和学位评定工作等。随后,又成立研究生党总支,并配备了专职干部,负责加强研究生的思想政治教育和管理工作。1983年,为了响应教育部号召,把高等学校建成教学和科研两个中心的要求,我校专门讨论了成立研究生院的问题,1984年,教育部批准了我校的请求。在研究生院初创时期,我们主要做了以下几项工作。

第一,校领导重视,四位校长齐抓共管研究生院建设。研究生教育是衡量一所学校办学水平的重要标准之一,我们很早就形成了这样一个共识,要下大力气,把研究生教育搞上去,这是我校研究生教育当时迅速发展的一个关键因素。1980年,国家颁布了《中华人民共和国学位条例》,我们很敏锐地意识到国家对于高层次人才需求的迫切性,决心抓住这个机遇,在高层次专门人才的培养上做出贡献,决定大力发展研究生教育。因此,1984年,在中华人民共和国第五届全国人大第五次会议决定试办研究生院的时候,我校的研究生院很荣幸地名列其中。上述的两个时间点,是我国研究生教育发展的关键节点。

改革开放后,国家建设的重点地区是东南沿海。小平同志指出,要一部分地区少数人先富起来,先富带动后富,最后实现共同富裕。这是因为地区在经济、社会发展上存在差异。实事求是地讲,这种差异,以及国家的这项国策,对于高等学校特别是西部高等学校的冲击是非常严重的,即使现在来讲仍是如此。国内许多研究团队对此做了大量调研报告,很好地反映了这个问题,有报道说,改革开放后兰州大学流失的学科带头人才,足够再建一所新兰大。《中国新闻周刊》(2017年6月5日)专门就这个问题,刊发了题为《失落的名校——兰州大学启示录》的调查文章,直指内地高校改革开放后市场化办学所面临的人才建设危机。与兰大相比,我们学校的境况极其相似,特别是八九十年代,处于一个人才大量流失的艰难时段。当时有一句调侃的话,不仅"孔雀东南飞",即使"麻雀"也"东南飞"。我们学校有相当一部分人去了东南沿海发展。不仅如此,还有一个致命的问题,是历经"文革"十余年,我们西迁来的一批学术领头人,像陈大燮、钟兆琳等教授已入暮年。而西迁来的一部分中青年同志,也都五六十岁了(当时我也50多岁了),我们的人才梯队建设面临着青黄不接,甚至断档的危机。80年代,我校西迁来的那一批中年同志,他们中只要过世或调走一人,我校学科的分支就可能会断掉一支,后继乏人,形势非常严峻。

人才建设是一所学校的根本,人才流失了,我们还怎样培养优秀人才?如何承担西部开发使命?如何告慰50年代周恩来总理呕心沥血,迁交大至西北的宏图伟略?所以,我们几位校领导忧心忡忡,坐立难安。我们集思广益,决心必须抓住这个机会,趁大部分西迁中青年同志还在岗位上,积极发挥他们的作用,培养未来的接班人才。当时的一项关键举措,就是努力把研究生院的建设赶快抓起来。当时可以说是倾全校之力来发展研究生院,除了副校长蒋德明同志主抓研究生院外,我和其他几位副校长也都很重视研究生工作,研究生院重要工作的讨论,我们都要参加,这一段时间,我们主抓的一项很重要的工作,就是每年都要选派一批优秀的研究生到国外去培养,特别是1981年以后,我们学校招收了一大批优秀的研究生,因为改革开放后招收的第一批大学生已大量毕业。在送往国外深造的学生中,后来涌现出很多有突出贡献的人才,像当选美国工程院院士的锁志刚、高华健,获得美国总统奖的刘奕路等,还有回到交大的一批学生,像程光旭、孙军等,现在都成为学校各学科的带头人。西安交大血脉的延续不仅在国内,在国际上也是如此。

在研究生工作方面,我们当时采取的完全是一种"催逼"策略,催促各学科负责人竞相申请硕士点、博士点。在这一过程中,有些专业把握住了机遇,像数学专业,现在数学系培养出了一大批人才,如徐宗本院士等。有些学科,很可惜,没有抓住这个机遇。由于方法得当,我校的一些专业保持了很高的水平。1981年,国务院学位委员会公布了全国首批博士和硕士学位授权名单,其中,工学博士学位授予权单位73个,学科专业点265个,我们学校有13个学科专业博士学位点,31个学科专业硕士学位点,其数量在全国工科院校中也是名列前茅的。

学校领导对研究生工作的重视,还体现在每年都要定期举行研究生工作会议,专题研讨研究生教育实践以及未来改革中的一些重要问题。每次研讨会,学校的一、二把手都参加或其中一位出席,并做重要讲话。比如,1987年第五次研究生工作会议上,我们就如何改进研究生思想政治工作进行了认真讨论。会议强调,学校必须严格按照社会主义四有新人的标准来培养研究生,保证研究生要品学兼优,健康成长。为了完成这个目标,一方面,我们改革了马克思主义理论课教学内容,同时还对导师的责任予以明确,坚持导师负责制;另一方面,对各系教研室和研究生会以及研究生党团组织的职责进行了明确要求。1988年的第六次研究生工作会议,则聚焦总结交流我校近七年来博士生教育的经验,提出改进和加强博士生教育的措施,进一步提高博士生教育质量。会上大家的认识很一致,西安交大作为"七五"期间国家重点建设单位之一,是承担教学和科研两副重担的重点大学,我们培养的博士生应该在十年以后真正成为科学技术的骨干,因此,必须加强和大力发展博士生教育,博士生导师则既要关心博士生的业务成长,更要关心他们的思想进步,只有全面负责,才能为国家培养出全面合格的人才。1989年的第七次研究生工作会议,议题是"在新形势下,研究生教育如何面向经济建设主战场,如何深化研究生教育改革"。这次会议提出了五个方面的问题:一是切实有效地改进和加强研究生的政治思想;二是改进研究生公共课教学;三是加强硕士生实践能力的培养;四是提倡硕士论文直接为国民经济服务;五是严格把好学位授予质量关。

第二,我们遴选了一批得力干部管理研究生创新工作,像蒋德明院长,陈钟颀、张文修副院长,都是学校各方面比较冒尖、比较有想法的一批干部。在他们的领导下,研究生院的一批年轻同志肯吃苦,能创新,新点子比较多,也积极肯干,如姚天祥、林贤玖、杨光轸等,都是在管理第一线切实贯彻院里各项决策的管理干部。由于我校研究生院的规章制度订立得比较完善,很多事情基本上科员就能解决。如对学位管理、成绩登记等学生经常遇见的问题,我校都有一套规章制度,科员只要按章办事,就都可以处理。院里当时70%～80%的事务在科里就得到了解决,到了处长、副院长层面,百分之95%的事情都已解决,事情不会轻易落到院长手里。这样,我们领导层整天想的就是如何提高教学质量、怎么样搞改革了。

这一段时间,研究生院还有一个特点,就是大家都很团结,有了什么重要任务,如研究生招生、报名、大规模会议等,不管什么科(学位科、培养科等四五个科)都一起上。这一段时期,大家的工作虽然很繁忙,但心情比较愉快。大家都比较负责,都有上进心,都肯干。不论是院长、处长,还是一般科员,都在坚持写调查研究文章或理论研究文章,比如在做什么工作、在工作中做了哪些研究、完成了哪些改进……当时我们还出了一套《研究生工作专辑》。在《研究生工作专辑》中,很多文章都是一般科员、干部写的,当然还有广大教师和研究生写的。这样,大家在一年中做了什么事情,都有总结。我校所有工作都处在一种研究状态下。比如,如果某位老师是管招生的,一年招生下来后,发现了什么问题,具体改进方案有哪些,都要进行总结。培养方面也是这样,到底该如何提高教育质量等也都需要研究和总结。所以,当时我校研究生院的干部都处于一种研究状态中,研究怎样发现问题,如何改进工作,这个传统非常好,是我校研究生教育创新发展之所以保持全国领先地位的一个重要因素。

第三,基建资金等向研究生院倾斜。考虑到研究生在国家建设中的地位,我们采取了几项重点措施,譬如压缩校长基金支持学科建设、基建建设,重点抓好研究生宿舍建设、设备处建设,优先保证研究生教育所需的仪器设备,这为我校研究生教育的飞速发展提供了良好的物质基础。改革开放以后,随着研究生和本科生规模的不断扩大,各个学校面临着一个共同的问题,就是研究生生活学习空间紧缺,我们调研发现,研究生的招生人数很大程度上取决于住房情况。所以,在创建研究生院的初期,我们就投资建设了一大批研究生宿舍,博士生宿舍是一人一间的,硕士是两人一个房间,这种条件令全国很多高校羡慕,不少学校都是因为缺少房子,导致不能招生或招生人数较少,我们则大量地招收硕士生和博士生,二者的数量在全国名列前茅。可惜这种情况没有持续太久。我记得很清楚,每一次研究生入学的时候,工人都要把新家具搬到研究生宿舍,为了研究生第二天可以正常入学,有些工人通宵工作,一些年轻工人搬家具累得都躺在地上了,不过他们还是保证了研究生的正常入学,工人们的辛劳,很令人感动!

第四,大力宣传研究生院在重点高校中的作用。研究生规模现在占据了我校的"半壁江山",但在20世纪80年代之前,我校的主要任务一直都是培养本科生。由于研究生数量少,一般学校领导干部对于培养研究生的观念都比较淡薄。比较滑稽的是，在有的部门发的通知中，研究生院往往被"漏掉"，这也能说明，在当时社会氛围中研究生教育的受重视程度。所以，当时我们就想办法从思想观念上做出改变，比如认真做好研究生院在重点高校建设中作用的宣传工作，当时主要强调了以下几点。

（1）促进高层次人才培养的枢纽地位。研究生院建设是高校响应国家高层次专门人才培养需要的重大措施，而非一般措施。我们通过与国际研究生教育接轨，制定了具有中国特色的长期发展规划、统一的培养方案和课程体系以及论文标准，为国家高层次专门人才的大批量培养提供了制度保证和质量控制方面的管理经验。

（2）提高学校教学科研水平和学校服务社会的整体功能。研究生教育（特别是博士学位）质量反映了一所高校的教学和科研水平，它的提高也带动了本科生教学质量的提升。这两者不仅不矛盾，而且相互促进，通过研究生的培养，不仅带动和促进了学科建设，学校一部分教师的科研能力、学术水平和教学水平也有了明显提高。再去讲课时，这一部分教师与一般教师的授课就会不一样，学校的实验技术人员和工人解决实际问题的能力也得到了提高。研究生教育的成功，势必会成为推动本科教育的强大动力，带动学校课程设置、课程内容方面的全面改革。同时，密切结合国民经济发展要务，进行研究生培养，也增强了学校服务社会、服务国民经济发展的功能。

（3）带动学风建设和政治思想工作的牛鼻子效用。研究生（如博士生）与本科生（大一新生）的年龄要差10岁左右，在政治思想方面的成熟程度上，二者差距很大。实际上，本科生总是在看着研究生大哥、大姐们的行为举止，他们怎么学习、怎么想问题，本科生都会跟着模仿，在学风建设和政治思想教育工作方面，只要研究生层面做好了，本科生方面也就容易得多。有鉴于此，我校出台了加强研究生思想政治工作的系列文件，希望可以以点带面，把全校的思想政治活动搞活。党委在各系设一位总支副书记主管研究生思想工作。1985

年,研究生各系积极筹建党支部,加强党的思想教育与学习。当然,研究生有他们独立的思想,一旦抓好了研究生方面的工作,他们的学风、思想就会影响本科生。因此,在政治思想教育方面,抓牢研究生应该是学校的一项很重要的工作。当然,本科生也要抓,各有各的特点和问题。

(4)在学科建设中坚定研究生培养的中坚地位。在评选博士点、重点学科和重点实验室的过程中,国家实际采用的是这样一套工作方法:先评博士点,然后在博士点中评定重点学科,最后在重点学科的基础上,评选国家、教育部的重点实验室和其他专业实验室。研究生院创建初期,在大家的努力工作下,到1986年,经过国务院学位委员会三次评审和批准,我们有28个学科被授予博士点,有52位博士生导师,这个数字在全国高等学校中名列前茅,在理工科学校中,排名第二。在1988年,我校有电气、热能工程、流体机械及流体动力工程、电工材料及绝缘技术、固体力学、机械制造、生物医学仪器及工程、金属材料及热处理、电子材料与元件、系统工程、工业管理工程11个学科被评为国家重点学科,数量仅次于清华大学,位列工科院校第二。

1988年,研究生教育工作有突出贡献的博士生导师合影(前排左六为史维祥)

在重点学科的基础上，评选重点实验室。我校获批 5 个国家重点实验室，即机械结构强度与振动、机械制造系统工程、电力设备电气绝缘、金属材料强度、动力工程多相流。另外获批电子陶瓷与器件、电子物理与器件、现代设计及转子轴承系统、生物医学信息工程 4 个教育部重点实验室，还有一个流体机械及压缩机国家工程研究中心。

通过研究生院初创以来的艰苦创业，经国家评定，到 1988 年，我校有 26 个博士点，11 个国家重点学科，10 个国家或教育部重点实验室、中心，这些都是我们西迁的精华，也是西安交大今后发展的基础，是我校能够屹立于国家重点大学的资本。现在回想起来，如果当时没有抓住研究生院创建机遇，西安交大今天的发展可能就缺少了重要支撑。

◆ **（三）潜心创新做贡献**

80 年代研究生教育的创新实践，是我们学校改革发展的一个重要缩影。我们与研究生院干部师生凝心聚力，矢志创新，做了几件比较有贡献意义的工作，在全国研究生工作改革发展方面，发挥了比较好的示范作用。

第一，研究生院在改革中不断建设创新，形成一套比较完整的、具有自己特点的培养管理制度，建立了相对稳定的学位课程，建立了学位论文的审查标准与审查程序，制定了全面的学籍管理条例和课程管理条例。20 世纪 80 年代早期，国内各学校开始大批量培养研究生，但对于研究生学位论文该如何写，大家并不清楚。为此，我们组织研究生院就"硕士学位论文的选题与撰写"进行研究并发表了相关论文，这项研究（论文）对于统一学校研究生论文撰写的方式、规格起了一定作用。该文后被《高教战线》转载，在一些高校中传播，作为科技写作的参考教材使用。对研究生学位课程的设置、建设，我们也有系统的设想与实践，在全国最早实现了硕士学位课程设置建设和管理的规范化、系统化,因此,"研究生教学的科学管理"项目获得1989年陕西省优秀教学成果特等奖;"硕士学位课程的建设与管理"项目获得1993年国家优秀教学成果一等奖。

第二,出版研究生系列教材。整个"七五"时期,我校出版发行研究生系列教材30种,发行量达到27万册,平均每种约9000册,在全国研究生教育教学中受到广泛认可,其中很多教材成为一些高校研究生培养的专用教材。

第三,建立了研究生的专业实验室。当时我们发现研究生的动手能力比较差,为此,研究生院出资200万元,建立或改建了7个课程实验室,如计算方法、专门物理、电气测量等。研究生可以直接到实验室做自己想做的实验,本科生从中也受益匪浅。特别是计算方法实验室主要供硕士生进行上机实习,把计算方法课程教学与上机训练结合起来,这对工程类型的硕士生的学习意义尤其明显。

第四,1984年,我校在国内高校中率先使用自己设计的学位服,是全国较早使用学位服的单位之一。我校设计的学位服底色为紫红色,学士服袖口有一条杠,硕士服有两条,博士服有三条;校长有校长服,在领口处内嵌有"龙"样图案。现在,学位服全国统一了。我们在国外进修考察时,发现国外高校对学生的毕业是十分重视的,毕业典礼也邀请学生父母参加,而且都会穿着学位服。受到这方面的启发,我校也开始设计使用学位服,当时我们主要是基于以下几方面的考虑:第一,对学生来说,他们辛苦了这么多年,穿上学位服,可以说是对他们刻苦钻研、勇攀科学高峰的一种认可和鼓舞;第二,对于在校学生来说,也是一种激励;第三,这是国际上的一种惯例,每一种学位都有与之对应的学位服。

第五,1984年,我们提出同其他高校联合培养工程硕士的提议。1984年7月,我校成立研究生院,10月,西安交大就主持召开了全国11所院校参加的工程硕士研讨会,这是全国第一次硕士培养研讨会。

历经十七年,西安交大成为全国专业门类最多、招生最多的工程硕士点的学校。这个创意经过十余年的积极实践创新,获得了2001年国家级教学成果二等奖。这是我们首先提出并进行实践的。因为我们地处西北,当时西北工厂、研究所里缺少高层次人才,工厂要把技术人员送到学校进行专门培养,很可能他们就再也不回来了,这样就很容易失去人才。面对这种形势,工厂向我们提出要求,能否有一种既可以在学校深造,又可保证毕业后回原单位的培养方式。为此,我们学校首先提出来,同清华等学校共同倡议联合培养工程硕士。第一批工程硕士毕业的时候,人数最多的单位是洛阳第一拖拉机厂。后来,这些人才有很多成为工厂的领导和骨干。

第六,我们首先在国内提出办工商管理硕士(MBA)的倡议,是全国较早MBA试点的9所高校之一,并在1990年开始筹备招生。MBA是我国试点的一个硕士层次的专业学位,我们的MBA介于国外的MBA和EMBA(高级管理人员工商管理硕士)之间,国外的MBA基本上是脱产学习两年,要求很高。EMBA是针对高级经理的,主要是讨论式学习,是在职学习。我校的MBA从教学内容和招生来源上,参照了国外的MBA,教学组织上又参照了国外的EMBA。

第七,扩大在职人员的招生比例,加强应用型人才的培养,建立了部分学科与高校研究所联合培养基地,建设了一批重点学科,健全了研究生质量评估办法,完善了研究生筛选制度。同时,面向工矿企业研究所单位,针对单位许多优秀的中级科技骨干,为他们提供继续深造的机会,培养出更多应用学科的专门人才,从1987年开始,我校招收论文博士生。论文博士生必须有一定的研究基础,并且原单位有适合博士论文的科研课题以及充足的科研经费。论文博士生的资格必须经过考核小组审核,导师指定论文博士生的课程,学习方式主要是在原单位一边工作一边自学,经过考试取得规定学分,如需要也可在校住读一段时间。论文博士生的毕业题目应在原来科研工作的基础上拟定论文、选题报告及工作计划，并按计划执行。1989 年 12 月，我校系统工程专业论文博士生郭保平，经过两年多刻苦自学，以优异的成绩通过了学位课程考试。他的论文经过 30 多名专家的评议，认为具有广博的知识，在系统工程、经济理论、数学方法和计算机软件等诸多领域，采用了坚实的理论基础和实践经验，其研究的课题具有重要的理论意义和较大的实用价值，论文达到了博士水平。在论文博士生方案的实施过程中，我校制订了论文博士生的培养方案。

第八，在陕西省教育厅的领导下，我们把陕西省的高校联合起来，建立了陕西省学位与研究生教育工作学会。在陕西省研究生教育方面，我校发挥了很大作用，为其他兄弟院校做了较多工作，比如帮助订立研究生培养方案和计划，指导如何做好硕士点、博士点的申请规划等。在我们学校研究生教育改革实践带动下，陕西省研究生教育工作呈现出欣欣向荣的景象，研究生培养规模位列全国第三，仅次于北京和上海。

到 1995 年，在全国 33 所试办研究生院的学校的评比排名中，我校综合成绩位列第五，其中的研究生管理水平评价项目，学校排名第一；北大、清华、南大和复旦分列前四位。与复旦研究生院相比，我校在博士生论文质量的抽样检查中，落了分数，由于我校的学科积累和生源质量不及沿海地区，结果以微弱劣势位列第五。但我们的管理排名第一，建立了一套完整的管理办法。为此，在我校研究生院成立十周年时，国家教委还曾专门发了一封贺信，写道："10 年来，西安交通大学研究生院努力以邓小平同志建设有中国特色社会主义理论为指导，坚持三个面向，全面贯彻国家教育方针和政策，不仅培养出了大批素质好、质量高的合格高层次专门人才，而且通过办好研究生教育，促进了学校学科建设和科学研究，使学科的整体水平有了很大提高，带动了学校的全面发展，为我国的研究生教育事业做出了重要贡献。"这就是国家教委对我校创建研究生院早期工作的总评价。

二、坚定不移求质量

研究生教育是我国教育结构中的最高层次,是培养专门人才的最高阶段。能否尽快地为"四化"建设的各条战线培养大批优秀的研究生,关系到我国教育事业的成败,也直接影响到我国国民经济的发展。从1978年恢复研究生招生以来,我国研究生教育进入了史无前例的大发展阶段。西安交大的研究生教育进展也是如此,研究生招生人数,每年以很快的速度在增长,至1990年,我校研究生的在校人数近2000人,其中博士生近350人。从质量上看,我校研究生的教学质量较好,论文水平较高,得到社会好评。国内外专家普遍反映,我校培养的研究生有较强的独立进行科研的能力,学风好,基础扎实,学位授予要求严格。一大批毕业的研究生,在工作岗位上已经成为骨干力量。十年的研究生教育改革实践证明,实施学位制度,独立自主地培养具有我国特色的硕士与博士学位研究生,是培养高质量的专门人才的有效措施,是我国教育史上的一个里程碑,是我国科学教育水平有了新的提高的标志。坚定不移地、努力地提高研究生的培养质量,积极地、有领导地进行研究生教育教学改革,努力创建具有中国特色的研究生制度,是我国研究生事业得到更加迅速发展的关键,也是我们80年代研究生工作的核心任务。

结合我们自身的实际情况,立足研究生思想业务能力的提升,80年代我校着重进行了以下几项改革,目标很明确,就是要使我校自己培养的硕士、博士的业务能力能与发达国家的硕士、博士并驾齐驱。

◇ 1. 严格学位制度,确保学位质量

严要求,是研究生质量保障工作的基础。在整个研究生的选拔、

1985年,首届博士学位授予大会举行

培养和授予学位过程中,我校始终贯彻一个"严"字,严格按照《中华人民共和国学位条例》《中华人民共和国学位条例实施办法》的有关规定执行。为了更好地贯彻这些条例,根据学校实际情况,我校先后颁发了《西安交通大学学位授予暂行细则》《关于制订和执行各专业攻读硕(博)士学位研究生培养方案的具体规定》《各专业攻读硕(博)士学位研究生培养方案》等文件,明确培养目标,严格教学要求,加强管理制度,使导师和研究生活动有章可循,取得了较好的效果。比如,关于硕士学位学术水平,在《中华人民共和国学位条例实施办法》中提出了应"对研究的课题有新的见解"。但关于"新的见解"却众说纷纭。为此,我们在《关于评审硕士学位论文水平的几点意见》中,提出了具体的标准,促使研究生对学位论文的撰写提出更高的要求。比如,让有些只解决了实际问题而无理论分析的论文,进一步完善理论分析,而有些只有数学模型和计算的论文,又补上了实验验证。这样,通过独立的、完整而系统的硕士论文工作,切实保证了研究生具有从事科学研究工作和独立担负专门技术工作的能力,保证了学位条例具体要求的执行。

◇ 2. 加强指导教师队伍建设,发挥导师的指导作用

在很大程度上,研究生指导教师的水平决定了培养出来的硕士、博士的水平。改革开放伊始,国内外交流逐渐频繁,在同国外专家学者的交往中,我们强烈地感受到现代科学技术的发展已今非昔比,现代科学技术已进入高度综合的阶段,即使在某一学科内,任何个人都难以做到全能,依靠教师个人的单打独斗,很难创造出高水平的科技成果,更难培养出高水平的研究生。当时我们就指出研究生教育工作是一个系统工程,除发挥指导教师的作用外,还要尽可能发挥集体的指导作用。当时我们主要采取了两种形式:一是自愿原则,组织成立集体指导小组;二是协助指导教师组成学术梯队,集体研究培养方案、课程大纲、论文选题,交流学术思想,相互取长补短,使培养出来的研究生有较宽的知识面。

培养高质量的研究生,导师的学术水平是一个很关键的因素,当然,研究生指导培养的方式方法也很重要。为集思广益,及时交流总结好的指导方法,我们在学校媒体上经常刊登一些指导教师的好的经验,同时还每两年组织一次研究生工作经验交流会,让大家可以取长补短,相互借鉴,为研究生教育方式方法的改革创新,积累经验,提供便捷的路径。这些工作对我校研究生教育水平的提升起到了很好的促进作用。

◇ 3. 发挥研究生的主动学习精神,提高研究生的独立工作能力

研究生自主学习实践能力是培养的核心。在《制订1984年硕士生培养计划的通知》中,我们明确提出"注意培养硕士生独立工作能力"。在具体的培养工作中,我们明确提出,第一学年要设置科技工作训练课程,要求在工作结束时写出总结报告,研究生必须独立自学完一门课程,开设研究生专题讲座等。这些具体规定都收到了很好的效果。信息控制系对研究生的课程教学采取了更灵活的办法,一是让硕士生自学导师指定的参考书,定期答疑;二是让硕士生轮流讲

课，导师组织讨论和总结；三是规定一些文献让研究生阅读，进行汇报，并提出自己的看法，然后导师再指定其他文献让他们做进一步深入的学习。这样，课程教学的深度和广度都得到了进一步的发展。

在研究生自主能力的培养上，要注意发挥导师的引导作用，要引导研究生自己思考问题和解决问题。导师既不放任研究生的发展，又不包办代替。在学位课程结束后，我们要求研究生填写论文计划表，在指导教师指导下独立完成选题报告，并让他们向指导教师报告。这是一项很重要的工作。我校长期的工作实践证明，抓好论文选题工作是培养研究生独立研究能力的一个重要环节。

另外，我们还重视研究生上机能力、动手能力和教学实践能力的培养，并采取了一些必要的措施。研究生除了要有专业知识外，还应当有比较丰富的横向知识。为此，我校已开设过现代管理系列讲座、统计模型系列讲座、情报检索讲座等。研究生自己组织了横向科学协会，为工厂进行科技咨询，既解决了工厂急需解决的技术问题，又提高了学生自身的能力。

◇ 4. 论文选题要重点面向经济建设，缩短研究生直接服务社会的周期

研究生的培养与国家经济建设相适应，是我校研究生教育工作的一个方向。研究生直接面向经济建设选择课题，好处是在学习期间就有可能直接为生产做贡献，毕业后能很快适应工作的需要，也解决了研究生培养经费紧张的问题。例如1984年信控系通过的18篇研究生学位论文，其中侧重于应用性理论研究的有6篇，侧重于工程设计和仪器研制的论文有12篇。我校研究生关于"集成电路表面的计算机视觉检测"的成果获全国1984年微机应用一等奖。实践证明，完全可以把面向经济建设和保证学位论文的学术水平结合起来。

论文选题要重点面向经济建设，绝不是说要排斥那些对科学技术发展有意义的基础理论研究。根据科学发展的需要和我校实际情况，我们有重点地组织一些基础学科的研究，进行一定的技术与结论

储备，这也是非常必要的。

◇ 5. 严格要求，把好"五道关"

为了在国际上为我国的学位建设赢得声誉，我们认为要严格把好"五道关"，即招生关、入学关、课程关、论文关、学位授予关。由于研究生的淘汰率比较低，把好招生关与入学关是十分必要的。我们在命题、阅卷、录取方面严格把关，保证研究生入学质量，各专业明确学位课程和教学大纲，论文首先要在教研室报告讨论。所有这些措施，保证了硕士学位的授予质量，用人单位普遍反映较好。

由于我们注意研究生的质量，严格学位制度，我校的硕士学位已逐渐为国际所承认。比如，1984年应我国教育部邀请，美国大学组织了一个研究生院院长代表团来中国交流访问。6月，代表团来到我校做报告，同时参观了解了我校研究生教育的实际情况，之后进行了座谈。塞莱克斯大学的Weiss院长，认为我们学校的软硬件条件，已经达到了西方先进国家的水平，完全有能力培养出第一流的博士和硕士。康奈尔大学的院长则对我校的硕士生赞不绝口，认为我校的硕士生对自己所从事的研究工作很精通，对将来要做的工作很有想法，硕士的质量是符合国际标准的。还有一位院长对我校数学系研究生的课程设置和研究方向很感兴趣，表达了进一步合作交流的意向。但在交流中，也有不少国外专家指出，我校硕士学位论文要求过高，特别是"新的见解"的提法。他们认为要求过高，培养时间过长，经费投入较多，可能不是特别合适。为此，我们几位校领导，还有研究生教育的骨干教师曾经一起座谈沟通过，一致认为，西方普遍重视博士教育，注意引导学生敢于开辟新领域，培养独创精神，这些方面是值得我们借鉴的，但对于硕士生的培养，相对来说，重视程度不够。考虑到当时我国博士生数量还比较少，硕士研究生是我们国家高层次人才培养的基础，我们认为还是必须强调质量，不宜过早地降低硕士学位的要求。

从1978年恢复研究生招生以来，我校在研究生的培养和管理方面积累了一定的经验。为了进一步提高研究生的培养质量,我们经常就研究生培养中存在的问题进行调查,并召开各种座谈会。综合各方面意见,大致来说,当时反映比较多的问题有以下几个:①部分研究生基础课安排得比较薄弱,知识面太窄;②课堂教学学时太多,研究生自学的时间太少;③有些专业教学计划太死,研究生自由选课余地不够;④研究生间相互交流、切磋学术不够,缺乏生动活泼的局面;⑤有些专业比较注重基础研究,对直接服务于国民经济的选题重视不够;⑥在招生录取和学制方面统得太死,不利于一批拔尖研究生的特殊培养;⑦同级学位培养规格单一,不能适应各行各业的实际需要。

这些问题之间的相关性貌似不大,但我们很清楚,它们指向的都是我国高等教育在由计划体制向市场体制转换的背景下,如何实现自身转变创新发展的问题。围绕这一点,为了更好地适应"四化"建设的需要,根据实际情况,我校针对研究生教育采取了以下八方面的改革措施。

(1)在研究生招生和培养中给予指导教师更多的主动权,充分发挥指导教师的主导作用,以利于因材施教和拔尖人才的培养。在研究生(特别是博士生)录取方面,我们给予指导教师更多的主动权,充分发挥指导教师的主导作用。对于某些课程分数虽然偏低但能力很强或有特长的学生,只要指导教师提出充分理由,经学校批准,允许破格录取。这样做既有利于某些具有特殊智力学生的选拔,又有利于师生学术上的密切配合。在课程设置方面,允许指导教师根据研究生的特点设立不同的自由选修课,特别是跨系、跨专业、跨年级的自由选修课。在论文选题方面,允许指导教师跨学科选择论文题目。在整个培养过程中,既考虑到指导教师专长,又考虑到研究生的特点和兴趣,同时考虑国家需要,使师生配合默契、相辅相成。

(2)设立工学中的工程硕士学位,通过各种途径培养多种规格的研究生以适应各行各业的实际需要。《中共中央关于经济体制改革的决定》指出:"经济体制的改革和国民经济的发展,迫切需要大批既有现代化的经济、技术知识,又有革新精神,勇于创造,能够开创新局面的经营管理人才,特别是企业管理干部。……在不太长的时间内,造就出大批能够卓有成效地组织和指挥企业生产和经营的厂长(经理),能够有力地加强企业的技术管理、推动技术进步的总工程师,能够切实加强企业经营、提高经济效益的总经济师,能够严格维护财经纪律、精打细算、开辟财源的总会计师,能够坚持正确的政治方向、团结企业广大职工的党委书记,形成一支包括这些人才在内的,门类齐全、成龙配套的社会主义经济管理干部和技术干部的宏大队伍。"当时,我国的硕士学位只有一种,相当于国外的科学硕士。总的来说,他们比较适合在高等学校和科学研究单位工作。在工学中设立工程硕士学位则可更好地面向实际生产单位,有利于新产品和新技术的开发和引进。工程硕士学位的研究生应直接参加工厂企业技术改造工作,学位论文主要是直接取得经济效益的新产品、新设计、新技术、新工艺,这部分研究生可以从工厂企业直接招生,定向培养。对于有实践经验的技术人员可优先录取,对在工厂企业技术改造中有实践经验的技术人员可免试录取。培养工程硕士学位的研究生,对加速国民经济的发展有着更加现实的意义。

(3)实行灵活的学制,充分调动学生学习的主动性,尽快为国家输送大量优秀人才。一般来说,研究生的课程可以分为三类:必修课(外语和马列主义理论课)、指定选修课(学位课程)和自由选修课。我校当时采用灵活的培养机制,规定研究生入学后,可申请参加任何研究生课程(马列主义理论课除外)的免修考试;也可不参加课程学习直接参加考试取得学分。后来,我们进一步完善了研究生的学分制规章,要求学生只要完成硕士学位课程,取得了规定的学分,并通过论文答辩,就可以提前毕业和提前申请学位。如果在两年半内不能完成研究生规定的课程学习和论文,则以结业处理。博士生的培养时间经校长批准可延长半年。凡结业的研究生可在两年内返校申请论文答辩。如果完成规定学分并通过论文答辩者,仍可授予学位,这一套灵活的培养机制至今还在沿用。

(4) 改革研究生考试科目,鼓励考生跨学科、跨专业报考,以引导边缘学科和新兴学科的科研创新。改革开放初期,我们全国的研究生入学考试科目存在很明显的一个局限,就是专业口径太细太窄,特别是专业课太专,这种情况比较有利于本专业毕业生报考,不利于校际交流人才和跨学科报考,更不利于边缘学科和新兴学科的发展,从而发挥研究生的特长。所以,为了打破专业培养之间的"高深"壁垒,我校研究决定,将专业课考试与综合考试合并进行,注意考试题量大一些、面广一些、内容更基础一些,以考查综合运用多门学科知识的能力。这样也可避免"近亲繁殖"。在研究生入学后,我们也大力提倡研究生跨系、跨专业自由选课,同时,注重课程内容的更新,当时我校有一个规定,要求授课内容除必要的基础理论外,其余内容要能及时反映现代科学技术的新动态、新进展。另外,为了鼓励学生跨学科发展,在硕士生中我们实行了双学位制度,规定在攻读第二学位时,可免去外语和政治课的学习,如此一来,我校就培养出了一批新兴学科的人才。

(5) 减少课堂教学时数,给研究生更多的时间自学、选学和进行科学研究工作,培养研究生独立工作能力。我们传统的教育方式,不论本科,还是研究生,主要是灌输式的。这种教育方式在改革开放新时期暴露出很大的问题,特别是在研究生能力培养方面。为此,我校研究生教育改革的一个突破点就是实施启发式教学。当时我们强行将课堂学时压缩了一半左右,要求教师给研究生讲课,只需列出教学大纲,印发讲授要点,指定参考书目,布置习题作业,以锻炼学生自主学习能力;要加强实验等实践环节,以保证教学质量。在考核考查方式上,增加开卷考试和口试的科目,真正考查学生的能力。任课教师要注意课程内容的更新,特别是自由选修课中要能够反映科学技术的最新动态和最新成果。在培养计划中应规定研究生必须在导师指导下自学完一门课程并参加考试。组织好研究生的讨论班和科技训练,提高研究生的独立工作能力。组织研究生参加国家重点科研项目,大力支持研究生进行应用课题的开发研究和科技咨询工作。通过研究生的横向科技协会和科技服务中心,加强研究生之间的学术交流,使研究生在学习期间能得到更加全面的发展。

(6)进一步加强研究生的管理和导师队伍的建设,实行研究生的质量分析与质量评比。好的措施,好的思路,必须真正落实。为加强研究生教育改革的落实,我们要求研究生院必须强化研究生的管理工作。实事求是地讲,研究生院在管理研究生方面做了很多创新性工作,比如建立了研究生学习档案的计算机管理系统,大大提高了管理工作的效率;研究生院邀请专家对各系的培养工作进行检查,对于已答辩论文进行复审。同时,指导各系之间进行研究生培养的质量分析与质量评比等。在此基础上,我们也曾建议国家教委对各高等院校研究生的质量进行分析和评比,排出名次,以便交流经验,取长补短。

(7)设立各种奖学金,鼓励拔尖人才成长。我校除设立了"陈大燮奖学金"外,又增加了"振兴中华奖学金",对研究生中的优异生、撰写优秀论文者、取得优秀科研成果者,予以物质奖励并颁发荣誉证书。努力为他们创造条件,鼓励他们参加各种学术会议,选拔一批"尖子"人物到国外进修或攻读博士学位,进一步提高他们的学术水平。

(8)面向经济建设主战场培养工科类研究生,特别是硕士的培养要适合工厂、企业的需要,要大力培养具有设计、开发新产品能力,消化、创新、引进技术能力,有一定经营、管理能力和较高外语水平的高级工程技术人员。为此,我们不断修订研究生培养方案,明确硕士学位论文的要求,大力提倡工科硕士学位论文面向实际、面向生产第一线,努力培养学生对解决生产实际问题的浓厚兴趣和过硬能力。与此适应,当时我们就建议国家教委改革研究生分配制度。我们认为,研究生分配制度改革的步子要比本科生跨得更大,应率先实行国家不包分配,由研究生自行选择或由导师联系工作单位,应允许国家迫切需要的或承担重大科研任务的专业、学科自筹培养经费,扩大招生人数,把竞争机制恰当地引入研究生招生、培养和分配中去。此外,着力改善培养研究生的条件,包括研究生的生活条件和科研条件。当时我们发现,由于设备条件的限制,已使不少学科专业的博士论文水平难以提高。而且在校博士生生活相当艰苦,这也成为博士生生源不足的重要诱因。

为了使研究生院能集中精力抓好研究生的培养质量,必须改变过去的工作方式。我们决定把培养计划的审批权下放给系主任,硕士学位的主要审查工作下放给系学位评定分委员会,更好地发挥系一级的积极性,以适应研究生研究方向互异、业务素质不同、论文情况多变的实际,便于因材施教和具体把关。对于硕士生培养,这样做是必要的,也是有利的。对于博士生的培养,目前还需集中在研究生院统一管理。在"放权"的同时,为了保证培养质量,我们进一步补充了一些新的规定。比如,硕士学位论文必须有一名校外专家参加评审,以杜绝可能产生的弊端,并起到学术交流的作用;系学位评定分委员会有争议或不太一致的个别问题,由校评定委员会进行审查;研究生院加强学位质量的监督,通过每年一次评选优秀论文,树立榜样;对学位论文在公开刊物或学术会议上发表的情况进行了解和社会评价;采取随机抽样方法,由研究生院约请校外专家复审已通过的学位论文;利用一些机会请国外同行评阅。这样,研究生院就可以从具体事务工作中解放出来,有更多的时间进行调查研究,提出提高培养质量和学位水平的措施,解决一些博士点和硕士点的实际困难,为提高研究生质量创造一些具体条件,组织一些跨学科的硕士点与博士点的建设。

国外已经有了较久的培养研究生的历史,许多做法可供我们借鉴。但由于社会制度和国情的不同,我们必须也应当走独立自主的培养人才的道路,培养具有中国特色的硕士与博士,为国家输送一批德才兼备的优秀人才。当时我们的信念很坚定,作为社会主义国家的博士与硕士,应当有自己的特点。只要我们勇于实践、不断探索,我们就一定能建立一套具有中国特色的社会主义研究生教育制度和学位制度。

三、课程创新获益多

由于当时全国的研究生教育改革处在不断探索中,我校走了一条边干边总结、边改进的改革路子。学位课程建设是研究生人才培养的基础保障。我校改革的方向是要建立比较科学合理的研究生学位课程体系。

1984年,根据研究生人才培养的实际和目标,我校出台了《关于研究生教学改革的意见》,从1985年上半年开始全面设置各专业学位课程,并在1985级研究生中实行。学位课程的设置,我们要求以指导教师为主,并要经过各系学位评定分委员会讨论审查。从实施过程来看,总的结果还是比较不错的,但也出现了一些偏差。如:①学位课程局限于为具体研究方向和研究课题服务,而不是把它视作培养专业硕士生的必要基础。这就导致学位课程会因课题而异,因导师而异,甚至因研究生而异。所以,令人费解的是,当时有些专业已设置了五六个方向的学位课程,却无法制订统一的教学计划。②对学位课程设置的必要性与意义认识不足。③学位课程设置时未能广泛征求指导教师意见,致使课程设置得不够合理,要么专业学位课程全是基础课而无专业课;要么全是专业课而无基础课。有些专业设置的学位课程内容知识面太窄,因此适应性很小。④对跨专业招收的硕士生,过多地强调了学生的来源。对于一些新的研究课题,过多地强调跨学科的研究方向,忽视硕士生的培养规格,忽视专业的基本要求。

针对以上情况,我们校领导班子比较重视,有问题虽然不好,但早一些暴露比晚一些暴露要好,特别是在改革探索阶段。我们坚持问题导向,召集相关方面的人员听取意见,认真分析,针对三个核心问题采取措施,继续深化研究生学位课程的建设。

◇ 1. 为什么要设置学位课程

针对"为什么要设置比较稳定、相对集中的学位课程"这个问题,我们深切感受到,首先要有一个统一的认识。《中华人民共和国学位条例》第五条规定,对攻读硕士学位研究生要求:①在本门学科上掌握坚实的基础理论和系统的专门知识;②具有从事科学研究工作或独立担负专门技术工作的能力。国家学位委员会在这两个方面的要求,具体体现在学位课程和学位论文中。学位课程比较多地反映了研究生的知识水平,学位论文比较多地反映了研究生的能力水平。能力是获取知识与解决问题的手段,知识则是能力赖以生存与发展的基础,二者相辅相成,不可偏废。两者的有机结合才能培养出"四化"建设所需要的人才。当时,我们已经碰到很多这方面的例子,有的研究生到高校工作后,面对最基础的授课任务竟然一筹莫展,连一些本专业基本的课程都不能开设。有的研究生在攻读博士学位后,突然感到基础知识严重不足,极大地限制了学生创新能力的培养。这些事例,也强化了我们必须重视学位课程建设的决心和信心,它事关硕士生毕业后进一步发挥作用,也关系到今后博士生的质量。

设置学位课程的出发点还是专业内容的既有特性。一个专业,必然要有最基本、最稳定的内容,这些基本内容正是一个专业区别于其他专业的本质属性。有了这些基础,才能真正从事这个专业的工作。这就是专业学位课程可以保持相对稳定的根据,也是专业学位课程可以规范化的根据。如果专业的学位课程没有一个标准,一年一变,一人一变,不是按照学位课程来培养和授予学位,而是完全自由地确定学位课程,那么,这将不利于保证与监督学位质量。

学位课程应能保证硕士生掌握本门学科坚实的基础理论和系统的专门知识,因此不能设置得太窄、太细,不能让学位课程完全服务于硕士生的研究课题。有一种看法认为,硕士生的质量主要是看学位论文。有的导师在硕士生一进校时,就明确论文课题,而且培养计划只着眼于课题。实际上论文课题就是导师课题的一部分,基本思路与方法都是导师提供的,用的基础知识也有限,这样的学位论文本身也许会完成得较好。但如果不加强学位课程的管理,很难说学位质量也是高的。

对于跨专业招收的学生更要有一个学位课程管理的标准。不管是从哪个专业招进来的学生,既然要授予某个专业硕士学位,就要保证他们学好某个专业的硕士学位课程,这样他们才能掌握本门学科坚实的基础理论与系统的专门知识。我们不能因为其是跨专业招来的学生就放松学位课程的要求。对于个别跨专业培养的学生,学位课程可能会有所不同,这里涉及一些新学科的建设。对于跨专业培养的学生,学位课程更不能太窄、太细,降低学位课程的要求。类似这种情况要有计划、有目的地培养,要严格审批制度。不能认为跨专业招生就要跨专业培养,也不能把专业的相互渗透,或者某些新的方向、新的课题都认为是跨专业培养。跨专业培养是涉及几个专业的新的学科的培养。

我们当时一再明确,硕士生在校期间主要是培养问题。要立足于培养,通过培养出人才、出成果。要通过硕士生自己所选修的课程学习和导师的引导与合作,通过硕士生独立学习与工作实践,推动硕士生全面培养的进程。

◇ 2. 学位课程设置的原则

为了保证硕士生的质量,硕士生的学位课程设置要有必要的规范、合理的结构层次以及一定的灵活性。要从二级学科的需要出发,开设硕士生的基础课与指定的专业选修课。内容要有一定的深度，而且要有较大的覆盖面。基本原理和知识要优先安排，并要求学生吃透、学到手、用得活。这就是我们设置学位课程的原则。所谓二级学科，具体来说，就是所授予学位的专业点。比如计算机科学与技术是一级学科。而计算机软件、计算机组织与系统结构即是二级学科。我们根据二级学科授予相应的学位。因此，学位课程也必须从二级学科需要出发，按二级学科设置。

《中华人民共和国学位条例》规定，要使硕士生掌握本门学科坚实的基础理论与系统的专门知识，其中的"本门学科"很重要。这就是说，学位课程要体现本学科的特点。根据几年来的实践，除了外语6个学分、政治课3个学分外，还要安排3~4门学位课程，占9~12个学分。学位课程中应包括基础课与指定的专业课，既不能全是基础课，也不能全是专业课。每一门学位课程设置都要有一定的深度与覆盖面，任何一门学位课程都要保证必要的质量。

学位课程相对集中以后，怎样适应导师不同方向、论文工作的需要以及研究生个人的差异呢？这个问题依靠另外的9~21个学分的非学位课程来解决。对于学位课程可略微多增加几门，根据不同的情况有所选择，对于非学位课程可给予充分的灵活性，由导师与硕士生联合确定实施。而且课题改变了，非学位课题也可以变，有些内容还可以通过论文阅读与专题讨论来解决。在学位课程中有一定的灵活性，在非学位课程中也有很大的灵活性，就保证了因材施教与研究方向以及撰写学位论文的需要。

相对固定的学位课程是为了保证硕士生课程的基本质量与专业培养的规范，这是完全必要的。没有这一条，硕士学位就会越搞越乱。没有一定的灵活性也不利于硕士生的培养。我们提出这样一个要求是基本要求，但并不是只希望达到这个要求。实际上，有许多研究生为了扩大知识面和撰写学位论文的需要，自学了许多课程并且不要求获得学分。有的学生在撰写论文阶段结合论文需要自学了几门课程。这对培养研究生的独立工作能力与自学能力是非常重要的。

◇ 3. 学位课程的建设与管理

我校于1985年上半年设置了学位课程，经过半年的实践探索，又做了进一步的修订、充实与完善。为了搞好这项工作，我们着重抓了如下几个问题。

（1）各系（所）与指导教师要充分重视这项工作，首先要明确设置学位课的必要性与原则。要广泛征求指导教师意见，并经系学位评定分委员会认真讨论，一经确定，在一段时间内保持稳定，任何人不得随意改动。

（2）若原来设置的学位课程是合理的，此次不再修订，对少数不合理的专业学位课程，可进一步充实与完善。学位课程可有两种形式：一种设置方法是一个专业设置几组学位课程（一般不超过3组），每一组9~12个学分，是一个完整的整体，制订硕士生培养计划要依据整组学位课程，而不能跨组选择。另一种设置方法是一个专业设置一组学位课，分基础课与专业课两大类。基础课不超过3门，专业课不超过6门。在制订硕士生培养计划时，可在这些课程中选择，但必须既有基础课，又有专业课。今后本专业范围内新增的研究方向，一律不得增设学位课程。

（3）跨专业招收的学生不能单独设置学位课程，应与所授予学位专业学位课程相同。

（4）根据学校发展新兴学科的规划，新增设的新型学科的学位课程，由研究生院另行审批。

（5）1985级硕士生要按照1985年设置的学位课程管理，不得任意变动。从1986级开始按照修订的学位课程管理。未按规定完成学位课程者一概不授予学位。

四、教材建设保障实

为了适应研究生教育事业的发展和教学改革的需要,进一步提高教学质量,必须有计划、有组织地抓好研究生教材建设。在80年代,反映研究生教学水平和特色的高质量教材,在我国教材建设中尚属空白,教师授课大多数采取自编讲义,或指定几种国内外教材作为主要参考书。这种状况显然难以适应研究生教育的要求。因此,研究生教材建设工作,是当时的迫切需要,且具有重要的意义。我校研究生院和出版社联合行动,在"七五"教材规划中,列入一套研究生系列教材(主要为40多种基础课教材和专业基础课教材),以满足研究生教学的需要。

研究生教材建设是必要的,而且是十分迫切的。根据国家研究生培养的要求,我们在制订了各专业攻读硕士学位研究生培养方案和确定了各专业学位课程教学大纲后,首要任务就是加强研究生教材建设,这是确保学位课程质量,提高研究生学识与学术水平,实现培养目标必不可少的一项工作。研究生教材具有自身的特色,与大学本科教材有所不同,其一般反映的是研究生层面长久需要的教学内容,教学方法方面也有差异。研究生教材是作为反映学校教学、科研水平及其成果的一个重要"窗口",从中可以看出学校某些学科的特色和优势。

我们在研究生教材建设方面的目标是出版一套具有西安交大特色和优势的教材,是一套既能满足我校研究生教学,又能适应我国社会主义现代化建设和研究生教育事业发展的研究生系列教材。我们对于研究生教材的编写坚持了如下原则。

（1）教育性。我们进行的是社会主义现代化建设，我们培养的是硕士研究生，必须德、智、体全面发展，具有为国家富强和人民富裕而艰苦奋斗的献身精神，这决定了物质文明和精神文明必须一起抓，所编的教材内容和体系，应努力运用辩证唯物主义和历史唯物主义的观点，按照不同学科特点，阐述科学发展的规律，并注意理论联系实际。

（2）科学性。作为研究生的教材，概念的引入，原理的阐明，公式的推导，数据的引用，都必须有可靠的依据。叙述要严谨，论证要充分，使研究生得到科学方法论的启示。

（3）先进性。根据"面向现代化，面向世界，面向未来"的指导思想，硕士研究生应该有较宽的知识面，较高的适应能力，因此，编写教材，应着眼于研究生未来工作和高科技发展的需要，充分反映国内外的最新学术动态和成就，使研究生学习之后，能迅速接近当代科学发展的前沿。

（4）系统性。为了让硕士研究生掌握坚实的理论基础知识，应保证教材内容有足够的深度和有较大的覆盖面，特别要能全面反映本门学科的基本内容和基本知识，教材内容的阐述，要有系统性，符合循序渐进的原则，并富有启发性，使研究生自学时便于打下坚实的理论基础，掌握专门知识。

坚持上述原则，我们学校编写的研究生教材取得了不小的成果。90年代之前，我校出版的研究生系列教材已多达30种，解决了许多课程没有教材的问题。其类型包括：①全校硕士研究生必修的第一外国语，如《英语精读》、《英语阅读技巧》、《英语写作》等；②工科硕士研究生需要选学的数学，如《工程优化的算法与分析》、《应用数学基础》、《数理统计》、《应用泛函分析》等；③不同的一级学科各自开设的公共课教材、专业基础课教材、一部分学科（专业）的学位课和选修课教材，如《静态电磁场》、《振动力学》、《随机系统理论》、《数值传热学》、《大系统的递阶与分散控制》、《机床结构有限元分析》等；④现代实验技术课的教材,如《电气测量技术》、《非电量电测技术》等。

1989年,我们有一个统计数据,当时研究生系列教材共出版有30种,发行了27万余册,其中第二次印刷的有14种,重印率46.7%;第三次印刷的有3种,重印率10%。这些教材,除我校在研究生授课时全部采用外,全国已有114所兄弟院校分别采用了30种中的若干种,满足了许多院校的需要,为培养人才起到了一定的作用。许多教材得到同行专家、科技研究人员和国外教育代表团的好评。我们调查统计了部分使用者对其中16种教材的反馈,这些评价意见分别来自同行专家、工程技术人员、博士生、硕士生等100余人,不少教材得到了较好的评价,如《数值传热学》一书,被重庆大学热力工程系一位教授选用,作为工程热物理专业研究生的教材。他的评价是:"教材包含的新的信息量大,体现了数值传热学发展的现代水平,教材中引用了大量国内外的有关本门学科的研究成果和资料,以及作者本人的研究成果。著者把这些材料融会贯通,总结概括,使之系统化而成为该教材的有机组成部分。因此,该教材内容丰富,体系新颖,反映了本门学科的当代水平,是国内第一本在高水平上介绍数值传热学的教材,其总的水平达到并部分地领先于国外同类型教材的水平。"又如,对于《工程优化的算法与分析》一书,上海科技大学数学系一位教授的评价是:"经过几次使用,颇有感触。思路和条理清晰,符合循序渐进规律,富有启发性,举一反三,把作者多年教学过程中积累的经验和教训反映在教材中,有利于读者掌握基本理论、基本技能和要进一步思索和发挥的问题,是一本优秀的最优化方法的教材,目前国内尚属少见。"还有国际经济合作公司一位高级工程师也对该书有所评论,他认为:"此书从取材、内容安排到阐述方法特别新颖,具有独特的风格,把读者逐步提到高处。另一突出的特点是书中内容不但注意理论性和系统性,还十分重视实用性,我们采用了书中的方法,解决了我们长期难以解决的问题。"再如北京工业大学自动控制系教授、中国自动化常务理事张志方在《控制理论与应用》杂志上评价《随机系统理论》一书,他认为:"这本书所涉及的内容较新较深,自成体系,条理清晰,理论和应用融为一体,而且在叙述方式上又充分考虑到工科院校研究生的具体情况。因此,这本书是一本比较优秀的研究生教材,也是工程技术人员的有用的参考书。"朝鲜民主主义人民共和国教育代表团于1989年3月20日到我校出版社访问。我们向他们展示了当时已出版的18种研究生系列教材样书,该团团长、普通教育部副部长、教育专家金治浩同志带走了这套教材,并说:"从你们已出版的这么多教材看,反映了你们学校的学术水平、科研力量和教师水平是高的、强的。"我们学校的研究生系列教材建设与管理项目,在1989年获陕西省教学成果二等奖。

在研究生教材编订发行的组织实施过程中,我们总结有如下几方面的经验体会。

第一,在制定研究生教材规划时,确定好教材选题和物色好作者是保证质量的关键。在制定"七五"教材选题规划时,我校各系作者申报编写的研究生教材有350多种,根据编写教材的指导思想和原则,我们经过反复论证,确定了教材选题。物色的作者大多都是研究生教学第一线的任课教师和科研工作第一线的研究人员,因为研究生教材既是教学经验的总结,又是科学研究成果的反映。这批作者对本学科造诣较深,有丰富的教学经验,又在科研前沿探索。实践证明,我们的做法是正确的。

第二,教材的内容质量和印刷质量是统一的整体,好的内容要有好的外观形式来表现。为了贯彻"保证质量,按计划出书"的目标,我校出版社确定研究生系列教材为重点工程,实现"五统一、一保证"的质量要求和时间要求。"五统一"是指,要统一封面设计,统一作者简介格式,统一书本尺寸(大32开本),统一版式设计,统一印刷装订质量指标。"一保证"是指,书稿编完经过专家审阅和编辑加工后,保证半年内出书,若是上课急需的教材必须保证课前到手。

第三,要处理好满足教学需要与注意社会效益和经济效益的关系。我校为研究生开设的课程近 500 门，在确定教材建设出版规划时，我们分析研究了西安交大及一般高等学校研究生的课程设置，并根据我校教师教学、科研的特长，确定主要编写出版全校研究生必修的公共课程教材，又选择编写一些较成熟的专业基础课和学位课程教材。在确定出书时间时，尽量与开课时间紧密结合，特别是大面积授课急需的研究生教材优先出版，如《英语精读》、《计算方法》、《数理统计》，这样既满足了我校研究教学的需要，又满足了许多兄弟院校的需求，取得了较好的社会效益。

在商品经济时代，经济效益和社会效益之间存在相互依存的关系，也存在一定的矛盾。出版发行量大的教材，社会效益和经济效益是一致的。但是，在研究生教材建设规划中，有一些二级学科学位课程所使用的教材的适用面较窄，出版这种教材，经济效益就比较差了。在我们已出版的研究生教材中，有 13 种（占出版 30 种教材的 43.3％），印数只有 2000～3000 册。这种印量少的教材，解决出书的经费成了出好研究生系列教材的前提条件。为此，我们采取了多渠道集资的办法，除了国家教委拨给的教材补贴外，出版社从发行量大的研究生教材的利润中提出一部分来进行补贴，研究生院也资助了部分经费，此外，有时还向少数作者筹集少量资金，这样才使得研究生教材规划得以逐步实现。从长远来看，需要筹设教材建设基金。

第四，要处理好投稿和组稿的关系。自下而上的自由投稿和自上而下由出版社和研究生院商定、有计划地组稿两个方面必须结合起来，缺少前者不能保证丰富的稿源，不能发挥教师著书的积极性，缺少后者就制定不出有优势和特色的系列教材规划，更谈不上出版计划了。

第五，要加强领导，搞好部门间的协作和管理。研究生系列教材是教材建设与管理的系统工程，涉及教材规划、编辑与组织审稿、印刷出版等几个子系统，首先必须"加强领导，集中指挥"。我校当时安排负责教学工作的副校长负责此事，他十分重视研究生系列教材出版工程，把研究生教材规划的制定列入学校会议议程，纳入学校教材建设的总体规划。同时,研究生院、出版社和各系要分工负责。出版具有我校优势和特色的教材,是研究生院和出版社这两个单位的共同愿望,也是这两个单位积极性的结合点,两个单位的高、中级职称的工作人员,既是总体规划的设计人,又是执行人。在出书过程中遇到问题一起商议解决,可推动工作的顺利进行,使教材保质和按时地陆续问世。

"七五"研究生系列教材出版规划的成功落实,给了我们很大的信心。1990年,研究生院又与出版社制定了研究生教材的"八五"选题规划,决定在继续出版一批公共课教材之外,进一步出版一批具有特色的专业学位课程教材和实验课程教材。

五、工程硕士开先例

(一) 培养工程型硕士生的工作概况

1984年,我们首先向教育部建议在工学硕士中招收工程类型硕士,同年11月12日至14日,由我们学校主持召开了清华大学等11所工科院校参加的工程类型硕士培养研讨会。教育部研究生司(现学位管理与研究生教育司)转发了会议提交的《关于培养工程类型硕士生的建议》文件。在建议中,我们提出的要求是比较高、比较系统的。其中,培养目标高,我们要求"工程类型硕士生,应具有运用现代科技成就和必要的经济管理知识,综合解决工程技术实际问题,进行应用研究和开发新技术的能力";培养体系要求严,"加强新技术、经济管理和综合性课程的设置,加强实践、实验环节和动手能力培养","要加强与厂所校挂钩,根据需要制定符合学位条例的培养方案";学位选题要新,要密切联系实际,"学位论文或设计研究的课题应当密切联系生产实际,应该在新产品设计、试制、新工艺新材料的研究、新技术的应用开发研究及工程项目的方案论证、技术改进等方面,做出具有一定科研水平的成果"。1985年,我校获批为首批工程硕士培养试点单位,经过十年实践努力,我校于1996年正式向国家教委提出设置工程硕士专业学位的请求,1997年,获得国务院学位委员会批准。从1997年至2000年,我校共招收工程硕士生近1500人,数量位居全国第一,而且所招研究生70%以上是西部国有大型企业在职技术人员,很好地满足了西部经济大开发对高层次人才的需求。以"面向西部经济开发需要,大力发展工程硕士教育"为主题的研究生教学改革项目,在2001年荣获国家级教学成果二等奖。

《关于培养工程类型硕士生的建议》的出台,对全国工程教育的建设发展提出了新的要求,对我们学校的研究生教育改革也起到了比较好的推动作用。它使我们进一步加深了研究生教育必须主动适应我国社会主义现代化建设需要的认识,对高等工科院校来说,就是要迅速改变当前研究生培养模式单一、毕业后流向分布不合理的状况,要花大力气解决好为工矿企业、工程建设部门直接培养高层次专门人才的问题。那一时期,在工程硕士的培养方面,我校主要做了两方面的工作。一是组织了几次规模较大的调查研究,希望进一步了解在当时我国工业生产水平还比较低的情况下,工矿企业工程建设部门对高层次专门人才有无迫切的需求?工厂企业工程建设部门对高层次人才培养的具体要求是什么?在调研基础上,我校与工厂共同探讨建立了教学、科研、生产三结合联合的途径,了解了青年技术人员对研究生教育的意见,确定了扩大工程型硕士生生源的途径。二是试招工程型硕士生。从1985年至1988年,我们共有10个专业招收工程型硕士生55人,他们来自26个工矿企业、3个应用研究单位、8所高等学校,其中还有个别应届本科毕业生。此外,从1984年至1987年,我校还为工矿企业应用研究单位代培硕士生102人,他们也是参照工程型硕士生的要求进行培养的。我校通过这几年的工作积累了一些经验,也发现了不少问题,在广泛征集和听取指导教师意见的基础上,出台了进一步做好工程型硕士生培养工作的具体措施。

◆ **(二) 大中型骨干企业,迫切需要工程型硕士生**

我们重点调查了西安电力机械制造公司(原西电公司)。这个公司下设11个工厂、4个研究开发中心、4个专业公司、1所职工大学和机关本部,共有全民职工29400人,集体职工7000人,其中工程技术人员3609人,约占职工总数的10%,研究生16人,仅占0.44%,大学本科毕业生2021人,占5.6%,其余为中专生和少数自学成才者。该公司承担全国三分之一的输配电产品的生产任务,公司产值在原机械系统中居第三位,享有外贸自主权,是国家计划单列企业集团之一。经过数年努力,该公司的385类主导产品,有195种,占总数的50.6%,达到70年代末80年代初国际一般水平。为了满足国内市场需求,并力图扩大国际市场,西电公司有大量的研究开发工作要做,但由于其不仅承担了难度较大的高水平技术工作,而且承担了一些基本的初级技术工作,人才配置不合理,特别是拔尖人才规模偏小的问题,严重制约着西电公司的创新发展。

西电公司的现状,也是我国很多工矿企业和工程建设公司的心病。在调研中,我们很深刻地体会到高层次专门人才缺乏严重制约各企业生存和发展。

一方面,工矿企业因缺乏必要的技术带头人和组织者,一些重要的与新产品、新工艺、新材料有关的研究工作进展很慢,或者根本发展不起来,只能靠引进来满足国内市场的需求。若干年后技术落后了就又得引进,使我国的工业生产水平永远落后发达国家一个台阶。在调查过程中,我们在内地的一些大企业中看到,由于高级技术人员的外流,大部分研究使用的实验室很难发挥作用。如果一个大型工矿企业没有自己独立的研究工作，如何能生产出有国际竞争能力的产品？

另一方面，工矿企业的领导缺少高水平的技术顾问为工厂的发展做科学的决策，甚至搞引进也可能被人欺骗。此外，如果工矿企业有高层次专门人才在学术上带头，各项技术工作能够顺利开展，将有利于工矿企业内部技术人员的稳定。

再一方面，中国本科生培养由于四年学制的限制，不可能完全得到全面的工程师的基本训练，而工程型硕士生的培养，正是对此进行了补缺。

在座谈中，工厂企业技术部门的领导对此也非常清楚。四川空分设备厂总工程师说："我厂现在最大的压力是人才问题，数量不够用，技术上不去。我们有很多工作需要高层次专门人才去做，每年提出不少研究课题，但解决的速度不快，水平也不高，这与技术人员的素质有关，只有功底较深，才能解决高水平的问题。"西电公司的一位副总工程师说："西电公司在产品开发中，缺少能对电、磁、力场进行精确计算的人。目前我们运用引进的新技术还勉强可以，但在这个基础上独立发展更好的新产品的能力就较差了。在产品研制上，我们投入的工作量大，而所得的收益少，这与缺少高层次专门人才有很大的关系。因此，可以肯定地说，在职工近万人的大中型骨干企业内，如果在技术人员比较集中的产品设计所、产品实验室、材料实验室、非标设计部门、销售部门以及总工程师室等技术部门有几个博士、几个工程型硕士在工作，情况将会变得好多了。"在调查中，不少企业的同志对建厂初期在他们厂里工作过的50年代从国外留学回国的同志们的业绩赞赏不已，认为没有这些高层次专门人才的付出，就没有工厂的今天。但不少工厂对目前的研究生不感兴趣，西电公司一位副总工程师说："现在工矿、厂矿、企业对研究生不感兴趣，主要是他们不安心，看不起具体的技术工作。工厂的技术工作不能那么单一，不可能别人准备好了一切条件，再请你去干。工厂要求工作人员既懂理论,又能解决实际问题,工厂技术人员包括高中生在内都要既当工程师,又要能和工人一起动手。学校要注意造就具有事业心、能真正实干的人,不然问题就解决不了。"

◆ (三) 工程型硕士生培养,必须有自己的特点和水平

为了搞好工程型硕士生的培养工作,我们的研究生教育指导思想方法需要相应有一个转变。自1978年以来,由于人才严重青黄不接,研究生教育首先立足培养单位的需要,为高校和研究单位补充师资和科研骨干,这是完全必要的。在研究生的培养目标上,强调培养具有宽广而坚实的理论基础,能在科学和专门技术方面做出创造性成果,并具有独立从事研究和教学工作能力的高级专门人才;在培养方法上,强调系统的全日制课程学习和侧重于某一专题进行深入的学术研究都是合适的,今后仍然需要。但是经过十年的努力,高校和科研单位人才短缺的矛盾已得到缓解,不少单位由于编制的限制而难以再进人,研究生毕业后的流向发生了变化。对工科院校来说,当时只有广大的工矿企业和工程建设单位才具有最大的人才使用容量。此外,由于我国处于社会主义初级阶段,中心任务就是大力发展社会生产力,发展有计划的商品经济,迫切要求培养出一大批掌握现代化科学技术,并能将其迅速转化为生产力,为国家增加财富、为人民增加收入的人,这是我们高等工科院校头等重要的任务。因此,我们在继续重视学术型硕士生培养的同时,必须花更大的力气做好工程型硕士的培养工作。

我们说的工程型硕士是有特定含义的,主要是指从厂矿企业和工程建设单位选拔具有实践经验的优秀工程技术人员,带着厂矿企业生产中的实际问题,到学校来进行业务上的深造,毕业后再回到原单位去工作。这样做有利于解决教学与经济建设和社会需要脱节的问题,有利于研究生教育的理论与实际相结合,也能提高研究生的入学素质。工程型硕士生的特定含义也决定了其培养的特色主要体现

在：要有良好的思想政治素质，有很强的事业心和责任心，能和广大工人技术人员打成一片，有吃苦耐劳、脚踏实地地深入生产实际的工作作风；同时，必须掌握坚实的应用理论基础，宽广的专业知识，必要的经济管理知识。此外，还要有较强的分析和解决工程实际问题的能力。

当时有一种错误的看法，认为培养工程型硕士生是因为研究生分配困难而搞的一种削弱基础、降低论文要求的做法，因而很多人担心这样培养工程型硕士生，会有降低硕士生质量的潜在风险。这实际上是以一种类型的标准，衡量另一种类型的标准所产生的误解。学术型研究生培养质量的高低表现在基础理论的掌握程度和科研能力的强弱上，而工程型硕士生的质量反映在知识面、对生产了解的程度，以及经营管理能力、动手能力和解决具体工程实际问题能力上。因此，两种类型的硕士研究生各有所长，也各有所短，同样都是国民经济建设和社会发展所需要的高层次专门人才。实际上，培养工程型硕士生在某些方面对导师的要求更高，承担的担子更重。第一，导师要熟悉工厂、熟悉生产，要了解本门学科发展的动向，要了解工程生产中亟待解决的问题。在指导研究生时，既要考虑科研生产任务的完成，又要顾及研究生能力的培养、水平的发挥，还要考虑研究生能否按期完成学业，获得学位。第二，由于生产实际问题常常是综合性较强的，这也要求导师具有丰富的跨学科、跨专业知识和生产实践知识。我校电厂热能及自动化专业林万超教授结合工厂企业的工程实际问题，提出培养工程型硕士生的六大好处：①选题明确，可使研究生较早进入论文撰写工作；②课程学习目标明确，调动了学生学习的积极性；③增强了研究生解决工程实际问题的能力；④工厂企业有广阔的实验场地，可弥补学校实验设备的不足；⑤可以解决研究生培养经费不足的问题；⑥为国民经济建设直接做出贡献。

在工程型硕士生培养的方法上，我们更强调学校和工矿企业联合培养，共同指导研究生解决工矿企业的生产实际问题，强调因人制宜、因厂制宜、因地制宜的多种形式培养方法。当时,我们就提出可以在职培养,也可以脱产培养;学生可以住校培养,也可以在工矿企业就地培养。总之,只要严格培养过程的每个环节,严格把好学位授予质量关,我们是完全可以培养出适应工矿企业要求的高层次的专门人才的。

六、中外办学促发展

为了适应加快经济发展与扩大改革开放的新形势,研究生教育应该为发展我国的科技、教育与经济,培养出更高层次的专业人才和管理人才。为了完成这个任务,我们除了要充分利用自己较好的环境、条件、师资、设备外,也应当积极引进或利用国外的人才、资金、教材与设备,扩大国际学术交流与科研合作,开展中外联合办学与联合培养研究生的工作,使我国研究生教育有一个较大的发展。80年代,在中外联合培养研究生方面,我校进行了一些积极的探索,也取得了不错的成绩。

◆ (一)采取多种灵活方式,推动中外联合办学

改革开放之初,加拿大与中国就开始了高等教育的交流。80年代初,加拿大与中国签署了援助协议,支持中国发展高等管理工程与经济管理教育,从那时起,中加联合培养研究生项目正式启动,至90年代初,前后十年,根据国内文化发展的实际,我校开始了多种联合培养形式的探索。

(1)送出去培养,在加拿大直接攻读学位。这种形式主要是在中加合作的第一周期(1983—1987年),利用加拿大项目提供中方教师

的赴加旅费、生活费、学费等便利条件,派出中青年教师到加拿大进行学习和攻读学位,我校有多人曾获加拿大院校博士学位,在后续中加交流与科研合作交流方面,这些青年骨干起了重要的桥梁作用。

（2）中加联合培养硕士生（China-Canada MBA program in China）。1987年9月和1988年9月通过硕士生考试,我校择优录取了两届中加联合培养硕士生,共计38人,分别于1990年6月和1991年6月毕业,这批研究生全部通过了课程考试和论文答辩,取得我们学校的硕士学位和毕业证书,加拿大方面也颁发了中加联合培养硕士生证书。这两届硕士生主要在国内培养,前两年的春、夏季,由加拿大教授上课;秋、冬季,由中方教授上课。课程设置由我校根据需要,提出加方上课的科目,加方提供教材。加方所开专业课程为金融学、财务会计、市场学、微观经济学、企业政策及战略等。这些课程都是我校的薄弱课程。为了减少学生学习外教课程的语言障碍,硕士生前两个学期安排了6个月的英语强化训练,由加方派英语教师到西安上课。这两届学生的英语水平在听、说、读、写方面都达到了相当熟练的程度,这给他们后来的教学、工作带来了很大的方便。特别是对进一步阅读、学习西方教材,合作科研,搞外贸、经济工作都创造了良好条件。

中方教授为学生开设的课程除了宏观经济、经营管理学、财务决策分析、运筹学、统计学、决策与规划论、系统工程学、系统仿真等课程外,尤其注重交叉学科知识和较新领域知识的学习,特别聘请了计算机系教授讲授通信与计算机网络,聘请数学系教授讲授模糊识别与决策分析,用以扩充学生知识领域和接受新的研究方法。每位硕士生学习16～18门中、加教授所开课程。最后一年毕业论文的撰写,由中方导师指导,选定与我国经济、管理等方面实际密切结合的题目。也有的学生做有关中外管理理论的探讨。

这种培养方式,强调了以"我"为主、中方是办学主体的思想。根据我校薄弱环节,有目的地引进和借用西方管理知识,使得学生在国内也能学习到西方的管理理论,了解其文化背景。1991年9月招收的第二届中加联合培养博士生班,也属于这一类型。第一年学习中、加教授课程,第二年由中、加导师联合指导博士论文,第三年在中方导师所在学校学习,完成毕业论文,由中方院校授予学位和毕业证书,加方同时授予中加联合培养博士生证书。

（3）中加联合培养博士生(China-Canada joint Ph. D program)。1988年9月,由国家教委批准,中、加双方磋商同意,我校招收的第一届中加联合培养博士生25人,集中在西安强化英语训练(加拿大教授与中方教授共同上课)和进行专业课学习;第二年去加拿大进一步学习专业课程,并进行博士论文选题报告。原计划第三年回中方导师所在学校学习,完成博士论文。但这批学生出国期满后,滞留不归的人数较多,故第二届中加联合培养博士生由 joint program 改为 program in China 形式。

中加大学管理教育项目合作十年来,我们探索实践了三种不同的联合培养形式。从实践中我们体会到,培养研究生的主要目的,是为我国实现四个现代化服务。因此,通过中外联合办学与联合培养,需要尽量吸收与利用外国的教授、教材、设备。这就要求我们根据需要,有目的地引进我方薄弱的学科,吸收并加以消化、改进,为我方所用。

◆（二）开展中外联合办学,必须立足于发展我国教育事业

我们开展中外联合办学,必须立足于发展我们的研究生教育事业。西方国家在管理科学方面的研究有很长的历史,有丰富的学术内容,排斥和拒绝这些丰富的学术内容是不明智的。但我国有自己的国情,应当"洋为中用",要把这些丰富的学术内容变为我国可以操作实行的东西。要消化、吸收后变成我们自己的管理学科,编出自己的教材,培养出自己的人才。

我们对1990年和1991年毕业的1987级、1988级中加联合培养

硕士生38人做了跟踪调查,发现有12人在深圳、海口等沿海开放城市工作。他们大都担任厂处级领导职务,有的做了总经理助理等。他们利用在校所学的管理、贸易、金融等知识,利用外语优势,对我国开放政策的完善、特区经济的繁荣发挥了比较积极的作用。另有17人留在高校任教和继续攻读博士学位,他们都很快地担起了教学的重担,开设了金融、市场、工业外贸、企业战略等过去我们不能开设的课程。在教学方法方面,他们学习并运用了加拿大外教常用的案例教学的方式,注重学生能力的培养,成为本校科研的骨干力量。其余9人则分配在各级科研机构、高新技术开发区、银行、进出口公司等单位。他们都发挥了较好的作用,用人单位对这批学生的表现大都非常满意。从毕业生的作用发挥中,我们可以清楚地看到,学习外国是为了发展我国,受过加拿大教授教诲的年轻的管理经济学者,正在他们的工作中积极借鉴和运用西方的经济理论、管理方法,努力地为国家工作。

中外教师合作科研,是学习、借鉴、运用西方先进管理科学的另一条途径。自1987年以来(CIDA(加拿大国际开发署)项目第二周期合作),我校管理学院共派出访问学者29人次(包括合作院校重庆大学、成都科技大学),加拿大派往我校讲学、合作科研者31人次,通过互访和东西方文化交流,开阔了我校师生的眼界,而且不少已经合作产出重要科研成果,促进了我校中、青年教师的成长和学科建设。

◆ (三) 开展中外联合办学,促进了中外学术交流

合作办学促进了中加两国的文化和学术交流。

1990年8月7日至10日,受国家教委委托和加拿大资助,在我校召开了留加归国中、青年教师管理教育会议。与会者是来自全国各高校赴加拿大学习一年以上的回国任教的中、青年教师,共计47人。宣读论文26篇,会议之后建立了经常性的学术交流活动,由加拿大资助,每年举行一次学术讨论会。这个项目对促进我国管理学

科中、青年教师队伍的成长起到了很大的作用。

1990年8月10日至14日,受国家教委委托,由加拿大大学管理教育项目资助,我校主办了中国-加拿大国际管理学术会议。参加会议的代表共计163人,其中国外代表53人,中方代表110人。会议交流了管理学术研究和管理教育的经验,审阅了中加教育合作项目执行以来双方学者合作科研的成果。会议共交流了91篇论文,并出版了会议论文集。91篇论文中有54篇是由双方学者合作,以及留学加拿大的中国学者研究、撰写的中国管理问题的文章。这些论文所研究的问题大都结合中国管理改革中的难点,严谨地提出了不少值得重视的新观念。通过学术交流,为中、加双方学者进一步合作科研和CIDA项目的进一步发展提供了机会、创造了条件。

◆ (四) 成果自我评价

(1) 中加联合办学,提高了研究生培养质量。由于引进加拿大资金、师资和设备,加强和充实了我校管理学科研究生教育的课程和教材实力,培养了师资,充实了实验室和图书资料室,提高了管理学科的学术水平和科研能力,从而培养出适应我国经济改革需要的高质量的研究生,已毕业的学生成为教学、科研、企事业单位的骨干力量。

(2) 中加联合办学,促进了我校管理学科的迅速发展,初步建立起我国管理学科博士生培养基地。90年代初,我校管理学科已发展成为两系一所的管理学院,管理工程专业已成为我国最早的博士点和唯一的重点学科,建立了博士后流动站,为国内培养管理学科的博士生建设了学科基地。

(3) 通过中加联合办学,我校已成为我国管理教育和培养高级管理人才的一个中心。1988年,国家教委批准在我校建立中加联合培养博士生西安中心。1991年,国家教委再次批准在我校建立中加联合培养博士生中心。1992年又批准我校招收第三届中加联合培养博士生,全国 9 所高等院校选派博士生到西安进行联合培养。

（4）通过中加联合办学,促进了国际学术交流和科研合作。

（5）中外联合办学,适应我国改革开放的形势需要。中加合作项目开始于改革开放之际,我国正处于由计划经济向社会主义市场经济转型的关键时期,西方的市场经济理论,市场经济规律,金融学理论,贸易、财务会计等理论,我们都需要借鉴,进而改造成适合我国国情的理论和政策,"洋为中用"。中外联合办学,可以较快地、较全面地学习发达国家的先进管理思想及方法,可以弥补我国管理专业高级人才特别是教师的短缺,"借鸡生蛋"。借用西方国家的智力资源,为我国培养人才。中外联合办学还便于交流信息,促使我国管理科学走向世界前列。故中外联合办学具有较强的生命力,应该继续办下去,努力办得更好以适应我国改革开放新形势的需要。

七、研究生教育经验谈

从 20 世纪 70 年代末恢复招收研究生,到 1990 年,前后历经十余年,我校的研究生教育取得了较大的成就,概括起来主要体现在:建立和完善了一批高层次人才培养基地,探索出了一条独立培养研究生的道路;努力创新,为完善中国特色研究生教育学位制度做出了积极贡献;初步缓解了学校教师队伍青黄不接、后备人才匮乏的局面。当然,回顾我校十余年的研究生工作,也有一些问题值得总结和反思。

第一,提高研究生教育水平和培养质量,是一个永恒的主题,是永无止境的。主要有三个方面:一是靠本单位学科的积累,要有老本,有基础。这样,研究生一入校就生活在浓厚的学术氛围中,站在高起点上。二是要有高水平的导师。三是要有优质的生源。工作的方向是明确的，但要做到是很不容易的，我校主张要限制每一位博士生导师博士的招生数量，要培养"尖子"，而不是培养"打工仔"，要走少而精的路。同时，博士生导师的资格要定期接受严格的审核。

第二，要充分发挥学校已有的5个国家重点实验室、5个教育部重点实验室，以及2个国家工程研究中心的作用，大力发展交叉、新兴学科，在这些点上要努力向科学研究的前沿迅速挺进，培养国内出类拔萃的优秀人才。在硕士生方面，招生数量还可以适当扩大一些，但重点要面向工厂、企业和医院，注重实用性。

第三，学位课程建设与学位论文创作要辩证统一。在一段时期内，我国硕士生的培养还处于一个相对独立的阶段，不仅要求学位论文有新见解，而且指导教师也比较注重研究生出科研成果。这就容易造成两个问题：一是学位课程紧密结合论文题目，知识面太窄，基础或技术基础理论不够坚实；二是学位论文偏向理论研究，而面向生产实际的研究，特别是结合新产品、新技术、新设计等研究开展不够。有些研究生毕业后，讲课有困难，解决生产实际问题的能力也不足，不能胜任工作。这种现象值得注意。硕士生阶段仍然要以培养能力为主，应特别注重打基础与增强能力的结合。但是，他们亦是开展科研的主力军，因此，要尽可能使他们在学习阶段就能为社会主义建设做出贡献。

第四，要加强研究生的思想政治工作。这项工作在前一段时期有所削弱。从目前研究生的状况来看，总的方面是好的，他们奋发进取、积极向上。但问题仍不少，如有少数研究生缺乏理想与信念，考虑个人利益太多，纪律较差，骄傲自满，目空一切，不能将自己与国家的前途紧密相连。这些与我们对研究生的期望是相背离的。我们培养的研究生不仅要有文化、有知识、有能力，也要有理想、有道德、有纪律。不能把研究生质量只理解为业务水平的提高，还要有精神文明的建设。要把思想教育作为研究生质量的重要部分来抓，否则，我们培养的研究生很难在我国社会主义建设中接好老一辈的班，并发挥应有的作用。要加强研究生的思想政治教育工作，注重思想政治教育工作的系统性、整体性，要从完善思想政治工作体系和切实具体的思想政治工作管理制度入手做工作。

第五，重点院校，特别是建立研究生院的学校，在办学观念上要适应研究生发展的形势，在搞好本科教育的基础上，重视研究生的教育，要完善研究生管理机构，保证必要的设备与经费，建立必要的规章制度，加强科学管理。此外，研究生的培养一定要立足于国内，对已出国的研究生要加强管理、做好工作，这些亦是很重要的。

第四章

创新科技图自强

　　十一届三中全会以来的十多年,是党的科技方针逐步明确、科技体制逐步改革和不断深化的时期,也是全国高校科研工作全面迅速发展的时期。在此期间,我校积极贯彻《中共中央关于科学技术体制改革的决定》和党的"经济建设必须依靠科学技术,科学技术工作必须面向经济建设"的科技方针,在重视应用基础研究的同时,大力加强科技开发工作,努力为经济建设多做贡献,取得了比较显著的成绩。1979年至1989年全校共取得科研成果582项,其中,达到或超过国际先进水平的有148项,属于国内首创、国内领先和填补国内空白的有187项,达到国内先进水平的有197项。在这些项目中,获得国家自然科学奖4项,国家发明奖13项,国家级科技进步奖28项。据中国管理科学研究院的统计分析,我们在1985年至1987年全国52所重点工科大学的科学计量三项指标(国家级科研成果奖、国外及全国性学术刊物发表的论文和专利批准数)综合排序中名列第二。我校科研成果创造的经济效益也是比较大的,据不完全统计,截至1989年,现有科技成果取得的经济效益累计已达12亿元。如,1984年,年经济效益在百万元以上的科技成果有45项,其中有10项被列入"教育部直属高校推广应用的单项年经济效益百万元以上的科技成果九十例"中,有9项被列入《高等学校单项年经济效益五百万元以上科技成果汇编》中，获奖数在当时国家教委直属高等学校中名列前茅。

随着"四化"建设的发展，我校承担的科研任务逐年增加，科研工作的规模也在不断扩大，科研课题、科研经费、科研队伍和科研机构都在成倍地增长。1989年，全校承担的科研课题已增加到747个，科研总经费已近2000万元，分别比1978年增长了5倍和10倍；投入研究与发展活动的折合全时人数共有1281人，科研机构的总数也已发展到28个研究所(中心)和8个独立研究室(中心)，专职科研编制的在编人数有805人。总之，科研工作的各个方面差不多都达到了学校的历史最高水平。

我校在科研工作中全面贯彻党的科技方针，首先是适应国家拨款制度的改革，积极争取面向经济的各个层次的科研任务；其次是改革校内科研和人事管理的有关制度，从政策上调动教职工承担各类科研任务的积极性；最后是努力抓好以重点学科为主的基地建设。

一、科创面向建设主战场

国家重点科技攻关计划，是根据国民经济发展全局和科学技术发展趋势的要求和可能确定的，其对国家经济建设和科技事业的发展具有重要的意义，它的鲜明特点是直接面向国民经济建设的主战场，自然应该成为我们积极争取的科研任务。但"六五"期间，由于我们对攻关计划的立项程序不清，加上信息不灵、渠道不通等原因，我校仅有7个课题被列入攻关计划，总经费才77万元。"七五"时期，我们吸取了教训，除上报申请书外，还先后派出十多批教师和干部去北京参加攻关项目的论证争取工作，并派专人常驻北京，随时了解有关项目论证和签订合同的进展情况。经过一年多的努力,争取到了103个"七五"科技攻关课题,总经费近700万元,而且电子、信息、计算机等新兴学科方面的研究经费约占了三分之一。虽然这仍比同类兄弟院校争取到的要少,但已比"六五"时期有了大幅度的增加,这为后面争取"八五"攻关课题打下了较好的基础。此外,我校还努力争取和大厂、大所联合进行引进技术的消化吸收,共同研制国家急需的高新技术产品。

例如,20世纪80年代,高分辨率彩色显像管是国际科学技术界显示器件发展的主攻方向之一,当时高分辨率彩色显像管已经广泛应用于科学和工业计算机的终端显示、生物医疗仪器、航空与航天的遥测系统、工业检测、国防与安全监测显示系统,以及一切图像处理系统。随着这些领域的迅速发展,1987年,全世界应用于计算机的彩显终端产量已达600万台,我国对高分辨率彩色显像管的需求更是与日俱增,每年以数十万计。国内市场主导的显像管产品,分辨率只有315线,由于分辨率比较低,无法应用于各种科学分析的显示系统,所用彩色显像管只能全部依赖进口。而国外对我们的出口,仅限于产品,其关键技术不报价,更不转让。为此,1987年,国家正式下达了研制高分辨率彩色显像管的任务。

同年5月,在国家计委支持下,我校和陕西彩色显像管总厂利用引进的彩色显像管生产和试验设备合作研制计算机终端等显示器件用的高分辨率彩色显像管,通过厂校结合,优势互补,经过不到两年的共同努力,在1988年8月试制成功37厘米720线高分辨率彩色显像管,并于同年12月通过了国家技术鉴定。国内专家评价认为,该产品的研制成功,填补了国内高分辨率彩色显示器件的空白,为我国进行批量生产创造了良好的基础。其技术上与国外同类产品水平相当。这个项目获评1989年全国首届火炬杯高新技术产品展评会优秀项目奖。在这个基础上,经过我们的努力攻关,1991年,51厘米1024线高分辨率彩色显像管通过设计定型鉴定,也同样填补了国内相关方面的空白。

另外,从 1985 年开始,我校还与邮电部十所长期密切合作,先后为该所承担的"六五"国家科技攻关任务"JD-1024 程控数字长途电话交换机"和"七五"攻关任务"程控数字交换机工业试验车间"项目,研制成功了配套的关键设备——程控数字交换机印刷板插件及交换网络检测系统(简称 PS 型程控数字交换机自动测试系统)。邮电部主持的鉴定意见认为,该系统在我国属于首创,标志着我国已经掌握了国际上 80 年代初程控数字长途电话交换机的主要技术,跨入了世界先进水平的行列。1988 年,邮电部十所在云南省开通了一个试验局,当年生产了两套 JD-1024 程控数字长途电话交换机,经试验认为该产品完全可替代进口,大大降低了生产成本(只相当于进口设备的五分之一),节省了大量外汇,从而为程控数字交换机的国产化做出了重要贡献。上述两项目分别荣获 1989 年、1990 年国家教委科技进步一、二等奖。

二、瞄准前沿 助力"863"

"863"计划是中共中央为跟踪世界科学技术发展,为 20 世纪末 21 世纪初我国重点领域高技术及其产业的发展奠定基础的计划。承担这方面的任务,对提高我校的学术水平具有重要的意义。因此,我校对"863"项目的申报工作十分重视,同时还积极推荐我校教授参加专家委员会工作。经过努力,我校在自动化、信息、新材料、新能源和航天技术等领域共有 30 个项目获准资助,总经费 410 多万元,并有 3 名教授被选为国家高技术专家委员会委员和专家组成员,有 2 个项目网点工作站在我校建设,这有力地促进了我校新兴学科的发展。反过来讲,在争取"863"计划课题时，我校领导也一致同意，要统筹学校科研计划安排，适当支持一些跟踪世界科技发展前沿的课题。在这一方针的影响下，我校才能在上述几个领域内争取到一些课题，如 CIMS（计算机集成制造系统）、精细功能陶瓷材料以及钠冷快堆研究等。

计算机辅助设计是 80 年代国内外比较新潮耀眼的一项核心技术，与现在提倡的"互联网＋"有些相似，是计算机辅助制造（CAM）和计算机集成制造系统的重要基础。由于在工业自动化设计，以及国民经济发展和国防现代化升级中的压倒性优势，CAD 技术的发展与应用水平成为衡量一个国家科学技术现代化和工业现代化的重要标志之一。我国的 CAD 技术研究开发工作起步相对较晚，20 世纪 80 年代才开始，但在国家有关部门的关怀和支持下，发展速度还是比较快的。1992 年，国务院办公厅就批准了由国家计委牵头，会同教委、国防科工委、经贸委、机电部、航天部和中科院等多部门联合开展的调研项目——《关于大力协同开展我国"计算机辅助设计"（CAD）应用工程的报告》，到了"九五"期间，国家科委颁布了《1995～2000 年我国 CAD 应用工程发展纲要》，极力推动 CAD 的研究应用，机械部为此还把 1997 年定为 CAD 推广年。我校介入 CAD 研究在国内算是比较早的。80 年代初期，我校立足专业优势，承担了国家"七五"重点科技攻关任务——"重点机械产品计算机辅助设计系统开发"和"重型机械基础件 CAD"项目研究任务，与北京机床厂、西安重型机械研究所等合作完成了"数控机床大件结构静、动态特性分析和结构的有限元设计"和"圆柱齿轮减速器 CAD/CAM 系统"等科研项目，其中"重型机械基础件 CAD"项目经鉴定，达到了 80 年代末联邦德国同类产品的水平，在 1991 年全国"七五"攻关总结表彰大会上受到国家计委、国家科委和财政部联合颁发的攻关项目集体荣誉奖。

在 CAD 开发研究的基础上，为紧跟国际高新技术发展前沿，1987 年 1 月，我校专门成立了计算机综合自动化制造系统——CIMS 研究中心，我出任中心主任，中心下设决策与管理系统研究室、系统与控制研究室、制造技术集成研究室和6个研究组,深入开展各方面的研究工作。CIMS是80年代世界自动化技术发展的科技前沿,是以计算机辅助设计、计算机辅助工艺规划(CAPP)、计算机辅助制造、柔性制造系统(FMS)、工业机器人(ROBOT)以及计算机辅助生产管理(CAPM)为基础发展起来的高新技术。它融汇现代信息技术、机器人技术和自动控制、机械制造、管理科学为一体,是世界机械工业全盘自动化或综合自动化的工厂模式,美国当时将其视作六大科技方向之一,是未来十年发展的一项战略目标。

通俗一些讲,CIMS就是把人们对产品的要求和设计思想直接转化为制造产品的全过程的一种技术,它输入的是市场信息,输出的是产品,是在资源和条件约束下,使企业全部活动(包括生产活动和商业活动)达到高效益下的高度自动化和智能化。CIMS具有高度柔性的特点,可以适应动态多变的市场需要,结构是可变的,对外界环境和自身变化具有自适应和自认识的能力。CIMS是各种技术的有机综合,而综合的理论和方法就是系统理论与技术,系统技术(系统的结构与建模、优化与管理,以及系统仿真和设计)是其关键。西安交大是一所以工科为主,理、工、管、文相结合的综合性大学,学科门类齐全,教师科研队伍实力雄厚,在研究和开发CIMS中有相对突出的优势。特别是我校管理学院和系统工程研究所在全国成立时间比较早,师资队伍和团队实力比较强。此外,在CIMS软件系统决策研发方面可发挥重要的作用,计算机系、信控系和由世界银行贷款支援建设的全国少有的计算机中心在信息技术攻关方面大有作为,可以集体攻关CIMS核心信息技术任务。同时,机械、动力和电机等工业系所也都是我校(甚至国内)的"王牌"系所,可以融入其中,加速专业教育研究的自动化进程。所以,我校CIMS研究中心成立,实际上对全校学科交叉的发展起了很好的推动作用。研究中心成立之后,首要任务是准确摸清国内外CIMS发展的现状及动向。为此,我校组织人力,采取多种检索方式,广泛搜集国内外有关情报资料,搞清楚该技术的基本概念、基本理论等,同时,规定定期举办学术交流会,确定专题,重点研讨核心问题,以便结合西安交大实际情况进一步完善方案目标。另外,我校派教师赴美专门进修研究 CIMS,同时注意美国该方向的研究进度。再者,加强科技管理,促进横向联合,推动 CIMS 研究中心 3 个研究室和 6 个研究组的联动作用,注重加强学校多学科的交叉和渗透,有机地综合形成 CIMS 的完整技术。

我校是全国最早承担国家"863"CIMS 重点应用示范工程的研究单位之一,CIMS 研究的领域比较广泛,分布在像机械领域的重型机械减速机、刀具、通用轴承、滚珠丝杠副、机床常用旋转类零件、轮式拖拉机等研究中;像能源动力领域的风机、冷冻机、压力容器,中小内燃机产品,以及发电设备及其关键零部件和 CIMS 环境下车间级产品质量控制、机械制造企业计算机辅助质量管理等系统研究中。我校在这些领域取得了一批国家和部委级科研成果,在国民经济和国防建设中发挥了重要作用,取得了重大经济和社会效益。如中小内燃机产品 CAD 系统、数控机床 CAD 系统、通用轴承 CAD 系统、轮式拖拉机 CAD 系统均被授予国家"七五"科技攻关优秀奖(1991 年)。

三、聚焦核心强基础

基础性研究是科技和经济发展的基础和源泉,它对于确保经济和科技的发展后劲具有重要意义。我校许多取得重大经济效益,获得国家或省、部、委科技进步奖的成果,如"低碳马氏体的应用基础开发技术"、"管流脉动与管道振动的控制"、"火电厂热系统节能理论及其应用"和"彩色显像管玻璃窑炉计算机控制"等都是先在大量基础研究上取得突破成果后才成功的。高等学校在基础研究方面担负着重要的使命,拨款制度改革以后,基础研究实行基金制,所以积极申请国家自然科学基金、教委博士点基金和优秀年轻教师基金、机械委工业技术发展基金、轻工部技术发展基金和国家社会科学基金等各类科学基金,各类科学基金成了学校获得基础性研究经费的主要来源。我校对此十分重视,经常动员组织申请,同时由学术委员会和有关管理科室加强对申请项目的内容和形式审查。还经常邀请参加评审的校内专家介绍申报项目的注意事项、组织进行落选项目的原因分析等。在全校师生的共同努力下,在80年代,我校每年获准的基础研究基金项目比较多。1982年至1989年,我校共有242个项目获得国家自然科学基金资助,总经费899.7万元;有101个项目获得教委博士点基金资助,总经费337万元;其他各类基金也都获准不少,为基础性研究和培养研究生等创造了必要的条件。

工程材料一直是困扰我国现代化事业实现跨越式发展的重要瓶颈。20世纪七八十年代,我国的新型工程材料研究尚处于起步阶段,因各方面受制于国外技术封锁,自主创新发展要求迫切。为此,在充分提高现有工程材料性能基础上,持续创新发展新型材料,成为我国科技发展的一项重要方针。在当时,新型材料比较少,主要还是钢铁,由于国内钢铁冶炼资源紧缺,技术相对落后,如何提升钢铁的应用水平是摆在科技界的一项重大课题,形象点说,即"一吨低碳钢能不能顶两吨用?"这句话听起来有些不可思议,但我校金属材料及强度研究室的"低碳马氏体的应用基础开发技术"研究成果,使这一设想成为现实。经过二十年的积累,这项成果已在上百个企业中推广,并取得显著的经济效益。仅据其中17个应用项目统计,年经济效益达4447万元,至1986年累计已取得经济效益约3亿元,是国家对该所总投资的40倍。1983年,由陕西省经委主持,对低碳马氏体研究项目予以鉴定,认为"该项应用理论研究的水平在国内居于领先地位,并进入国际先进行列,在综合机械性能和强韧化工艺研究的系统、全面性方面,以及在国民经济的实际应用及其所取得的经济效益方面,在国际上处于领先地位"。"该研究成果在材料应用技术上是一种突破,有力地促进了机械产品技术进步。"这项成果荣获1987年国家科学技术进步一等奖。

周惠久院士(左一)与同事在进行科研

周惠久院士团队科研成果荣获国家科学技术进步一等奖

"问渠那得清如许？为有源头活水来。"金属材料研究方面为国家做出的重大贡献，离不开扎实的基础理论研究。1963 年，经教育部批准，我校成立金属材料及强度研究室（改革开放后，改为研究所）。建立之初，以周惠久教授为主的团队即确定了以发挥金属材料强度潜力为主的研究方向，以量大面广的民用机械产品及零部件为主攻对象，以力求突破旧的传统的设计、选材、用材观点，建立一系列新的学术观点为目标，以求达到大幅度减轻机械产品重量，延长使用寿命，节约材料和合金资源，节约能源，简化工艺，提高工效，充分发挥金属材料强度潜力，达到"一个零件顶几个零件用，一吨钢顶几吨钢用"的目的。围绕这个研究方向，金属材料研究团队开展了大量的理论研究工作，在国民经济建设中获得了广泛的应用，取得了系列重大技术成果，受到了国家和工程技术界的重视。该研究团队完成的理论研究成果和学术观点已为工程技术人员所承认和采用，并为国内高等学校教科书所采用，对我国材料强度学科的发展起到了重大的促进作用。1978 年，国家科委即把该团队研究项目列为"国重 91、98 项"学科规划，我校是主要牵头单位之一。以周惠久教授为首的金属材料研究团队，主要从以下三个方面进行了充分的基础研究工作。

一是从理论上消除妨碍发挥材料强度潜力的顾虑，形成了较系统的发挥金属材料强度潜力的理论和学术观点。某些机械产品粗大笨重，浪费材料，寿命又短，其中一个重要原因是材料的强度潜力没有得到发挥。该研究团队从 1958 年开始进行理论研究，总结出了两条规律：①小能量多次冲击抗力规律。小能量多次冲击抗力理论，被评为 1963—1964 年全国百项重大科学技术重要成果之一，1965 年与"同位素"、"人工合成胰岛素"等并列，成为全国高等学校博览会的"五朵金花"之一，受到邓小平等中央领导的肯定。②在不同服役条件下，材料强度与塑性、韧性合理配合的规律（据查，国内外系统研究论述该问题的文献直到 20 世纪 80 年代后期才出现，可以说，周惠久团队提出的理论，领先世界二十余年）。这一成果获得 1978 年全国科学大会成果奖,并在全国科学大会科技成果展览会上展出,周惠久教授受邀在科学报告会上做了较全面的介绍。该理论主题的深化研究项目——"发挥金属材料强度潜力的理论研究——论强度、塑性、韧性的合理配合",在1987年荣获国家自然科学三等奖、国家教委科技进步一等奖。这两条规律在生产中得到了广泛的应用。

二是在理论研究及其生产应用中,形成了金属材料强度潜力的主要思想:①建立机件失效分析的完整思路,即从零件的服役条件出发,通过典型的失效分析,找出造成机件失效的主导因素,从而确定衡量材料对此种失效抗力的正确判据,进一步找出材料的化学成分、冶金质量、组织状态与相应的失效抗力指标关系,指出改变和提高相应指标的强化工业措施,通过相应的试验,解决失效问题,这是提高零件使用寿命的基础和先导。②减轻机件重量,延长使用寿命的关键,在于针对不同服役条件,在保证必要的塑性、韧性的前提下,尽量提高材料的使用强度水平。③根据不同服役条件下,材料的强度与塑性、韧性的合理配合这一客观规律,指导选材、用材以及最佳强化工艺的制订,摒弃了传统的选材、用材观点。简言之,即"强度指导强化(包括合金化),强化保证强度"。采用表面复合强化的方法,克服机件的薄弱环节,做到零件的等强度设计,这是充分发挥钢铁材料疲劳强度潜力的有效途径。上述观点的形成,从理论上消除了四个顾虑,即提高金属材料的使用强度水平后,会引起材料一次冲击韧性的降低、宏观塑性的降低、疲劳缺口敏感度增大、裂纹断裂韧性的降低。

三是系统研究了材料的组织、应力状态与强度及断裂的变异关系,从根本上改变了工程技术界旧的传统选材、用材观念。理论的创新发现实质上改变了五个选材、用材的传统观念:①低碳钢不宜于淬火使用;②调质结构钢高温回火具有最佳综合性能;③零件按传统分类(渗碳钢、结构钢、弹簧钢、工模具钢等)选材和采用传统工艺处理的局限性;④单纯按淬透性的要求选材、用材的片面性;⑤球墨铸铁一次冲击韧性和裂纹断裂性都很低,大量推广使用,将造成灾难。

为了充分发挥低碳(低合金)钢的潜力,使低碳马氏体在机械工程中发挥其作用,在转变传统选材、用材观念的基础上,金属材料研究团队开展了大量的理论研究和应用研究工作,主要包括:研究了低碳钢和低碳合金钢获得马氏体的可能性,科学论证了低碳钢不仅在工业生产条件下可以实现淬火强化,而且是发挥其强度潜力的有效途径。对30多种低碳马氏体钢,测定了其静强度、塑性、形变强化指数和缺口敏感度,以及冲击、冲击韧性和冷淬转化温度,对其在疲劳载荷下的各项性能特点做了广泛的实验研究。分别有针对性地测试和研究了低碳马氏体的断裂韧度、多次冲击抗力、延迟断裂特性和耐磨性,为工程应用提供了必要的技术依据,消除了人们对使用低碳马氏体的一系列顾虑。对低碳马氏体的组织结构及回火转变进行了深入的研究,阐明了低碳马氏体的强韧化机理,为进一步发展强韧化工艺提供了理论依据。研究了某些合金元素在低碳马氏体中的作用,和兄弟单位协作,研制出7种新型低碳马氏体钢,其中大部分已经纳入国标、部标和专业钢标准。

依据发挥金属材料强度潜力理论的指导,我校对立足于国内资源的新钢种的发明进行了较系统的综合机械性能研究,为这些钢种的纳标和应用提供可靠数据。由于我国镍铬合金资源缺乏,在上述理论指导下,我校与有关冶金、机械部门协作,对国内部分替代性新钢种进行了综合机械性能及其强化工艺的系统研究:①低碳马氏体系列用钢已在石油机械中大量使用,纳入指标,获得1978年全国科学大会成果奖。②低淬透性钢系列55D、60D、70D钢已在农机、煤炭和动力机械上代替渗碳钢制造齿轮等零件,1980年5月通过纳入指标。

按材料强度进行选材、用材,从失效分析入手,考虑不同服役条件下材料的强度塑性、韧性的合理配合,作为选材、设计与强化工艺的依据的理论成果,已被工程技术人员所承认和采用,我校金属材料研究团队编著的《金属机械性能》和《金属材料强度学》教材,已将上述成果写入其中。上述观点亦被上海材料所、山东工学院(后与山东大学、山东医科大学合并为新山东大学)、上海交大、哈工大等多所院校及科研机构引入教材。经过以周惠久教授为核心的金属材料研究团队的努力,1979年,中国机械工程学会和一机部机械院主持召开了全国机械工业材料强度技术会议,一致倡议在中国机械工程学会下设立分会,并在1980年成立了材料学会,下设强度委员会,这对我国材料强度学科的发展起了推动和促进作用。

二十多年里,我校的金属材料理论成果迅速转化为生产力,使这项成果在通用机械、汽车、农机具、石油、矿山、轻工、建材、兵器等10多个部门的几百种零部件上,获得成功的应用。大量应用成果证实,金属材料强度理论在减轻重量、延长寿命、简化工艺、节约资源和能源等方面,达到了"一个零件顶几个零件用,一吨钢顶几吨钢用"的目的。在免除公害等经济效益和社会效益方面,有力促进了许多产品的技术进步,促进了材料应用技术的变革。据不完全统计,自1978年以来至90年代初,金属材料研究团队获奖科研项目有57项,其中获国家发明奖3项,国家科学技术进步奖2项,全国科学大会成果奖8项,部委级奖12项,省级奖12项。学校先后同几十家企业建立生产应用开发的协作关系,在20多个省市做学术报告,培训人员,开发产品,为国家金属材料事业的创新发展做出了应有的贡献。现在举两个例子进行说明。

其一,改革开放之初,我国为了适应铁路运输事业的发展,要大力发展无缝线路。根据无缝线路的要求,铁路工务的重要配套零件——鱼尾螺栓的强度需要大大提高,由原来的"三级"提高到"高一级",换句话说,就是由"低、中强度"提高到"高强度",但当时的国情是我国只能生产低、中强度的鱼尾螺栓。为了解决这个问题,我校金属材料研究团队应铁道部要求,与鞍山工务器材厂协作共同组成研制小组,研制一级强度鱼尾螺栓。经过两年多的协作努力,终于完成了这项任务。

原来生产一级鱼尾螺栓用的钢材需要中碳优质钢,成本高,工艺性能差，难以组织生产。高强度鱼尾螺栓研制小组运用低碳马氏体的理论研究成果，提出用普通低碳低合金钢来代替中碳优质钢。他们深入现场调查研究，进行鱼尾螺栓失效分析，然后又在实验室进行大量反复的实验研究，所得试验结果证明，16Mn低碳马氏体鱼尾螺栓的综合性能比40B螺栓优越。随后，研制小组又进行了多次实际运行试验。有关路局试用后，反映良好。铁道部为此专门召开了"鱼尾螺栓部标准"修改座谈会，根据我校与鞍山工务器材厂协作研究的成果修改了鱼尾螺栓标准，把16Mn低碳马氏体列为高强度鱼尾螺栓用钢。这项成果，不仅解决了生产无缝线路急需的零件配套问题，为国内生产低碳马氏体大截面高强度螺栓开创了先例，提高了30%的生产效率，而且验证了低碳马氏体的理论成果，打破了一般认为高强度螺栓需要优质钢、受轴向载荷零件要求全部淬透及按淬透性选材的传统观念。

其二，石油钻井用吊环是钻井机械中的重要工具之一，要求有强大的承载能力，并要求在工作过程中确保安全。国外吊环为了保证承载能力和安全可靠，一般采用中碳合金钢调质处理，使其处于中等强度、大韧性状态。但吊环尺寸很大也很笨重，既费料，现场搬运又困难，使用很不方便。我校与宝鸡石油机械厂合作，改变用材原则，采用新型高强度低碳合金钢，处理成低碳马氏体状态，利用低碳马氏体同时具有高强度、大韧性的特点，制造轻型吊环，获得成功，150吨级的老产品重296千克，新产品减为118千克。高强度轻型吊环在使用过程中，仍有若干起断裂事故发生，所以，我校与宝鸡石油机械厂进一步合作，用断裂力学的方法对吊环进行安全分析，对吊环可能的断裂部位进行了应力强度因子的有限元计算、吊环用钢的断裂韧性以及疲劳断纹萌生与发展的研究，并进行了吊环实物疲劳试验。研究结果表明：断裂力学分析结果与实物实测结果吻合，为确保吊环安全提供了理论依据，新钢种吊环的疲劳寿命是老钢种吊环的5倍。比用美国材料和工艺生产的吊环，寿命提高3倍以上，若进一步对新钢种吊环进行喷丸强化,疲劳寿命又可提高2倍。1982年,新钢种轻型吊环获得美国石油协会(API)证书,是我国同类工业产品的第一项成果,为吊环进军国际市场、提高竞争能力创造了条件,标志着我国吊环产品已达到国际先进水平。这项成果在1982年获得国家经委的金质奖章,1985年获得国家科学技术进步三等奖。

四、校企协作促革新

在积极承担国家科技攻关、"863"计划和国家自然科学基金等各类纵向科研任务的同时,我校也注重大力加强与企事业单位的横向科技协作。这样既能为经济建设直接服务,又能为学校增加一定的收入,改善办学条件。

我校除了积极接受来校联系的协作任务外,还组织与有关地区、工厂进行互访,并通过参加全国各地举行的科技展交会,展出我校成果,开展科技交易。为了促进当地经济的发展,我校在与陕西省的厂矿企业进行科技协作时,实行先转让和优惠收费的原则。横向协作的方式除了签订技术合同、全面合作协议和建立科研生产联合体外,后来又发展了加入企业集团和与企业合资经营等多种形式。据统计,1980—1989年,我校与全国企事业单位签订的横向技术合同共约有2500份,合同总经费约4500万元,其中与陕西省各企事业单位签订的合同和经费数,约占总数的四分之一。当时有30多个省、市、县、地区与学校签订了长期合作协议;与27个工厂建立了科研生产联合体;与4家公司合办科技企业;以松散或半松散形式加入的企业集团有18个。横向科技协作遍及全国27个省市,协作经费已占全校科研总经费的三分之一左右。

在成果推广方面，动力系统工程研究所林万超教授等人研制的"火电厂热系统节能理论及其应用"课题取得较大成功，在全国100多个火电厂得到应用。1992年，能源部部长黄毅诚曾致函我校，称赞林万超教授多年来为电厂节能所做出的贡献，并充分肯定林教授研究完成的火力发电机组节能诊断系统应用软件（ESDS），认为这一软件"在火电厂节能中有很重要的推广价值"。

能源问题是国民经济的重要物质基础和我国"四化"建设的重点，节约能源、降低消耗是我国的基本国策，火电行业是消耗一次能源的大户。由于设计、制造、施工、燃料供应和生产管理方面存在的问题，全国火电厂平均供电煤耗一直在431克/千瓦时左右，且长期居高不下，火电厂节能具有十分重要的意义。当时，我国火电厂每年用煤2.6亿吨左右，约占全国煤产量的四分之一，我校林万超教授领导的"热力系统节能"课题组系统地研究和发展了"等效热降"理论，并同全国各地的协作单位一起进行了大规模的工业实验，形成了一系列实用节能新技术，为火电厂节能开辟了一个新的领域。他们研究的"火电厂热系统节能理论及其应用"在1989年获国家科学技术进步奖，1990年被能源部列为重点推广的12项节能措施之一，1991年被列入国家科技成果重点推广计划。

热能系统节能是火电厂节能的重要方面，其应用新的节能理论对热系统进行全面诊断和优化分析，改进和完善热系统及其设备，提高运行管理水平，实现节能目标，具有投资少、原有设备改动小、经济效益显著以及简单易行的特点。在一个相当长的时期内，国内外对火电厂的节能研究主要集中于对锅炉、汽机和大型辅机的改进和完善，很少注意热系统的节能，缺乏对热系统的全面优化分析和研究，究其原因，主要是缺少一套完整的热系统节能理论。过去，对热系统局部变化的经济性研究，只停留在定性分析上，缺乏定量分析，偶有定量分析也由于计算繁杂、精度不够而没有实用价值。热能系统节能研究的突出贡献，在于突破了这种局面，建立了一套完整的热系统节能理论,对热系统进行局部定量分析和全面优化,充分发掘了热系统的节能潜力。

火电厂热系统节能理论的核心是等效热降法,它是60年代中期在国外首先提出的一种热系统定量分析的新理论。70年代以来,我校系统地研究和发展了该理论,用以全面分析热系统的结构、设备和参数等各种因素对热变功的影响及其规律,得出了定量分析的方法和公式,从而形成了一套完整的热系统节能理论。该理论的主要创新发展是:①从研究热系统发生经济性变化的本质入手,提出了等效热降应用的基本法则,为其灵活运用及其推广奠定了基础;②针对再热机组热系统的特点,提出了"变热量等效热降法";③首次提出了供热机组的等效热降分析方法;④解决了火电厂各种辅助系统的定量分析问题。在理论研究和工程实践中,创立了一套热系统节能潜力及运行经济性诊断的理论方法。

林万超教授的研究成果为火电厂热系统的优化设计、节能改造、评定设备完善程度、诊断节能潜力及运行优化等技术决策提供了理论依据和分析方法,它不仅可用于老电厂的节能改造,而且可用于新电厂的优化设计,同时又是开展运行经济性诊断和节能管理的基础理论。同行评价认为,西安交大的热能系统节能"在理论上推动了热力系统分析工作,在学术上属于国际水平,部分内容达到了国际先进水平。填补了国内的空白,发展了等效降热理论"。为了验证理论和方法,积累应用经验,该团队还先后在天津电力局所属各发电厂、西北电管局等电厂、北京第一热电厂等进行了选点实验,全面应用所研究的理论指导热系统节能,取得了显著的节能效果。

该理论当时作为法规列入多部专业教材和行业设计手册。一些节能专家认为"等效热降法是一种新的火电厂热系统定量分析和节能理论,它突破了常规热力系统计算方法,将火电厂热系统计算分析水平推到了一个新的高度。""该理论改变了电厂节能潜力主要在锅炉、汽轮机和主要辅机的传统观念,对于广泛深入地开展节能工作具有指导意义。"

根据电力部要求,到2000年,供电煤耗要下降60克/千瓦时。从1989年开始,该团队又开始投入火电厂节能诊断仪研究,目的是研发一种可以提供准确定量分析各种机组节能潜力,指导火电厂节能降耗的有效工具。在前期等效热降理论基础上,林万超教授团队结合机组变工况理论及诊断技术完善发展形成了火电厂节能诊断理论,其创造性在于首次考虑了机组运行节能潜力的负荷特性、环境特性、热力系统结构特性及持续时间特性等,从而使诊断结果真实可靠,与机组的实际状况完全吻合。1994年4月,经电力部组织鉴定,"该诊断仪理论上具有创造性,为国内首创,已达到国际先进水平,具有广泛的推广应用价值"。

以火电厂节能诊断理论为基础,结合计算机学科理论和专家系统理论,西安交大研制出了JN-1型火电厂节能诊断仪。该仪器具有智能化特征,能克服以往现场人员难以掌握和运用理论的弊端,使一般工程技术人员借助于该仪器就能对国内外的所有凝汽、再热机组热力系统的结构设计、运行方式、热力设计完好程度及运行参数等方面进行诊断,准确定量节能潜力的大小、分布及场所,从而指导机组运行和设备、系统的改造,提高机组的经济性,达到节能降耗的目的。该成果在研制过程中,先后成功地应用于东北电业管理局和西北电业管理局的很多电厂,为电厂机组诊断出近20克/千瓦时的节能潜力。电厂机组经过改造后,均使供电煤耗下降10克/千瓦时,获得近2000万元的年经济效益。如果将该产品推广应用到全国各电厂的火力发电机组,仅按供电煤耗下降1克/千瓦时计算,每年可节约标准煤117万吨,按当时120元/吨的煤价计算,可创造上亿元的经济效益。更重要的是,对于环境保护而言,社会效益更巨大。所以,1994年,该产品被国家科委列入国家级科技成果重点推广计划,同年获得全国发明展览会金牌,被国家科委、经贸委和计委联合评为高效节能项目。

五、多措并举兴科创

(一)"横纵联合"补科创

在市场经济条件下,如何保障科研人员的创新积极性,保证科学创新源源不断,持续向前,是我校当时思考解决的一个重要问题。根据国内外的经验和国情,当时我校采取了如下措施。

提高横向科研创收的个人(课题组)提成比例。80年代初,我校科研人员课题项目的提成不足10%,我们想逐步增加到20%~25%,当然各系情况不一,系、所和教研室、研究室一级的提成比例,也都相应提高。这项措施,效果明显,教职工承接横向科研任务的积极性大大提高,全校科研创收的经费明显增加,由原来每年不到20万元增加到220万元左右。

发放国家课题津贴。自1985年起,我校开始给承担国家纵向科技攻关、"863"计划、自然科学基金、博士点基金等纵向科研任务的科技人员发给约相当课题总经费5%的课题津贴,并按一定比例在各个层次上进行分配。津贴费由学校从横向科研创收中拨给。80年代初,为了鼓励教职工争取横向科研任务,我校制定了比较优惠的奖励提成政策,后来由于国家政策规定调整,我们并不能对承担纵向科研任务的教职工给予同样的待遇,这样就不能不影响到他们承担纵向科研任务的积极性。所以,我们就采取了"以横养纵"的办法来提高全校教职工承担纵向科研任务的积极性。反过来,纵向科研任务的增加则又从经费、设备以及研究成果等方面促进了我校承接横向科研任务的能力,起到了"以纵促横"的作用。自1988年起,国家也决定对承担纵向科研课题的科技人员发放岗位补贴,但数目不多,因此,我们决定,将原课题津贴改称劳务酬金,继续从学校收入中发给。

我校大力鼓励承担国家重大科研项目,对为学校争取到 50 万元以上科研项目的主要有功人员,按项目经费的千分之一另行发给奖励。对获得国家级科技成果奖的主要有功人员,可破例或优先晋升职称。我校改革了考核及职称晋升中过分强调成果(包括论文)中研究人员姓名次序的办法,实行论功行赏,即按本人在合作研究成果中所做实际贡献的大小评定。鼓励科技人员稳定和连续地从事科研工作,特别是基础性研究工作。为此,专职科研编制教师的教学工作量要求由原定的三分之一降低到五分之一。在一段时间内还可免去教学工作量要求等。

◆ (二)征收科研调节费

随着科研工作的发展,我校各个科研机构纷纷提出要求增加专职编制的人数。但是由于当时科研工作缺乏科学的定编方法,因此,究竟哪个研究所、室确应给予补充,没有一个合理的依据。加上我校的专职科研编制数早在 1985 年就已经突破教委下达的控制数,超编人员的工资、补贴也需要有一个出处,所以我们决定从 1988 年起对工程类的研究机构征收专职科研编制调节费,每人 1000 元。收缴的经费除部分用于超编人员的工资外,其余全部用作校内科学基金(对从事社会科学和工程科学中开拓性或基础性较强的研究单位,则视情况分别予以减免调节费)。这样,能否缴纳调节费,就在一定程度上反映出某个研究所、研究室科研任务的实际情况,从而为合理分配新增科研编制提供一定依据。另外,也可在一定程度上促进科研人员的校内流动。

◆ (三)设青年专项科研基金

自 1986 年起,我校决定设立校内青年自然科学基金,用以扶持青年科技人员使之脱颖而出。1988 年,我校又决定将此项基金的资助范围加以扩大,并改称为校内科学基金,但重点仍是资助中、青年科技人员提出的自然科学方面的研究课题。1986—1989 年,我校先后组织了三次校基金项目的申报和评审工作,经专家评议,共批准资助项目 118 项,总经费 129 万元,极大地鼓舞了中、青年科技人员从事科学研究的积极性。此外,我校还对学成回国的每个博士资助专项科研基金 1 万元,用以帮助他们迅速启动项目,投入正常的科研工作。这两项措施初见成效。例如,获准资助的青年科学基金课题"动态图像识别与跟踪",经过深入的基础研究,已研制出与微机配套的高速机器视觉系统。据专家委员会鉴定意见认为:"该系统在国内处于领先地位,各主要技术指标达到 80 年代中期国外同档产品的先进水平,某些性能优于国外同类产品。"其后,此项研究又发展用于行驶车辆牌照的自动识别。该项目已于 1989 年通过国防科工委和河南省科委联合主持的鉴定。鉴定意见认为,该系统属国内首创,其识别速度和准确率均达到当代国际先进水平。又如,当时刚进校的一位回国博士,在专项科研经费的资助和有关单位的协助下,从事国际上只有几个工业发达国家掌握的磁敏玻璃的研究,也取得初步可喜的成果。

六、抓住学科建设的牛鼻子

学科既是教学工作的依托,又是科研工作的基石,学科建设对于培养高层次人才、开展高水平科研至关重要。1983 年,我校组织制定了 1981 年至 2000 年的全校重点学科建设的规划。根据国家科技发展总方针和科学技术发展的趋势,结合国民经济发展的需要和学校实际情况,确定了 10 个领域内重点建设 26

个学科,在"七五"期间,我校加强建设第一批 12 个重点学科。客观来说,80 年代,由于国家对各高校重点建设的投资不足,学科建设受到一定影响,但我们还是努力安排用于重点学科建设的经费,并另外从每年积存的课题经费中支借几百万元,用于支持一些急需投资的学科建设,如计算机、信息技术、人工智能与机器人、生物医学工程、电子材料以及 CIMS 等,有力地促进了这些学科科研工作的发展,为其争取项目经费、多出和快出成果创造了有利条件。由于准备工作充分,1988 年,经国家教委组织专家评审,我校共有机械制造、金属材料及热处理、热能工程、流体机械及流体动力工程、电器、电工材料及绝缘技术、电子材料与元件、生物医学仪器及工程、系统工程、工业管理工程和固体力学 11 个学科被批准为国家重点学科点,这在全国高校中也是比较多的。被评上的这些重点学科点,也就有机会得到国家的进一步投资建设。除上述重点学科外,在 80 年代,我校人口学的建设发展也是一个十分引人注目的亮点。

人口学是一门广受世界瞩目的边缘学科,它同社会经济发展密切相关,其发展趋向于文理结合与渗透。我国对这方面的研究始于 20 世纪 50 年代。"文革"中断十年,改革开放后数年发展迅速,已有相当规模和水平,至 1987 年,全国已有 30 多所高校设有专门研究机构,许多研究成果已成为国家制定各种经济政策的科学依据,并在有效控制人口数量、提高人口素质、促进人口与经济协调发展等方面做出了积极贡献。

人口控制是八九十年代世界各国政府面临的一项重大课题,我国更是如此。1979 年年底,全国第二次人口理论研讨会提出,"人口控制"是我国人口研究的一个重要方面。我校从 1978 年开始进行人口研究工作,以技术人口学和人口、社会、经济协调发展为研究重点,沿着社会科学和工程科学相结合的道路,为国家现代化做出了重大贡献。在改革开放后的十余年里,我校的人口学研究取得了一系列研究成果,得到了联合国人口活动基金的资助。其中,人口所蒋正华教授等主要参与的"2000年中国人口与经济协调发展规划模型"（"2000年的中国总体定量分析"的第三部分，本模型研究人口与经济发展的相互协调问题，基本思路是人口对消费的需求为经济提供了市场，促进了经济增长；而经济的增长提出对不同智力结构的劳力需求，与人口的再生产取得协调。该成果由国务院技术经济研究中心汇总提交党中央，是国务院制定国民经济发展规划的重要参考资料）与"人口系统定量研究及应用"（本课题所发展的研究方法，对受控制的人口状态变化及非稳定人口理论、参数辨认等都有重要意义，确立了我国定量人口科学研究的基础，使我国定量人口科学研究处于国际先进水平）分别荣获1987年和1988年国家科学技术进步一等奖。

我校的人口学研究建立在系统工程研究的基础上，立足于系统工程与仿真研究。1978年，我校研究人员率先在国内用系统工程、控制论和计算机等现代的理论与技术方法来定量研究人口控制问题，通过对当时国内公开的各项人口数据予以分析研究，预测了中国未来七十年到近百年的人口发展趋势。这项工作十分具有开创意义，这是国内第一次用现代控制理论和系统工程方法预测和分析我国人口发展的实践案例，也是第一次对我国人口控制计划进行动态分析和综合计算的研究案例。

同年，我校研究人员在研究国外人口模型基础上，对国内计划生育的决策做了计算机仿真研究，根据不同条件参数，进行了几十种方案的人口预测研究，比较各种控制方案的结果，考虑到社会、经济及人口发展的相互作用，提出了U型控制方案。方案着重研究了人口的合理结构，根据长期发展中人口各种指标的变化情况，分析了中国人口的惯性，得出了人口系统有周期为75年的变化规律的结论，提出了当前必须控制生育，坚持一段时期以后，在适当时期逐步使生育率回升，达到预定的人口目标。并进一步论证了U型方案，既达到控制人口数量，又可控制老龄化的峰值，提出了在人口控制中必须考虑的社会心理等因素。我校提出的U型控制方案及人口系统结构的思想,经专家审定,"具有极大国民经济意义,属于国内先进水平"。这项研究,为建立我国人口控制系统工程及实际的人口控制大系统结构做了重要的理论准备,也为我国人口控制决策提供了科学依据。研究所提出的改进人口统计的新方法,被国务院人口普查办公室直接采用,在无锡试点中应用,促进了我国人口综合问题的研究,成为国家决策的依据之一,得到中央负责同志的重视。这一时期,我校的人口研究理论还先后为陕西、河南等省人口发展做过预测,并提出相应的针对性战略方案。

我国的人口增长与经济发展都有自身的特点,我校的人口学研究立足人口与经济协调发展,进行了一系列专项研究,为探讨中国人口与经济协调发展的独特道路做了积极贡献。自1981年起,结合我国长期社会经济发展目标和计划生育工作,我校开展了我国人口总目标的研究。一方面,发展这类问题的研究方法和技术,同时也提出了中国人口目标的研究成果。这是我国第一次以近代研究方法对影响人口目标的20多个因素进行综合处理并得出了结论,该项研究获得1982年陕西省社会科学研究一等奖。从1983年开始,我校开展人口与经济协调发展的规划研究,先后承担了国家、教育部和部分省县的研究任务,如"中国人口与社会、经济大系统结构模型综合决策"、"开放城市人口与社会经济协调发展数学模型"、"河南省人口经济发展计划"、"2000年中国的人口与经济协调发展的预测与模型研究"等,为国家和地方经济社会发展贡献了积极作用,因研究问题紧扣国家社会发展重大需要,研究方法比较新颖、扎实,一直受到国家和省市机构的重视。

在人口学研究与实践的基础上,我们注重人口技术方法的研究与探索,在人口数据处理、分析和利用方面做出了突出的成绩。我校的人口学以技术人口学为研究重点,在人口学技术方法的研究上,既吸取了国际上先进的方法、技术和手段,又结合中国实际,诸如我国人口统计历史数据的实际和人口研究方面多学科相互渗透的特点,解决了长期以来存在的困难,提出并形成了有独到见解的技术方法,如蒋正华研制的"JPOP-1人口预测模型和软件",被国家人口普查办公室向全国推广。我校还直接参与了1982年全国人口普查工作,蒋正华同志更是被聘为国家普查办技术顾问,从制定问题表的讨论、编码、试点和数据的处理,到人口预测、分析等方面,提供技术咨询,研究处理方法,协助进行人员培训、数据分析等,我校配合国家人口普查办公室做了一系列的工作。

分析和利用普查数据是普查工作的组成部分,1984年,中国人口普查国际分析会议召开,蒋正华等同志撰写的《中国人口平均期望寿命》一文,提供了1982年中国人口平均期望寿命的相关数据,成为新华社代表国家发布数据的依据;朱楚珠同志则在此开辟了人口学研究的一个新领域——中国妇女问题,引起了中国妇女界的重视。利用1982年人口普查数据,我校研究人员还编制了中国模型生命表,该表是根据大量的人口死亡数据,利用人口学、数学等科学方法编制的一系列反映各种年龄人口死亡率和平均预期寿命变化规律的标准模式,我国的模型生命表为在发展国民经济中更充分地利用人口数据创造了良好的条件,对于世界各国研究东方文化系统的人口预期寿命和死亡模式也有着极其重要的作用。通过编制中国模型生命表,将填补人数近四分之一地区有关人口预期寿命与死亡模式方面的统计分析数据的空白。这项工作不论是对我国还是对世界都有着重要的现实意义和很高的学术价值。1982年,我国成立以国家统计局李成瑞同志为主任的中国模型生命表编制委员会,国务院文件指出,西安交大人口研究中心已掌握全套编制"模型生命表"的数学方法,聘请蒋正华同志为中国模型生命表编制组技术顾问和组长。

1980年以来,我校人口所的教师开始走向社会,向社会做了大量的宣传工作,几年里,走遍了陕西省半数以上的县,走遍了我国东南西北的十多个省市,进行人口理论宣传,在国内产生了很大的反响。朱楚珠同志关于人口理论的科普报告,被几十个单位翻印采用,她的报告被制成录音带在全国发行,发行量超过17000套,并被发至我国各驻外使馆和中央人民广播电台。

  我校人口学的发展还有一个比较突出的特点,就是十分注重走国际化道路。七八十年代,人口问题是举世瞩目的世界性课题。为了人类更美好的生活,各国通力研究很有必要。从我校开辟人口学研究方向开始,我们就积极参加国际相关会议,借鉴相关的先进经验。邀请国际人口学专家到我校讲学,1984年,研究所还举办了全国性的"人口学高级技术培训班",由著名人口学家、伦敦经济学院的John Hoberaft教授,《人口研究》主编Grebenik先生和联合国亚太地区人口顾问Richand Leete先生进行授课讲学。

1985年,我校在国内首次举办国际人口学讨论会

  中国是人口大国,中国的人口状况对世界有举足轻重的影响,改革开放之后,中国控制人口的效果是有目共睹的,为了加强国际交流,进一步推动我国人口学事业的发展,经过我校努力争取,1985年6月,国际夏季人口讨论会(中国部分)在我校隆重举行。这次会议由我校的人口所与美国东西方研究中心人口研究所共同主办,来自包括我国在内的 14 个亚太国家和地区的 60 名正式代表出席了会议，还有特邀的 5 名代表。1985—1988 年，我校人口所作为联合国人口活动基金第二批授权单位接收联合国人口活动基金援助。为了加强我国人口学研究水平，我国政府和联合国人口活动基金会合作开辟了"大学人口学培训与研究项目"，我国有 20 多所大学承担该项目。

七、全力建好国家重点实验室

实验室建设是高等学校得以进行重要基础性研究和提高学科水平的重要条件，是学科建设的重要内容。从 80 年代初开始，我校利用各种渠道的资金加强了一部分实验室建设，如金属材料及强度、电气绝缘、多相流与传热、机械制造以及应用力学等。经过几年建设，这些实验室都已初具规模，研究工作也得到了很大的推动。如金属材料及强度实验室和研究所就获得了 6 个国家级科技成果奖，除上面提到的"低碳马氏体应用基础及开发技术"获得 1987 年国家科学技术进步一等奖外，还有 5 个项目分别获得国家三大奖中的三等奖和四等奖。获得部、委级成果奖的数目就更多了，因此，该实验室在 1986 年被国家教委确定为开放实验室。其他所提到的实验室，也都在科研方面做出了较好的成绩，先后得到国家的肯定和进一步的支持。如在应用力学实验室的基础上，国家计委和教委投资近 600 万元批准建设了"机械结构强度与振动国家重点实验室"，于 1989 年 2 月 4 日正式批准向国内外开放。"动力工程多相流国家重点实验室"也在 1989 年 8 月底通过专家论证，于 1990 年 2 月批准开始建设，总投资 600 万元。另外，经国家计委和国家教委组织专家论证，"金属材料及强度"、"机械制造系统工程"、"电力设备电气绝缘"3个国家重点实验室和"精细功能电子材料与器件"、"流体机械"、"现代医学电子技术及仪器"3个专业实验室,在1989年被正式确认列入第四批世界银行贷款建设项目,总投资为400多万元。

我校是国内最早设立锅炉专业的高等学校,也是最早开展超临界锅炉研究设计的高校,在陈学俊院士、林宗虎院士和陈听宽教授等专家的带领下,我校超临界锅炉的研究与实践很好地支撑了我国能源动力工业的发展,为我国能源动力的升级换代做出了重大贡献。

陈学俊院士(中)和陈听宽教授(右)在多相流国家重点实验室

在国际上,多相流是工程热物理下面的一个学科,80年代初在国际上才开始发展起来。工程热物理下面原来就有一些传统的学科,如燃烧学、传热学,还有气体动力学。改革开放后,各国对多相流越来越重视,我校正好抓住了这个机遇,因为我们从50年代末就在搞两相流和多相流。过去搞流体力学的,要么是气体动力学,要么是水动力学,都是单相的。而我们要搞多相流,在动力方面,主要是汽水两相流;在燃烧方面,主要是气固两相流。80年代,世界石油开采业发展比较快,在石油开采中直接涉及油气水三相流。原油一般是跟天然气同时开采出来的,采油的时候需要注入大量的水,所以采出来的天然气会伴有许多水,由于是在地下采,还有大量的泥沙,因此从地下采上来的实际上是天然气、石油和泥沙的多相混合体。由于水跟油混合在一起,加上泥沙的存在,会影响石油产量,因此在石油开采方面需要多相流研究。另外在化工领域,涉及的"多相"应用也很多。当时教育部也正在研究改革专业,我校原来的锅炉专业,考虑到对招生不利,同时为了与能源结合起来,索性就把锅炉专业改成热能工程学科。我们把两相流变成多相流,多相流的势头发展得比较好,后来工程热物理学科专门成立了多相流学专业委员会,陈学俊院士负责这一块。我校的多相流发展是与国家整个能源动力行业的更新换代同步的。

1958年正是动力工业迅速发展的一年,在这样的背景下,我们有了搞"超临界"的理念。1952年,我国整个发电设备的容量还不到200万千瓦。1954年,我国造出了第一套6000千瓦的发电机组,装在淮南电厂,国家举行了隆重的庆祝仪式。1954年,我国才有了蒸发量为40吨/时的锅炉,压力是40巴。在苏联的帮助下,哈尔滨锅炉厂开始建设,1955年投产。随后开始生产5万千瓦的高压电站锅炉,压力为100巴。而那个时候国际上的情况是,1958年的时候美国已在全球最早开始发展超临界的电站,从1957年到1958年一直到60年代,是美国大力发展超临界电站的阶段,超临界机组上了几百台。当时苏联开始生产20万千瓦的机组,我们国家规划先是搞5万~10万千瓦的机组,下一步是搞20万千瓦超高压机组,压力为140巴。当时,我校将发展超临界机组作为发展方向,还在哈尔滨抽调了一些人做超临界锅炉方案的联合设计。1958年,西安交大部分师生到哈尔滨参加了超临界锅炉的设计。联合设计完成后,在陈学俊院士的倡导下,我们学校想做一个研究超临界的试验台架。当时得到产业界的支持,上海锅炉厂支持我们教研室的第一个科研项目,就是让我们做超临界试验锅炉的设计。1959年,我们完成了超临界试验锅炉的全部设计,上海锅炉厂准备为我们免费制造。

1965年,全国经济形势好转,教育部支持我们搞科研工作,学校也给了经费,陈学俊院士提出要把超临界研究进一步开展下去,主张用学校的经费买一台临界压力的水泵,水泵于1966年到货。不幸的是,"文革"很快就开始了,搁置多年后,这台水泵就报废了。一直到1975年,在邓小平同志的领导下,国民经济得到恢复,那时我国电站的发展水平已经由5万千瓦、10万千瓦的高压锅炉,发展到12.5万千瓦到20万千瓦的140巴的超高压机组。当时在邓小平思想的指导下,我国要发展30万千瓦的亚临界直流炉。上海锅炉厂当时为了进行30万千瓦直流锅炉的研究,建立了一个超临界锅炉的实验台,这是国内第一个超临界实验台。我们也去参加了上海锅炉厂的实验,花了很多时间进行实验,困难很多,但大家都咬牙硬抗了下来,这实际上也是我们第一次做这种实验。

粉碎"四人帮"以后,国家恢复稳定,当时我们就决定继续研制超临界锅炉。而要进行科研,一定要有比较强大的实验设备,要有一个台架,这样才能发展。陈学俊院士提出,一定要搞一个独一无二的东西。经过反复研究,最终选择要做超临界实验装置。当时,上海锅炉厂建的超临界锅炉实验台,实验做完了,实验台也就搁置在那里,不能再使用了。哈尔滨锅炉厂也建了一个实验台,直接使用12吨/时的超临界锅炉,这个好不容易建起的实验台,做了一个实验,就停用了,很浪费资源。所以,当时我们就想建一个通用的实验台,能够用来进行多种实验,为我们的研究工作提供一个强有力的手段。搭建万能试验平台的想法,是我们在做科研的过程中产生的,当时的争论很多。我们这个台架要想建好,首先要把世界各地搞高温高压的试验研究方案都分析清楚。比如:燃烧工程公司是美国最大的锅炉厂,他们的试验台架是燃油的;哈尔滨锅炉厂的第一个试验台架也是烧油的,规模比较大,实验锅炉有12吨,一直在做模拟超临界的实验。

12吨的锅炉一刻钟就要烧很多吨油,成本太高。而且,实验过程中会产生12吨气体,这些气体,又不能乱排放。所以这个实验台没有办法重复使用,做一次实验后也就不能再使用了。此前,哈尔滨锅炉厂还在研究亚临界32万兆瓦,也搭建了一个试验台架,也是做了一次实验就不能再使用了。我们借鉴他们的经验,建设的新实验台,动力改用电加热,电的流量相对比较小,压力也很高,做得很有机动性。我们的整个实验运行很成功,压力高了之后,可以搭配各式各样的组合,做各种各样的实验,包括核电实验。

国家自然科学基金委对我们的想法很支持,时任基金会常务副主任的胡兆森,是陈学俊院士的学生,1951年从交大毕业,分配到鞍钢工作,在鞍钢工作时获得了全国劳动模范称号,后来调到北京任基金委常务副主任。我们向他介绍了我们的建台理念。对于建立多相流国家实验平台,他多次来开鉴定会,很支持我们的想法。他和我说:"你们这个台架建得好,可以做各式各样的实验。不像其他地方的试验台架,实验结束,台架也就完了。"这个台架建成后要发挥什么样的作用?我们当时的想法就是要承担高温高压方面各式各样的实验,不只限于锅炉一个领域,还要支撑建设我校的工程热物理这一学科。试验台架建成后,我们就承担了一个石化项目,第一次开鉴定评审会时,我们邀请了胡兆森。他说:"你们这个台架很好,现在搞的都是国内没有的,将来得奖会很多,而且会是重大成果。"八九十年代,我们到基金委汇报工作,一进基金委大门,便看到一个重大成果展示牌,其中多相流占了一大块,主要是宣传我校的成果。我们国家许多重大的科研成果都是与这个实验台的搭建密切相关的,这是我们进行科研的重要基础。

对于试验台架的建设,我校给了研究所很大的支持。机械工业部、国家计委等各方面也给了很大的支持。80年代初还是计划经济,各项物资都需要国家调拨。建实验平台,要有超临界压力的水泵,要有大型的变压器,这些当时都是国家的统筹物资,市场上买不到。研究所把相关报告拟好,我们递交到教育部,并派相关人员到教育部去寻找支持。看到我们的报告,教育部领导很高兴,很快就批准了我们的请求。后通过机械部,再向国家计委申报,最后国家计委再批给机械部,由机械部给我们调拨高压水泵、变压器等一批设备。因为我们的规划比较新,起点比较高,当时花的力气还是比较大的。当时,我们国家正规电厂用的锅炉的压力只有 140 巴,规划目标是要发展到 170 巴。而我们的台架,当时就决定要建设为 300 巴。但建设是很困难的。怎么输入才能达到 300 巴?首先就要有专门的水泵、锅炉。即使有这些设备,运到我们这里也很困难,因为水泵的体积很大,一个水泵有几百吨,锅炉也要有 2000 多吨的容量。我们的台架是模拟的一个微型台架,所用的锅炉只要几吨的水量就可以。也就是需要很高的压力,很小的流量,这个很难实现。一机部专门调给我们一台液压泵。另外,我们当时建设这个台架的时候,温度较高,测量的仪器在国内是买不到的。所以,那个时候用的设备实际上都是压力比较低的,我们要用压力较高的设备,根本就没有与之相匹配的测量手段,这是一个很大的困难,中间要解决很多问题。后来国内开始生产传感器,计算机也发展起来了,我们采取"分步进行,逐步提高"的策略,逐步建成了这个台架。

20 世纪 70 年代末,我国从法国引进了一批 30 万吨合成氨装置,该装置采用的是立体式 U 形管。该锅炉 U 形管弯管段由于在高温下工作,热负荷高,以及管内汽水混合物流动状况不好,容易发生汽水分层,在管内侧曾发生过多次超温爆管事故,这些事故发生在南京、广州和安庆等多家石化企业中,从 1978 年安装运行到 1983 年年底,3 套装置先后发生类似事故 13 起,更换了四次管束,严重影响工厂的安全生产。而且造成的经济损失是巨大的。在当时,爆管一次,全系统要停开一次,造成多耗原料、燃料等直接经济损失约 40 万元;每次爆管要停产 5~7 天,造成的利润损失在 100 万元以上;更换一次管芯,当时需要从法国进口,每个管束芯价值 25 万美元,按当时的汇率来算，也要近 40 万元人民币。而且更为致命的是，类似爆管问题在国外也多次发生，法国生产企业并没有解决这个问题。所以，80 年代中期，受中国石化总公司委托，我校与金陵石化厂协作，努力解决这一根本问题。当时，我们建立了"高压水汽两相流与传热试验系统及水空气两相流流型研究的模拟实验台"，根据锅炉实际的运行条件，做了大量的实验。那时所有的记录都是手工记录，用的是水银压差计，得到一个稳定的数据，要花费很大的工夫。在那样困难的条件下，我们获取了 140 巴下的废热锅炉传热数据，在分析研究实验结果基础上，得出一个在 U 形管的下降段里面发生传热恶化的规律和该锅炉 U 形管中发生传热的原理。在此基础上，我们提出在管内加装扰流子或采用改进型 U 形管方案。这个方案在国内是首创，在国际上也是领先的。此后在国家自然科学基金的支持下，我们开始把实验压力慢慢地提上去。当时东方锅炉厂要搞强制循环的锅炉，用内螺纹管，该厂委托我们做强制循环的内螺纹管的实验。结合起来，我们就做进一步的提高，从 170 巴到 200 巴，一直到 220 巴左右。有了这条亚临界研究之路，在上海开展超临界研究的攻关时，得到了上海市超临界的招标任务，我们就开始做起了超临界机组的研究。

80 年代后期，我校遇到了一个很好的机遇，当时上海开始了一场重点工业科技攻关振兴大会战，许多重大科技项目都进行公开招标。在激烈竞争中，我校成功中标，承担了超临界锅炉的关键技术——"600 兆瓦超临界变压运行直流锅炉水冷壁水动力特性"研究任务，我们与上海锅炉厂合作，完成了这项任务。这个项目的实验研究都是在我们多相流试验台架上，在模拟现场的高温、高压、高热负荷条件下进行的。1989 年，我们提前一年完成了这项任务。根据 1994 年哈尔滨锅炉厂财务部门的证明材料，这台 600 兆瓦超临界锅炉与国际先进的亚临界机组相比，每年可节约煤 4 万吨以上，可节省人民币 600 万元。与我国当时普遍采用的 200 兆瓦机组相比，可节约煤 16

万吨，节省人民币2400万元，每年增加社会产值7000万元。反过来讲，如果我们的600兆瓦超临界机组发生故障，每天将少发电1400万千瓦时，这些电用在工业上，可创造7200万元的产值，换句话说，如果这个机组因故障停工一天，损失就有7200万元。所以，保障这个锅炉传热系统的安全意义十分重大。这些研究在国内均为首次进行，当时在国际上研究也不够充分。这项研究对于我国大型电站锅炉的发展有很重要的意义。类似的超临界项目，当时还有很多，基本上都是由我校承担的。之后几年，我校课题组在上海市超临界火电机组项目的招标中连连中标，为西安交大在工业领域赢得了信誉，与此同时，实验台的水平和各种能力也在不断提高。一路走来，虽然在搭建全国当时唯一的超临界高温高压气液两相实验平台的过程中，面临很多前所未有的技术和人力的困难，但都被课题组一一克服，最终完成了这一堪称经典的实验平台。在该平台的调试中，工程热物理研究所师生冒着高温高压环境下随时会爆管的危险，每次都要连续奋战十几个小时，饿了啃烧饼，渴了喝白开水，为了确保实验台的平稳运行而奋力工作，这样也为建立动力工程多相流国家重点实验室奠定了扎实的基础。80年代，是我们最辛苦的十年。

随着试验台架的完善，我校的科研项目扩大到石油领域，因为是多相流，我校也专门建设了与石油相关的试验台架。这是1987年我校与河南石油勘探局合作的一个科研项目。在80年代的石油开采过程中，已开始使用高压湿蒸汽热采工艺，就是用由注汽锅炉产生的高压湿蒸汽通过管网注入各油井。但由于缺乏注入各个油井湿蒸汽量的有效计量手段，存在盲目注汽的问题，造成了有的油井注汽过多，有的注汽不足，从而影响原油开采的产量。当时，国际上也没有可靠的湿蒸汽两相流计量装置。所以，河南石油勘探局提出与我校合作研究这个装置。我们模拟石油开采的条件，在实验室搭建了类似台架，经过一年实验分析和研究，开发出了"节流式湿蒸汽两相流计量计",于 1988 年 12 月在石油开采现场试用,一年后,正式投入批量运行,效果很好。该仪表后来也被应用到供热系统、地热开发和余热利用等各个领域,被公认为是一种较为理想的湿蒸汽两相流计量仪表。

经过十多年的努力,在陈学俊院士主持下,多相流与传热研究室建设的高压汽水两相流与传热试验系统边建设边开展研究工作,先后承担和完成了国家自然科学基金、"863"、"六五"和"七五"攻关,国家科委、国家教委、机械电子部、石化总公司、化工部、上海重点工业科技攻关和有关工厂企业的重大研究课题 20 余项,在高压汽水两相流与传热理论研究、300 兆瓦大型电站锅炉的完善化、600 兆瓦超临界压力电站锅炉的开发研究、高温气冷核反应堆蒸汽发生器研制、稠油热采注汽两相流计量研究、引进年产 30 万吨合成氨装置废热锅炉爆管及其对策研究、热管换热器研究等多方面取得了显著的成果,至今已获部省级以上科技成果 10 项,为两相流与传热学科建设、发展我国国民经济建设做出了重大贡献。1990 年,经国家计委批准,我校建设了"动力工程多相流国家重点实验室","热能工程"学科被评为国家教委的重点建设学科。在原有基础上建成的高温高压汽水两相流与传热通用实验平台,实验压力达 300 巴、实验流量达 4.5 吨/时、加热功率达 1000 千瓦,能模拟大型火电站、核电站、石油化工等实际工作条件进行试验研究,成为国内唯一能达到超临界实验条件的实验平台,具有国际先进水平。我们利用这个试验台架,完成了超临界电站锅炉传热与水动力、核电站反应堆安全传热、火箭发动机冷却传热、石油化工中换热器传热与传热强化等一大批重要的研究课题,为国民经济的发展做出了重要的贡献,并获得国家科学技术进步二等奖和三等奖及国家自然科学三等奖各 1 项,获得部省级奖 15 项。我校建设的试验台架在研究工作中发挥了重要作用。

八、厂校合作促成果转化

在我国科技创新领域,一直存在一个很严重的问题,即科研与生产脱节,科研成果转化率较低(平均不到15%)。究其原因,我认为,其中一个重要的原因是研究与发展(R&D)即基础研究、应用研究和开发研究(也称发展研究)三类研究之间的投入比例失调。国家科委、国家教委系统和行业部门所属的科研机构主要从事基础研究和应用研究,主要负责开发研究的企业则既缺乏经济活力又没有相应的人力和财力。在当时的条件下,指望企业的经济活力和开发能力有大幅度的提高,或者把科研开发的主力转移到企业中去,是不现实的。为了提高科研转换率,借鉴国外经验,在我们高等学校中创办有企业参加、以应用和开发研究为主的工程研究中心,使得研究、开发与生产能够密切结合的一种新型研究机构,这可能是解决我国科研与生产脱节、加速科技成果转化的有效途径之一。

值得一提的是,在80年代后期,为提高我国工业的竞争能力,我校积极创办了工程研究中心。20世纪70年代末80年代初,美国许多工业和市场,特别是微电子及其应用,受到了以日本为代表的许多后起发达国家的强烈挑战。面对这种形势,美国政界、学术界和工业界就如何保持美国工业的世界领先地位的问题,做了许多探讨。结论是美国与其他国家抗衡的最大优势,在于拥有强大的科学技术基础和人才,而大学则是这两者的发源地。因此,为了保持工业的领先地位,就必须创造条件,使大学永居基础研究的领先地位,不断培养出在科学技术方面非常出色的人才,激励他们直接参与大学与工业界的合作。美国国家科学基金会关于在大学里创建一批"工程研究中心"的计划,就是为实现上述目标而采取的一项"经过深思熟虑"的新的重大措施。该计划自1985年开始执行,到1988年已在23所大学和 1 个微电子中心内建立了 18 个工程研究中心,当时预计到 1992 年将建立 20~25 个工程研究中心。中心的经费一部分由美国国家科学基金会资助,每个中心的投资从 100 万~200 万美元到 1000 万~2000 万美元不等,平均在 500 万美元左右,另外,中心还得到工业界、州政府和当地政府的资助。美国创建工程研究中心的主要推动力是提高美国的工业竞争力,而其具体目的则有两个:一是提高大学的工程研究能力,以便从事有重要工业意义的跨学科的研究工作;二是克服工程教育中存在的弱点之一——学生对工程实践了解不够,即对工业界如何把工程知识转变为社会的物质产品了解不够。因此,在选择建设对象的时候,基金会要求被选单位具有以下四个方面的共同特点。①能够解决国家的重大技术问题,从事对美国工业竞争能力有重要意义领域的基础研究(即工程基础研究或应用基础研究),所创造的新知识能广泛用于许多技术领域,促使工程上有所发明或根本性进步。②属于真正的交叉学科或多学科的研究(因为这是促使技术进步的最好办法),并具有合适的队伍结构。③能够提供大学生和研究生教育,以期实行教育和科研的紧密结合。因为工程教育与工程领域的研究一样,也是提高工业生产能力的关键因素。④有工业界和政府有关部门的参与和支持。大学自然是最合适的对象,因此,到 1988 年,美国建立的 18 个工程研究中心,几乎全部都在大学内,而且都得到了工业界的积极支持。这个计划的实施取得了良好的效果。

从我国的科研和生产情况来看,当时也存在着许多严重的问题,如生产技术水平低,经济效益差,在国际市场上缺乏竞争力,科研不能解决大量生产发展中的要害问题,知识分子待遇过低,等等。其中最主要的是科研与生产脱节问题。它集中表现在科研内容与生产技术发展不一致,一方面是大量科研成果不能转化为生产力(平均转化不足 15%),另一方面则是生产中急需的技术得不到及时的补充。生产技术水平的提高不得不在相当程度上依赖于引进,这不仅造成了人力、物力、财力的大量浪费,也极大地影响了我国经济实力的发展。

我国科研与生产脱节的原因,一方面是由于科研与生产的主体分属几个不同的部门,因此必然造成两者在组织和权力结构上的脱节,另一方面是从科学技术转化为生产力的过程来看,则是在我国科技活动中,研究与发展(R&D)即基础研究、应用研究和开发研究三类研究之间的投入比例失调。因而,从总体上看,我国绝大部分优秀人才、先进设备和科研经费都集中在国家科委、国家教委系统以及行业部、行政厅局所属的科研院所内,这些机构都不直接负生产与经营的责任,而主要是从事基础研究和应用研究;与此相反的是,直接负生产、经营和开发研究责任的企业,却没有足够的科研力量,无论是人才、设备,还是科研经费与其担负的责任相比,都显得十分短缺,因而无力开发和消化研究单位所提供的实验室成果,反而埋怨这些成果"不好用"。从而不得不继续走以引进来提高生产技术的老路,而引进的技术,也同样由于上述原因而无力进行消化,往往不能进一步形成技术优势来增强自己的竞争能力。此外,原有经济体制下企业缺乏经济活力和我国主要以学术水平为评定标准的大统一的职称评定导向等也都在不同程度上加剧了科研与生产的脱节。

改革后,我国科研与生产相脱节的情况有所改变,特别是拨款制度的改革对科研机构和人员产生了巨大的压力,迫使他们重视解决生产中的根本问题,努力增加与企业之间的横向联系,力求把科研成果转化为生产力,并取得了一些可喜的成果。但是,由于这种联系还是一种临时性的联系,横向课题往往也都是一些小、杂、散的,因此,不能使生产技术有突破性的进展,也难以持续提高。而在当时条件下指望企业的经济活力和开发能力有大幅度的提高,或者把科研的主力转移到企业中去,那也是不现实的。所以要使科研和生产有效地结合起来,关键是要找到一种恰当的结合形式,从而形成有效的运行机制。从高等学校来说,要使高校的智力与产业界结合起来形成新的生产力,首先是要找到一个合适的接口,来发展与企业的合作关系，同时，也为吸引企业家参与高校的科研活动提供一座方便的桥梁。美国国家科学基金会创建的工程研究中心，或许正是一种值得借鉴的形式。

为了发展我国的科学技术，提高我国工业的竞争能力，从1987年起，我国高等院校在国家有关部门和企业的支持下也开始组建工程研究中心，并先后已成立了"大连理工大学铸造工程研究中心"、"西安交大万宝联合压缩机工程研究中心"、"成都科技大学磷复肥工程研究中心"和"浙江大学电力电子技术及应用工程研究中心"。在此前后，也还有一些国家支持的其作用类似于工程研究中心的机构成立。我国当时成立的工程研究中心，虽然从其规模和条件来看都还只能算是工程研究中心的雏形，有待进一步的发展和提高，但是从这四个工程研究中心所要起的作用和成立条件等方面来看，基本上与美国国家科学基金会提出的几个要求一致。它们从事的研究都对提高我国工业的竞争能力有重要意义，属于多学科的研究，有工业界和政府部门的支持，且都建在部属重点理工科大学内，能够提供大学生和研究生的工程教育，实行教育和科研的紧密结合。但是，我国工程研究中心所承担的任务与发达国家相比也不完全相同。其一是如前所述，我国的工业技术水平还比较低，除了少数已达到国际先进水平以外，大多数不得不依靠"引进"来缩小与发达国家的差距。因此，工程研究中心眼前的一个重大任务就是研究"引进什么"、"如何引进"以及引进后的消化、维修、配套、仿制、改进，直至返销国际市场的问题。这是一个迫在眉睫的任务。其二是国际高技术的竞争，给我们带来了在新兴技术领域内与发达国家角逐的重要任务。为了国家与民族未来的发展，我们不能忽视高技术及其在工业领域应用的研究。高技术的一个重要特点，就是基础研究创造出的新的知识，常常可以在较短的时间内直接转化为工业技术。美国较早地抓住了这一特征，以工程研究中心来完成知识的创造和转化为工业技术的任务。我们的工程研究中心也必须担负起这一任务，在基础研究创造出新知识之后,不间断地把它转化为工业技术。这是我国工业技术发展战略取胜的关键所在,也是从战略上摆脱"永远尾追"发达国家工业技术局面的出路所在。这是我国工程研究中心的第二重任务。此外,由于我国大部分工业企业的技术开发能力都比较差,因此我国工程研究中心在重视工程基础研究的同时,还要更加重视工程实现和工艺知识的研究,以期将中心的研究成果更快地向企业转移,这也可以说是我国工程研究中心任务中的一个特点。

(万宝)压缩机工程研究中心(以下简称"中心")成立于1988年12月,是我校和广州万宝电器集团公司合资创办的,其主要目标是开发我校王迪生教授团队研制成功的涡旋式压缩机系列产品,包括冰箱、空调、动力用涡旋式压缩机及涡旋式工业泵等。涡旋式压缩机是一种全新结构的压缩机,它由两个特殊型线的涡盘平动啮合实现吸气、压缩和排气过程,克服了活塞式压缩机的弱点,具有结构新颖、体积小、重量轻、排气量大、运动平稳、压力脉动小、噪音低、效率高、寿命长和使用可靠等一系列优点,因此具有很大的经济效益。涡旋式空压机科研样机和小批量生产样机分别在1987年和1988年通过鉴定,在国内外引起了极大的关注,社会各界纷纷要求合作进行开发。该"中心"就是在这样的背景下成立的。"中心"成立后得到了国家教委和万宝公司经费上的大力支持,从而改善了研究的设备条件,避免或改善了四处奔波求援的窘况,大大加快了开发工作的进度。涡旋式压缩机固然具有一系列明显的优点,但是它的涡盘加工要求很高,而且因型线复杂,必须用数控机床加工,当时尚未研究出工业生产用的成熟的加工工艺,从而使这项成果尚不能马上转化为生产力,而这一点也正是成立"中心"所要解决的重要任务之一。在"中心"成立之后,利用经费上的有利条件,吸收我们校内有关学科的研究人员一起对涡盘的加工和配套电机的设计、制造等技术进行开发研究,发挥多学科联合攻关的优势,加快成果向生产转移的速度。

一方面,毕竟"中心"不是由国家重点投资建设的,集资的数额也

1988年，万宝压缩机工程研究中心成立，
史维祥校长（中间站立者）在台上致辞

不大，所以"中心"建设和项目开发的速度都不能不受到客观条件的限制。另一方面，从"中心"成立的实际情况来看，在"中心"的管理体制上也有一些值得研究的问题。"中心"按章程规定实行的是董事会领导下的主任负责制，"中心"属企业性质，领有营业执照，具有独立法人资格。但是实践表明，这种体制很难理顺"中心"与学校的关系，而且带来在"中心"工作的企业编制人员和学校事业编制人员之间在管理、考核和工资、福利待遇等方面的一系列矛盾，学校也只好将它像其他研究机构一样进行管理，形成了一种"企业单位事业化管理"的不正常模式。现在看来，工程研究中心不同于校办的科技企业或公司，而是一个主要需由国家投资建设的，以实现重大科技成果转化为主要目的的国家重点研究和开发机构，所以应该属于事业单位性质。但在管理上，要引入企业及工程项目的管理办法和经验，积极推行多种形式的责任制，实行"事业单位的企业化管理"。在资金来源上，除了国家支持以外，也要努力争取企业、行业和地方等多方面的支持，而不宜只是和个别的企业集团合办这样的工程研究中心。同时，工程研究中心本身也应通过接受科技任务、转让研究成果或出售

小批量技术产品等多种方法解决部分资金问题,从而达到适度的良性循环。

压缩机(含通风机、鼓风机、压缩机)是国民经济中主要耗能机械设备之一,也是石油、化工、冶金、纺织、交通、国防、航空、采矿、轻工等工业部门的关键设备,我国每年都要耗费大量外汇从国外引进,因此,独立自主地研制和开发高性能的压缩机,对于减少进口、赶超国际先进水平是十分必要和有意义的。我校不仅在涡旋式压缩机研究方面居于全国领先地位,在透平压缩机、括塞式压缩机等整个压缩机技术的研究上也在全国占有优势,是压缩机行业的技术带头单位。我校的流体机械专业是该专业全国唯一的博士点,也是全国重点学科点之一,当时被确认列为世界银行贷款重点学科发展子项目的专业实验室建设项目。在压缩机关键技术上,我校共获得国家级科技进步二等奖4项,国家发明奖2项,其他部、委级奖多项,每年为社会企业新增经济效益达1.65亿元以上。在和压缩机的相关技术中,我校拥有"机械结构强度与振动"和"金属材料强度"2个国家重点实验室,并拥有机械学、固体力学、金属材料及热处理和机械制造4个博士点,所以学科配套完整、总体实力强。为此,我们向国家教委申请将"西安交大万宝压缩机工程研究中心"发展建设成为"流体机械及压缩机国家工程研究中心"。国家有关部门的领导对在我国创办工程研究中心的重要意义已经看得比较清楚,客观条件也日趋成熟。因此,针对我国国民经济的重要领域,有选择地在我国高校或其他合适的单位创办一批高水平的工程研究中心的工作已经提上了议事日程。1995年,国家计委同意了我们的申请,"流体机械及压缩机国家工程研究中心"正式批准建立。

校办科技企业是学校科技工作的延伸,它既是加强科技成果特别是高技术成果转化、为经济建设服务的一个组成部分,也是为学校增加收入、弥补经费短缺的一个途径。因为在当时的情况下,高新技术实验室成果推向社会进行生产应用比较困难,而且将实验室成果直接向外转让,学校获益也较少。因此,有选择地将一些高技术成果由学校自行创办或与国内外企业联合创办科技企业进行开发、生产和经营,就不失为一种比较现实的办法。因此,学校对此项工作也很重视。首先,加强校技术开发公司的建设,对公司经理实行招聘并签订承包合同;另外,选择了高分辨率彩色显像管偏转线圈、非键盘中外文输入系统和宾馆收款机等一些有市场前景的高新技术成果自办或与企业合办科技企业进行开发和生产。像高分辨率彩色显像管偏转线圈、容错计算机和非键盘中外文输入系统3个项目当时都被正式列入国家火炬计划。

九、中美首次多相流会议

80年代初,由于核反应堆、蒸汽动力厂以及石油化工、机械、采矿、冶金等各种工业部门中凝结与蒸发换热设备的迅速发展,两相流与传热问题愈益显现其重要性,两相流与传热问题的研究,不仅影响设备的经济设计与制造,还涉及设备的控制与运行安全及工况特性的预测。美国是世界上从事双相流与传热研究的重要国家之一,迈阿密大学自1976年以来,曾多次组织了有关的讨论会与探究座谈,我国的西安交大、清华、上海机械学院与原子能研究所、上海发电设备成套设计研究所等开展该项研究工作也都比较早。当时国际交往有所增多,虽然各方互有了解,但毕竟有限,国外科技界对中国的科技水平知之不多。

改革开放之初,邓小平同志到美国进行访问,中美关系有了明显的改善。1978年,我校陈学俊院士到美国迈阿密城参加国际替代能源的学术会议,会上,他结识了迈阿密大学清洁能源研究所所长魏齐罗格鲁（Veziroglu）教授，这次会议是我校师生历经十年动乱后，登上国际舞台的一次重要经历，它为我校后来与国际能源学界展开合作开辟了道路。从此，我校与美国能源界之间慢慢建立了关系。魏齐罗格鲁在美国比较有影响力，他和美国国家科学基金会的关系也很好，他举办的很多会议都得到了科学基金会的支持。1980年，经过教育部批准，我校邀请他来做一次访问讲学。国家各方面都很重视，到西安后，我们很友好地接待了他，陪他到清华、上海交大等学校做了访问。那个时候，清华大学研究核能的王大中院士、上海交大研究燃气轮机的翁史烈院士，也很重视魏齐罗格鲁的这次访问。在访问期间，魏齐罗格鲁认为我们动力学科发展得很好，整个国家的发展氛围也好，为推动两国学者在这一领域内的研究工作，他促成了中美双方召开国际会议的合作。同一年在西安，陈学俊院士（副校长）与魏齐罗格鲁签署了中美两相流及传热学术讨论会协议的备忘录，经中国教育部与美国国家科学基金会批准并资助召开。从那时起，我校便开始准备举行这个会议，两国的领导部门都支持，决定该会在中国举办。1981年，美国召开第四届国际替代能源会议，陈学俊院士参会，并受邀担任该会议学问委员会顾问。同时，我校委托他代表西安交大学术委员会，聘任会议主席魏齐罗格鲁教授为我校名誉教授。此间，我们学校与迈阿密大学清洁能源研究所制定了科学研究合作协议，共同研究两相流不稳定性这项课题，费用由中美两国的国家科学基金委员会分别立项补助。我们两所人员交流比较多，魏齐罗格鲁曾受邀到我校讲学，我校也派出林宗虎、周芳德、陈听宽几位教授到迈阿密大学访问科研。

  1983年，美国迈阿密举办一个多相流传热国际会议，魏齐罗格鲁主持了这次会议。在这个会上，我们与美国国家科学基金会的负责人会面磋商，决定1984年在西安召开第一次中美两相流国际会议。1984年5月9日至14日，经中国教育部和美国国家科学基金会批准，中美两相流与传热学国际学术讨论会在我校隆重举行。出席这次会议的代表共66人,其中包括美国国家科学基金会机械工程部主任Weese博士,还有美国各大学的院长、主任及有名望的教授等14人,此外,加拿大、德国、澳大利亚和土耳其也各有1名代表出席。我国正式代表25人,都是来自国内各大学研究所的校长、院长、系主任、教授及工程师等。在会上,各方专家交流了各自研究所在两相流动与传热方面的工作进展,同时确定了相互合作科研的问题。国外代表对我国在两相流及传热方面的研究工作了解较少,美国国家科学基金会原来认为,中国这一方面的研究基础较差,这一次会议只会对中国有利。而在这次会议上,我方学者提交了许多质量较高的论文,出乎国外代表的意料。这次会议使国外代表对中国学者在两相流及传热方面的研究工作有了很好的了解。代表们认为,中美两方研究课题是相近的,水平也是很接近的。

1984年,举办首次中美两相流与传热学术讨论会

通过这次会议,国外代表深感中国在两相流和传热方面做了很多工作,有良好的实验设备和相当水平的研究人员,因而,他们普遍希望加强联系与合作进行课题研究,希望能召开更大型的国际会议,中国不仅应参加大型国际会议,而且要组织国际会议,这样既可以扩大中国的影响,也能更全面地了解国际研究信息。通过这次会议,国外也加深了对我校以及我国教育质量的印象,同意接收我们的研究生,并提供奖学金。在这次会议中,我国有4位研究生宣读了研究论文,展现了我国研究生的实力。会议期间,国内外代表参观了我校的两相流实验室、热工传热实验室和涡轮机实验室,国内外代表普遍认为,我校的实验设备具有当今国际各大学的水平。在参观中,凡是研究生的课题均由研究生本人用英语介绍,国内外代表对研究生课题、研究生水平以及研究生质量均表示满意,特别对我校的研究生可以用较为流利的英语进行介绍表示赞赏。参观中,美国普渡大学列迪克斯教授当场主动表示,愿接受我校涡轮专业的1名研究生,在获得硕士学位后到他名下做博士研究生,并提供奖学金。德国柏林工业大学约翰逊教授表示愿意接收我校的2名研究生,并提供奖学金。

这次会议,代表了两相流与传热的世界水平,其中美方代表由美国国家科学基金会支持,美国的一些知名教授都很重视这次会议,对中国很好奇,很希望到中国来参会。总体来说,会议办得很好。为了准备这个会议,我们当时就决定要把试验台架赶在1984年前建成。当时还有一个比较紧急的情况是,这是我们第一次举办国际会议,专家们来了,连招待所都没有,如何接待?当时我们也计划建一个招待所,教育部已经批准了,而恰好赶上这次的重要会议,于是,我们就把招待所基建的日期定下来了,也就是要在这次会议举办之前一定要建起来。我校现在的专家公寓第一次营业接待的就是这次国际会议的宾客。美国的基金会很支持我们,在第一次中美两相流国际会议以后,参照国外的习惯,我们希望把多相流的国际会议办成连续性的,所以当时商定每五年举行一次,1984年就将下一次会议定在了1989年,因社会秩序不太稳定,延期到1990年举行。之后仍然正常举行,到1994年、1999年、2004年,基本上五年召开一次,一直到现在还在继续,都在西安开,固定由我校主办。当然,名称由最初的"中美多相流与传热"变成了"国际多相流与传热"。后面的国际会议支持单位多了起来，增加了工程热物理学会、动力工程学会，等等。国内就是由我校举办多相流与传热的国际会议，教育部对这件事情很支持，自从1984年举办国际会议起，教育部（国家教委）都是鼎力支持的。工程热物理学科中，多相流方面主要是由我校举办国际会议，当时还有燃烧、传热等国际会议，之后还有能源方面的国际会议。后来，我校成为国内外多相流研究方面的一个比较知名的基地。我校的国际影响大了，国际知名度也提高了，社会各界了解到我校在工程热物理方面是一个比较顶级的学校，所以我校工程热物理学科一直处于国内比较领先的地位。

第五章

高等教育沉思录

一、大学使命在育人

1952年,我毕业于交通大学,留校工作后一直是"双肩挑干部",一方面从事教学科研工作,一方面担任学校党政工作。我是一位有着七十年党龄的老党员,亦是有着六十年教龄的老教师,我的教学科研工作一直到2016年才停下来。我对新中国成立以来学校行政及教学科研工作了解较多,形成了一些办学理念。以下对当前办好高等教育提出一些看法,因对现在情况了解较少,可能比较片面。

高等学校党的教育方针是培养德、智、体全面发展的社会主义接班人,其中立德树人是教育工作者的根本使命,在"前言"中提到交大西迁精神是"胸怀大局,无私奉献,弘扬传统,艰苦创业"。青年学子应"爱国"、"奋斗",到国家最需要的地方艰苦创业。当前青年人在西迁精神提倡的几个方面存在问题较多,弘扬优良传统不够。我认为,对学生的政治思想教育除书本知识外,应更多用"延安精神"、"西迁精神"、"黄大年精神"等生动事例来进行教育。在这些方面,已有很多文章论述,下面主要谈一些如何做好教学科研工作方面的意见。

第一,在校长任期内,我坚决反对学校办公司、搞商业赚钱。我在任时,校办企业很少,有些人想办,但没怎么办得起来。在我之后的几位校长,一时间办起了大量的公司,至少办了十几个公司,不过现在境况都比较一般。高等学校的本质使命,是要勤勤恳恳地教学育人,要好好考虑如何把教学质量搞上去,把研究生培养工作搞好,把科学研究水平提高,办企业办商业不是我们学校的特长,当然我们更没有那么多精力,我们在其中很难全身而退。

第二,我认为学校的经费主要应该由国家来拨付,不能让学校、教师去搞创收,这样会冲淡或者弱化学校教学育人的基本功能和基本任务。教师们要专心致志地培养人才,聚精会神地搞好基础科学研究。我任期内始终坚持这一点,当时市场化思想已开始抬头,国内很多高校都有些按捺不住,但我们交大教师相对比较专注,能专心致志地进行教学育人和科学研究,为学生的德、智、体全面发展和国家自然科学的研究做出应有的贡献。世界很多知名大学(如美国的哈佛,英国的剑桥、牛津等),虽然大都是私立的,但教师都很敬业,很专业,一门心思地做好教育科研工作。当然,我国有几千所高校,而每年的财力是相对固定的,所有高校都要依靠国家投入的财政来运转,也很困难,这就需要学校管理层面注重引进社会资本来参与大学建设,同时要注重引导教师在科学研究与技术革新方面动脑筋,瞄准国家建设的重大需求,申请国家的相关课题项目。

第三,人才培养要始终坚持严进严出的原则。我们现在的高等教育,在很大程度上讲,是一种"严进宽出"的模式。什么意思呢?大家想一想,要通过高考进西安交大,进清华,容不容易?可谓千军万马过独木桥,相当艰难。但是进来之后,在四年的教育过程中,只要不是太不像样,毕业还是相对比较轻松的。我国研究生人才的选拔和培养,一段时期以来更是如此!学生差不多都会如数毕业,除非生病或者做了坏事受到处分,再或者主动放弃,其他都能毕业。我是1948年考入交大的,1952年毕业。我们毕业时的毕业设计,要求非常严格,现在的毕业设计是什么样子呢?无须说明,大家可能心里都比较清楚。学生都面临着很大的就业压力,首要任务当然是找工作,毕业设计只能作为次要任务,学校和指导教师为了"对学生负责,为学生好",也只能睁一只眼,闭一只眼。所以,现在的学生只要进了大学,就像进了保险箱一样,这样肯定会严重影响学生学习的积极性。担任校长期间,我访问了国际上的很多大学,要么宽进严出,让学生大量地进来,然后一年级淘汰一大批,二年级又淘汰一大批,三年级、四年级很稳定,培养的都是优秀的学生,国家花了那么多的钱,培养的都是很优秀的人才。当时,我发现法国的大学是这样做的,美国的麻省理工学院、哈佛大学等,包括新中国成立以前的交通大学都是严进严出的。老交大的传统有两点:一是门槛高,一是要求严。记得新中国成立之前,交大化学系有一届学生四年级只剩几个学生,教师照常上课。当然,这样是不是有些太严格了?可以研究。但是对学生的教育必须严格,"严师出高徒",这是最起码的道理。现在我们国家正在提倡"工匠精神",工匠精神最重要的就是严格,严格要求,精益求精,一丝不苟,这就是工匠精神的基本要求。我们中国的传统教育向来以严格著称,老交大传统也是如此。我在任期内,也一直坚持这方面的要求。但现在的情况很不理想,我始终无法理解。要么是宽进严出,要么是严进严出,这是培养人才的基本规律。

第四,工程技术人才的培养,要注重实践能力的锻炼。老交大传统的一个突出特点是重实践。我认为这种理念现在仍应宣传,对当前的教育很有好处。从1952年毕业留校工作,到2016年3月我送走最后一位研究生,前后从事工程教育六十多年,很重要的一条,就是既要教理论,又要教实践,理论和实践必须紧密地结合,两方面都不能偏失。过去毛泽东同志批评理论脱离实际,认为学校的学生出来只是半个知识分子,直至再掌握实践能力后可以做到理论与实践结合了才算一个真正的知识分子。这些观点都是很正确的。

而现在,上课讲理论容易,要带着学生到实验室里,到工厂进行实践,相对会麻烦得多、辛苦得多。但教师就应该把精力投入进去,带领学生在实验室做实验,教师亲自指导他们。五六十年代,我们学习苏联,非常重视实践,有一整套的实践方案。苏联很重视实习,有认识实习、生产实习、毕业实习、课程设计、毕业设计等多项实践锻炼。为此,每个系和每个教研室都配有大量的实验室。我到法国、英国去参观,发现他们的学生也都是上午上课,下午待在实验室。我在任的时候,一直提倡实践训练,后来这种精神也流传下来了,可是最近几年改变了,研究机械的、研究电信的工程博士生,居然可以不做实验,在计算机上模拟训练,就可以毕业。这个问题很严重。更为遗憾的是,我们之前的实验室现在全都没有了,建了一个工程坊。我认为工程坊很好,但实验室不能都撤掉,因为本科生、研究生有大量的实验要做。我们现在培养的硕士生,质量实在令人担忧,我一直在教学科研第一线,所以,我知道实际情况。我的研究生,要求还是一如既往,三年之中至少有一年以上的时间就在实验室。研究生论文中,要用实验来验证甚至发展理论,学生经受了实践的锻炼,所以我的学生毕业回来后,每个人都很感谢我,他们在毕业后不久就承担了重要的科研任务。大学生只重视理论学习是远远不够的,必须在独立的实验中好好训练,锻炼实践思维,因为做实验都要独立思考,要得出一定的结果,出了问题要自己去解决。而且,在学校里,学生是有条件的,导师在身边,实验设备也都是现成的,但到工厂里去,就没有那么好的条件了。我们现在不重视实践,老交大重实践的传统风气被淡化了。我任校长的理念,就是要理论联系实际,理论要与实践结合,理论非常重要,实践也很重要。

以前的欧美国家,如美国,大学生毕业后,公司要给他们半年到一年的时间专门进行熟悉训练,熟悉公司的产品、流程和工艺。"文革"以前,我们实际也是这样子,像上海的很多工厂,本科生刚毕业参加工作时都不让他们直接参加生产,要在车间里跟着工人训练一年,然后再到技术部门工作。我去上海机床厂调查研究时,我的报告里就讲了这个问题。上海机床厂相关工作人员发现,没有经过很好的实践训练的大学生,与工厂的衔接是比较困难的,基本的实践都没有,到设计科、工艺科等部门工作,怎么能研究出好的东西呢?这也是我对现代高等工程教育发展的一些担忧,当然,也有好的地方,例如,外语与国际接轨使我们的学术水平大大提高,SCI论文水平提高了,在国际上获得专利的数量多了,与我们那个时候相比大大进步了。但是一些教育的基本理念还是有问题的。

二、大学科研大有作为

科学研究,我们国家提倡要创新,非常对!那么,高等教育的科学研究应该怎么来进行呢?高等学校的科学研究应该做些什么?它的任务是什么?这应该是很明确的。高等学校做的科学研究工作,应该聚焦在基础创新之中的一些重点或难关,要有相当高的水平,要有原创理论去指导创新,而不能在一般的工艺程序上发明一个东西,然后拿去生产出产品。这种创新的任务应该由工厂、企业中的研究机构去做,我国一些大型企业亦慢慢做到了这一点。美国、英国、法国、日本全都是这样做的。这是企业的特长。比如生产机床的企业,一般都有专门的研究机构,专门研究数控机床。在这个方面,企业自然是专家,也有很多有利条件,为获取更高的经济效益,企业的积极性会很高,对技术创新也比较渴望,这样企业才可能在行业中站住脚。学校则应该研究数控方面更高层次的问题。

再比如研制智能机器人,让工厂去研究,是很有困难的。相反,这是大学的特长,可以整合多学科,既有研究机械的、研究控制的,又有研究电气的,集中攻关,将智能机器人研制出来,这是高等学校的科研任务。还有如精密、超精密数控机床,现在大都需要进口,让国外赚了大量的钱。高等学校应该做自己有有利条件而工厂有困难的事情。所以,高等学校的科研,教师的科研,国家应该引导,学校也应该引导,不能胡子眉毛一把抓。搞创新是对的,我们要为经济建设主战场服务,高等教育部门、科研机构要面向主战场,面向国家的一些重大课题、重点难题,开展科学研究。

科学理论研究方面,在 SCI 发表多篇论文,这也是对的,像半导体、机器人、计算机等重大科技项目,都需要长年累月的研究积累,要默默无闻攻坚很多年,才可能出现突破性成果。而且,很多重大的研究成果,价值可能不会立即显现,这种案例很多。高等学校的科研就应该瞄准这个目标,老师们要在实验室里钻研五年,甚至十年,不能太急功近利,要求科研成果立即在生产上产生效益。这样,我们十年或二十年以后,才有可能取得非常重大的成果。

80 年代,在一次中日校长会议中,主办方邀请中国方面介绍科研,中国的校长就讲了结合工厂生产实际,为工厂做出了很多贡献等。日本高校的校长很反对我们的观点。庆应大学的校长当场就对我们提出了不同的看法,他说:"高等学校不能让工厂牵着鼻子走,不能够仅仅满足于现代的科学技术,也要在学术上,要有根本的、几年几十年才能够取得成就成果的基础方面的研究。"我国的科学院会做一些研究工作,高等学校更应该做这方面的工作。现在高校做科研的有些人太浮躁,有些急于求成,中央提出的主要精神,我认为都很对,都很好,要发挥创新在主战场上的作用,要在一些重大技术问题上缩小与国外的差距。但我们应该如何创新?怎么为主战场服务?

应该在哪一个方面展示我们应该做的事情？这些要理清，要明确！

三、高等教育体系要立体

50年代中期，我曾去苏联攻读副博士研究生学位，对苏联的教育体制也有一些了解。回到西安交大后，我开始指导研究生，在这一过程中，我对高等教育人才培养的层次有过一些思考，不过并不系统。1965年，受教育部委托，我带队专门组织了"机制专业"的一支教改调查组（全国有几所高校参加，如上海交通大学、合肥工业大学等），到上海进行调研。在上海机床厂，我待了一个月，详细调查了高等教育改革方面的问题。我们调研至7月，撰写了《机械制造工艺及设备专业教学改革调查研究工作总结（初稿）》的报告。任务完成之后，上海市教育部门组织上海高等教育界的有关人员，让我来介绍这份报告，后来，西安市教育局也组织了全市高校的有关人员来听这个报告。

在报告中，我提出"该专业的培养口径是大致适应当前我国工业发展情况的，高等学校有责任培养出一批水平高、基础坚实的大学生"，同时，还提出"应培养相当数量的研究生，来适应科学技术日趋综合运用和国家科学研究、新产品设计等方面的需要。工厂中的一般工艺及设计人员，可由工专或专修科去培养"。在调研报告中，实际上我提出了一个立体的人才培养体系的观念：国家的人才结构是要有比例的，研究生、本科生、大专生、技校生、中专生、技术人员等分很多层次。研究生是少数培养，大学本科生是多数，中专以及技校的学生要更多，类似一个"宝塔"形的结构，这个观念一直到现在都还在提倡。我们国家对中专生、技工等重视不够，现在严重缺乏技工。

但在"文革"中,我的调查报告遭到了严重的批判,毛泽东同志提出要走上海机床厂培养技术工人的道路,那时要办"七·二一工人大学",就是从工人中培养技术人才。当时的观点认为,"大学中都是修正主义"。我与毛泽东同志是唱"反调"的,我说要从大学中培养人才,而且还要培养研究生。毛泽东同志要求从工人中培养人才,认为在学校受教育越多,越是修正主义。本科生是修正主义的苗子,研究生更是如此。"文革"以后,很多方面认为,我们当时的调查报告写得很好,在《高等教育》上发表了。改革开放之后,在国家教委的领导下,全国知名高校成立了高等教育协作组,有一个时期,还曾就高等学校办学的层次结构进行过专题调研分析。我国现在的高等教育实践,有很多都是我在五十年之前所建议的,这些思想可以说是比较超前的。

四、解决师资断层有办法

20世纪80年代末90年代初,高校教师队伍面临着一个严峻的问题,就是中坚力量断层,青年教师难以接班,存在青黄不接的危险。针对这个问题,我专门在《文汇报》(1990年3月9日)发表文章,提醒高校要注意采取切实措施,全力避免这一问题的扩大化。

1990年是我校教学科研大丰收的一年,荣获全国教学优秀奖等级之高、奖牌之多,均居全国重点高校之首。在国家教委36所直属学校科研奖评选中,名次也排在最前面。全校师生无不为此欢欣鼓舞,但我很清楚,教师队伍中断层的问题在西安交大也存在。如果这个问题不解决,那么像1990年的"盛况"则不会持久!因为教学、科研上获得突出成果的往往是中老年教师,青年教师拔尖者寥寥无几,很难整体接上班。据说这种情况在其他高校同样存在,所以,高教界不少有识之士指出,这是当前高教事业的一大隐忧。

由于历史原因,我校当时挑大梁的是五六十年代大学毕业的教师,眼看他们在教学、科研舞台驰骋的时代就快要过去。按照自然规律,即将接班的是目前35岁以下的年轻教师。这一层次教师的数量已几乎占到学校职工人数的50％。应该看到,很多年轻的教师正在成长,不少人肩上已压上重担。但总的来说,许多年轻教师不如五六十年代大学毕业的教师富有教学工作的责任感,业务水平也相差较大。如果这种状况持续下去,不到五年,教学、科研水平就会下降,我们这个重点大学将不复成为重点大学。当然,青年教师的成长跟不上节拍,原因多种多样,如十年"文革"的影响。某些青年教师本身基础不够坚实、上进心不够强等固然是原因,但更重要的原因是一些学校没有坚持抓好师资培养工作,培养青年教师是"雷声大、雨点小",政策导向作用不具体、不明确。对于这一重大隐忧,当时我就坚持,单用一般性的号召和空洞乏力的措施已不管用,一定要做出一些具体的规定,工作要落到实处。例如我校出台规定,要求系主任、教研室主任做深入细致的思想政治工作,工作要有定性和定量指标,在一定时间里与两三位青年教师交知心朋友。教学管理上也要有严格、具体的要求,如规定一位老教师帮带一两位年轻教师,老教师要听青年教师上课,进行具体指导。职称评定不能只看外语和资历,要全面衡量政治思想、工作表现和业务水平,要有政治思想和工作表现的具体标准,由教研室集体考评。公派出国的指挥棒导向何处也极其重要,不能只看外语是否过关,要精细挑选德才兼备的、有培养前途的人。只要措施真正落实,一支老中青齐全、结构合理的师资队伍就会形成,高教事业就会避免出现过大的"断层"之虞。

五、轻教学之风须制止

"近年来,我国高等院校中教授、副教授逐年增多,而高职称的教师给本科生上课的却逐年减少。他们把主要心思用到带研究生、搞科研、写论文上了。这种倾向亟待纠正。"这是我在《人民日报》(1986年11月17日)发表的一篇文章,内容是呼吁社会和高等学校要重视对本科教育教学的投入。这种现象在现在仍然存在,与当时相比,甚至有过之而无不及。这一现象的危害是极其严重的,会伤及我们高校育人的根本。回顾当时的情况,这也是困扰我校发展的一个重要问题。根据当时统计(1980—1985年),我校担任主讲教师队伍中,讲师及其以上职称所占的比重分别是:1980年第一学期为95.8%;1983年第一学期为84.6%;1984年第一学期为82.5%;1985年第一学期为75.4%。实事求是地讲,数字体现的只是本科教学严峻问题的冰山一角,即使在担任主讲的青年教师队伍中,其素质也不容乐观,如有些担任本科生教学的中青年教师,没有获得硕士学位,整天忙于准备报考硕士研究生。而有些担任主讲的中老年教师,也忙于搞科研,指导研究生,没有专心致志于本科生教学,甚至出现了应付了事的情况。

为什么会出现上述现象?我曾做过深入的调查走访,发现有两个重要的原因:其一是有的教师缺乏全局观点和甘当"人梯"精神,认为带本科生是"费力支出"、于己无利的事,而研究生已具有初步的科研能力,并与自己研究的方向大体一致,可以给自己当助手,帮助自己出成果,因而是"薄利多收"的事;其二是在执行政策上有偏颇之处,如在晋升职称或聘任技术职务时,存在重论文和科研成果而轻视教学成果的倾向,因而挫伤了一些坚持在教学第一线工作的教师的积极性。

任校长期间,我坚持"本科教育是高等教育的基础和重点。没有高质量的本科生,就没有高质量的工程师、教师,就没有高质量的硕士和博士研究生"。到现在,我还一直在呼吁这种理念,本科教育是大学的主阵地、主战场,一定不能失守,这是原则。当然,过去与现在情况有很大不同,80年代,在高等院校特别是工科院校中,80%甚至90%以上为本科生。如果忽视了这部分学生的培养和提高,就丢掉了教学任务的大方面,背离了高校教学的基本方向。而现在,本科生与研究生的比重基本持平,但本科生的教育仍然影响深远。本科生教育是相对独立的人才培养阶段,在这个阶段,是本科生人生价值观和科学的理想信念成型的阶段,也是科学思维成型的阶段。对于本科生来说,不论是继续升学读研,还是踏上社会工作,这一阶段的教育都会起到不可替代的作用。因此,大学本科生质量的高低,不仅关系到这所学校的教学、科研水平的高低,也关系到全民族文化素质的优劣和国家科技水平的高低。

1980年,我曾与清华大学张光斗教授一起出国参加欧洲工程教育讨论会,发现发达国家的大学都很重视本科生的教学工作。美国、日本等国家规定,第一流的教授必须首先带本科生的课,受到学生欢迎的任课教师才有资格晋升。这是值得我们借鉴的。

为了扭转这种不好的局面,我校做了一些相对积极有效的工作,除了努力提高教师对本科生教育重要性的认识外,着重在政策上、制度上采取一些措施。比如,规定在每学期担任本科教学任务的主讲教师中,有经验的教授、副教授应占85%以上;教学工作量未达到50%的不受理教授、副教授高级职称和技术职务的审查;对教学卓有成效的教师破格晋升、聘用等。1986年,在措施实施的当年,我校本科教学形势就有比较好的转变,大部分系的教授、副教授上教学第一线的达85%以上。

六、欧洲考察感触深

1980年9月10日至12日,清华大学副校长张光斗、南京工学院齐康副院长和我组成的中国工程教育代表团,出席了在法国巴黎召开的欧洲工程教育讨论会。

这次会议是在联合国教科文组织及法国总统德斯坦的支持下,由欧洲工程教育学会主持召开的。欧洲各国的工程教育界都非常重视这次会议,许多学校的校长、著名教授都参加了。会议介绍了欧洲各国近几年来工程教育改革情况和经验总结。会议规模较大,有500多人参加,印发了内容丰富的论文集。9月13日至28日,代表团又参观了法国最主要的9所高等工业学校和4个研究所,对法国教育事业进行了考察。现将有关情况做一简单汇报。

(1) 法国的教育制度。儿童6岁入学,小学五年,中学五年,实行十年义务教育制,这十年中,有的学生如果中途停学,警察就会出来干涉。教师经过严格挑选,质量较高。中学教育分得很细,以对应各种类型的高等学校。中学毕业后要通过全国性考试后才能进入大学学习。

高等学校分两个体系:一是大学体系,二是高等工科学校。大学学制四年,淘汰率较高。高等工科学校主要是培养工程师,对学生要求更严。在高等工科学校中,属第一类的只有巴黎理工学院,学制三年。它的前身是拿破仑时代的炮兵学校,现由国防部领导。每年只招收300名学生,毕业后大都在军政界担任各级官员。因此,每年报考的人很多。属第二类的就是传统性的高等工业学校,全国有60多所,比较知名的有矿业学院、桥梁公路学院、机械工程学院、电机电子工程学院等10所。其他各类大专、中专技校、工艺及职业性学校就更多了。

由于科学技术的发展和传统的原因,在法国形成了一个很复杂的教育体系,教育体制的特点是学校类别多,学生跨类转学比较方便;要求严,自然形成一个小"宝塔"。工科学校的塔顶就是巴黎理工学院。国家设有各种考试制度,以保证工程师的质量,各类学校毕业生的工资待遇也不一样,等级很严。

(2)工程教育与工程师的地位。这次会议的第一个专题就是"工程师的任务"。工程师被认为是技术及工艺的发展者、创造者、执行者、教育者和管理者。国家的生产、工艺和技术的推进,工程师起决定性作用。一个国家的工业水平和经济发展速度与工程师的数量、质量有密切关系。企业管理也由工程师来承担。不少论文都介绍了高等工业学校开设管理课的经验。

法国很重视对工程师的培养,对工程教育的要求亦很严格。工程师的工资待遇高,社会地位高,当我们询问为什么这样时,他们回答说:"我们法国还较穷。我们要生存,要竞争。"这是很值得我们深思的。

法国对基础性的专业也很重视,认为一个国家首先要把机、电、化工等类的基础专业办好,对计算机、自动化等新学科也很重视,但不搞一阵风,不赶时髦。

(3)工程师的教育与社会的联系。社会对工程教育的冲击,是欧洲工程教育中的一个新动向。例如,某些科学技术的发展,必然对社会环境有污染,要防止污染,势必抑制这些科技的发展。因此,技术问题与政治问题(社会问题)就联系起来了,工程师只考虑技术问题的时代已一去不复返了。许多国家在法律上都做了规定,要保护人民的安全和健康,工程师必须考虑这些问题。很自然地便在工程教育中,越来越重视人文科学、社会科学等的位置。会上,英国一所大学详细介绍了该校在工程教育中安排人文科学的经验。例如:围绕"人类的了解"组织的课程有心理学、生理学、生活环境等;围绕"经济学"方面组织的课程有本国经济现状、特点,本国经济发展史,进出口情况,消费、生产情况等,除此之外还要学习法律知识。

(4)其他方面。在法国,我们了解了9所高等工业学校,分析了这些学校的教学计划。在学生进大学以前,实行两年预科性的前期教育,在固定的中学进行,主要学习数理化等基础知识,然后通过考试进入高工。他们认为,现代科学技术发展很快,学校是培养明天的工程师,眼光要看得远。社会与学校分工明确,在学校主要是理论方面的培养。我们从矿业学院的教学计划中可以看到:人文学科约占15%,外语、体育三年中都有,第一学年开选修课。

总之,在法国从中学到大学都要进行几次严格的基础课程考试,所以,学生的基础知识扎实。大学也很重视实践,安排3次下厂实习。对学生的试验技能的训练也抓得很扎实。他们认为,大学在学校主要学习三方面的知识:一是广泛的理论基础知识,二是人文科学与社会学方面的知识,三是向生产实践学习。

(5)一个争论的问题是"对发展中国家的留学生该如何培养?"会上有两种观点:一是认为应该把最先进的欧洲文明全部教给他们;二是认为应根据他们国家工业发展情况来进行教学,我们学习外国的经验不能生搬硬套。例如不少工科学校都想搞理科。美国是这样的,而法国很多大学就没有将理工结合。我国的所有大学是否都要照搬呢?这都要根据我国的实际情况,制定出合理的制度,才能促进我国教育事业的发展。

七、党让去哪里,我们背上行囊就去哪里

2018年,站在改革开放四十周年的新起点上,作为西迁老教授的代表,我受邀参加了中国两院院士大会、中国科协成立六十周年座谈会。来到北京,我亲耳聆听了习总书记对科技工作者的肯定和嘱托,我感到无比自豪,认为这既是一份荣誉,更是一份责任!

在中国两院院士大会上,中共中央总书记习近平同志用六段"我们坚持"、五段"我们着力",深刻总结了党的十八大以来我国科技事业发生的历史性变革、取得的历史性成就。现场聆听习总书记的报告,我的心情久久难以平复,当时的心情可以用三个词语来形容——激动、感动、震动。深感当今知识分子,要砥砺前行,发扬老一辈知识分子的精神。同时,我认为"当代科技工作者要在关键核心技术领域取得更大突破,要在核心技术攻关上多下功夫,狠下功夫,真正以原创性成果引领全球科技进步,要甘坐冷板凳,在基础研究理论和解决核心问题上不断发出'中国声音'"。

5月30日是我国第二个"全国科技工作者日"。为了迎接这个属于科技工作者的节日,中国科学技术协会邀请百名科学家、百名基层科技工作者再次欢聚在人民大会堂,重温习近平总书记在"科技三会"和2018年两院院士大会上的重要讲话。中共中央政治局常委、中央书记处书记王沪宁出席会议并讲话。中共中央政治局委员、中央组织部部长陈希,中共中央政治局委员、中央宣传部部长黄坤明,与200多位科学家和基层科技工作者共同出席会议。

会议安排12位代表发言。作为12位代表之一,我就习近平总书记"传承好西迁精神"的指示作了简要发言,并畅谈了学习贯彻习近平总书记科技创新思想的体会。同时,结合交大西迁、创业历程中在科技领域改革开放取得的历史成就,阐释了新时代"西迁精神"新内涵。

我的发言得到王沪宁同志的"点赞"。他说,交大西迁的故事和西迁精神让人很受感动。习近平总书记在新年贺词中讲,幸福是奋斗出来的,就是看了15位西迁老教授的来信总结出来的,在2018年新春团拜会上,总书记又做出进一步阐释,认为奋斗本身就是一种幸福。王沪宁同志还谈到了5月中旬央视《开讲啦》栏目中陶文铨院士关于交大西迁的专场演讲。他认为,当年交通大学在短短不到一年的时间里,在一片荒地里再造了一所大学,是非常不容易的。他说,

2018年5月,史维祥教授在中国科协成立六十周年座谈会上发言

给人印象最深的是草棚大礼堂,交通大学师生在艰苦的条件下,没有环境就创造环境,这种精神非常可贵。事实的确如此,我们当年亲历西迁的同志,对此都记忆犹新,可容纳四五千人的草棚大礼堂是用2万根毛竹搭建而成的,该礼堂被誉为"东方结构力学的典范"。

我特意记了一下,王沪宁同志在会上先后四次提及西迁精神,这是对我们交大人扎根西部极大的鞭策和鼓舞!我想在中央如此隆重的会议上,邀请我作为西安交大的代表,确切些讲,是交大西迁的代表,用意之一,就是希望如今的广大科技工作者,能继续弘扬以交大西迁"胸怀大局,无私奉献,弘扬传统,艰苦创业"为典型的知识分子"爱国奋斗、无怨无悔"的精神,为中华民族伟大复兴中国梦的实现做出新的历史贡献。所以座谈会上,王沪宁指出,新时代科技工作者要传承弘扬老一辈科学家的优良传统,用实际行动推动科技事业实现新跨越。同时,要深入学习领会习近平总书记关于科技创新的重要思想,增强责任感、使命感、紧迫感,在抢占全球科技制高点上展现新作为,在服务经济社会发展主战场上展现新作为,在加强国际科技创新合作上展现新作为。为此,在2018年6月29日,由中组部、中宣部印发《关于在广大知识分子中深入开展"弘扬爱国奋斗精神、建功立业新时代"活动的通知》,其中对爱国奋斗精神和西安交通大学"西迁人"事迹进行挖掘整理的明确要求,更加鼓舞人心,根据党中央、习近平总书记的指示,西迁精神将成为全民族的共同财富,从而得以发扬光大。

附史维祥教授在《光明日报》(2018年5月31日,第11版)所发表的文章如下:

为国家发展贡献全部的智慧和力量

爱国,就是党让我们去哪里,我们就背上行囊去哪里

我今年90岁,是党龄近七十年的老党员,也是交通大学"西迁"的亲历者。去年11月底,很多"西迁"的老教授共同给习近平总书记写信,呼吁在知识分子群体中弘扬以"爱国、奋斗"为核心的奉献报国精神。这封信很快得到了回复,习近平总书记还在新年贺词里再次提到我们,强调幸福都是奋斗出来的。这体现了他对广大知识分子的厚爱和关怀,我们感到无比激动和温暖。

爱国,就是党让我们去哪里,我们就背上行囊去哪里。1956年1月,党中央向全党全国发出了"向科学进军"的号召。随着一道来自中央的"西迁"指令,我和几千名师生在《歌唱祖国》的高歌声中,开启了扎根黄土地,发展西部、建设国家的奋斗历程。尽管条件艰苦,但在那个热气腾腾的年代,为建设祖国出一份力,是所有年轻人心目中的至高理想。

奋斗,就是哪里有事业,哪里有爱,哪里就是家。"中国电机之父"、钱学森的老师钟兆琳先生迁校时已经50多岁了,周恩来总理考虑到钟先生年事已高,让他不必去西安了,但他却坚持克服困难,毅

然随校西迁。临终前,他叮嘱孩子,要求去世后把骨灰安放在他献出一生的黄土地。像这样的故事还有许多许多,他们的精神始终激励和引领着一代代交大人扎根西部,艰苦创业。

传承,就是交大人始终与党和国家的发展同向同行。迁校六十二年来,西安交大培养了25万毕业生,其中40％留在西部地区奋斗,成长为各个行业的中坚力量;培养的34位院士中,有近一半留在西部工作。交通大学这棵大树已在西北深深扎下根来,在一代代交大人的奋斗中,枝繁叶茂,硕果累累。

"西迁精神"作为中国科学家精神的重要组成部分,其最核心的内涵是"爱国、奋斗"。新时代,知识分子要面向世界科技前沿、面向经济主战场、面向国家重大需求,加快各领域科技创新,掌握全球科技竞争先机,为人民过上美好生活,为消除社会发展中的不平衡、不充分,为西部建设、国家发展贡献全部的智慧和力量。

后 记
POSTSCRIPT

本书终于付梓,整个过程中的辛苦自不待言,收获亦非同寻常。史维祥校长对于华中科技大学出版社策划的该项选题非常赞赏,认为这是记录及保存20世纪80年代中国高等教育改革实践和经验的重要措施,意义深远,对于今后各高校深化自主办学经验,也有重要启示和参考价值。史校长掌校期间,西安交大处于兴旺发达的时期,在采访和整理资料过程中,我们也切身感受到了交大西迁后,广大师生扎根西部,为西部发展和国家建设创新、改革的艰苦历程,以及爱国奋斗、矢志奉献的精神。

本书的落地,史校长付出了很多心血,虽早入耄耋之年,但他仍坚持同我们"战斗"在一起,从提纲拟订、主题内容的选定,到语言文字、配图等工作,他都严谨细致,逐一审阅,令人敬佩不已。我们的任务,主要是根据史校长提供的线索,采访相关当事人或查阅相关历史档案资料,校对和补充、完善书稿,在此基础上,最终撰写成书。

本书题名为《弘扬传统　艰苦创业》,实与史校长的西迁经历紧密相关。史校长是当年交大西迁的青年骨干,也是学校重点培养的后备干部。他与西安交大的缔造者——老一辈革命家彭康校长同为学校党委委员,经常一起讨论工作,深受彭校长耳濡目染的影响。史校长十分谦虚,他说"在我担任校长时,彭校长怎么做,我就怎么做"。"重基础,重实践,重视知识分子工作,重视服务西部长远发展",既是对彭康校长办学理念和老交大文化传统的弘扬,也是在改革开放新时代的创新发展,其理念一以贯之:大学要有大作为,要培养"德才兼备"的社会主义建设的合格接班人。

本书的完成，十分感谢丛书主编周洪宇先生给予的细致指导和帮助。特别感谢华中科技大学出版社编辑对书稿的精心修改和润色。同时，也要感谢西安交通大学档案馆赵大良馆长，以及蒋闻婕老师、姬晓鹏老师、孟晖老师和研究生李珂同学，他们在历史档案资料查阅、文稿修订方面提供了大力的支持，在此一并感谢！

杨渊涛　房立民
2018 年 8 月 30 日于西安交通大学